ENZYKLOPÄDIE DEUTSCHER GESCHICHTE BAND 9

ENZYKLOPÄDIE
DEUTSCHER
GESCHICHTE
BAND 9

LEBENSWELT UND KULTUR DES BÜRGERTUMS IN DER FRÜHEN NEUZEIT

VON
BERND ROECK

2., um einen Nachtrag erweiterte Auflage

OLDENBOURG VERLAG
MÜNCHEN 2011

Bibliografische Information der Deutschen Nationalbibliothek

Die Deutsche Nationalbibliothek verzeichnet diese Publikation in der Deutschen Nationalbibliografie; detaillierte bibliografische Daten sind im Internet über http://dnb.d-nb.de abrufbar.

Rosenheimer Straße 145, D-81671 München
Tel.: 089/45051-0
www.oldenbourg-verlag.de

Umschlaggestaltung: Dieter Vollendorf
Umschlagabbildung: Jost Amman, Stände und Handwerker. Eygentliche Beschreibung aller Stände auff Erden..., Frankfurt am Main 1568, neu aufgelegt München 1923, S. 19: „Der Buchdrucker"
Satz: Schmucker-digital, Feldkirchen b. München
Druck und Bindung: Grafik+Druck, München

Dieses Papier ist alterungsbeständig nach DIN/ISO 9706

ISBN: 978-3-486-59800-1

Vorwort

Die „Enzyklopädie deutscher Geschichte" soll für die Benutzer – Fachhistoriker, Studenten, Geschichtslehrer, Vertreter benachbarter Disziplinen und interessierte Laien – ein Arbeitsinstrument sein, mit dessen Hilfe sie sich rasch und zuverlässig über den gegenwärtigen Stand unserer Kenntnisse und der Forschung in den verschiedenen Bereichen der deutschen Geschichte informieren können.

Geschichte wird dabei in einem umfassenden Sinne verstanden: Der Geschichte der Gesellschaft, der Wirtschaft, des Staates in seinen inneren und äußeren Verhältnissen wird ebenso ein großes Gewicht beigemessen wie der Geschichte der Religion und der Kirche, der Kultur, der Lebenswelten und der Mentalitäten.

Dieses umfassende Verständnis von Geschichte muß immer wieder Prozesse und Tendenzen einbeziehen, die säkularer Natur sind, nationale und einzelstaatliche Grenzen übergreifen. Ihm entspricht eine eher pragmatische Bestimmung des Begriffs „deutsche Geschichte". Sie orientiert sich sehr bewußt an der jeweiligen zeitgenössischen Auffassung und Definition des Begriffs und sucht ihn von daher zugleich von programmatischen Rückprojektionen zu entlasten, die seine Verwendung in den letzten anderthalb Jahrhunderten immer wieder begleiteten. Was damit an Unschärfen und Problemen, vor allem hinsichtlich des diachronen Vergleichs, verbunden ist, steht in keinem Verhältnis zu den Schwierigkeiten, die sich bei dem Versuch einer zeitübergreifenden Festlegung ergäben, die stets nur mehr oder weniger willkürlicher Art sein könnte. Das heißt freilich nicht, daß der Begriff „deutsche Geschichte" unreflektiert gebraucht werden kann. Eine der Aufgaben der einzelnen Bände ist es vielmehr, den Bereich der Darstellung auch geographisch jeweils genau zu bestimmen.

Das Gesamtwerk wird am Ende rund hundert Bände umfassen. Sie folgen alle einem gleichen Gliederungsschema und sind mit Blick auf die Konzeption der Reihe und die Bedürfnisse des Benutzers in ihrem Umfang jeweils streng begrenzt. Das zwingt vor allem im darstellenden Teil, der den heutigen Stand unserer Kenntnisse auf knappstem Raum zusammenfaßt – ihm schließen sich die Darlegung und Erörterung der Forschungssituation und eine entsprechend gegliederte Auswahlbibliographie an –, zu starker Konzentration und zur Beschränkung auf die zentralen Vorgänge und Entwicklungen. Besonderes Gewicht ist daneben, unter Betonung des systematischen Zusammenhangs, auf die Abstimmung der einzelnen Bände untereinander, in sachlicher Hinsicht, aber auch im Hinblick auf die übergreifenden Fragestellungen, gelegt worden. Aus dem Gesamtwerk lassen sich so auch immer einzelne, den jeweiligen Benutzer besonders interessierende Serien zusammenstellen. Ungeachtet dessen aber bildet jeder Band eine in sich abgeschlossene Einheit – unter der persönlichen Verantwortung des Autors und in völliger Eigenständigkeit gegenüber den benachbarten und verwandten Bänden, auch was den Zeitpunkt des Erscheinens angeht.

Lothar Gall

Inhalt

Vorwort des Verfassers X

I. Enzyklopädischer Überblick 1

1. Einleitung 1
   1.1 Die kulturelle Bedeutung des deutschen Bürgertums zwischen Spätmittelalter und Moderne 1
   1.2 Zur Begrifflichkeit: Bürger, Stadt, Kultur, Lebenswelt und Lebensformen 2

2. Das Bild der frühneuzeitlichen Stadt 5
   2.1 Der geographische Raum 5
   2.2 Veduten: Ideal und Realität der Stadt 6
   2.3 Stadtplanung und Baukonjunktur 7
   2.4 Die ideale und die geplante Stadt 8
   2.5 Das Haus des Bürgers 10
   2.6 Pflaster und Schmutz 13

3. Bürgerliches Wohnen 14
   3.1 Lebenskreise; das „ganze Haus" 14
   3.2 Wohnkultur: Beleuchtung und Heizung 15
   3.3 Raumaufteilungen 16
   3.4 Einrichtung und Wohnatmosphäre 18

4. Aspekte bürgerlichen Alltags 22
   4.1 Zeiteinteilung, Tageslauf 22
   4.2 Essen und Trinken 24
   4.3 Tischsitten 26
   4.4 Kleidung und Mode 27
   4.5 Hygiene 29

5. Lebensläufe ... 31
5.1 Jugend und Ausbildung ... 31
5.2 Heirat ... 32
5.3 Tod ... 34

6. Jenseits des Alltags: Vergnügungen, Musikpflege und Tanz, Spiel und Theater ... 35
6.1 Muße und Freizeit ... 35
6.2 Musik und Tanz ... 36
6.3 Szenisches Spiel, Theater ... 38
6.4 Entwicklungen des 18. Jahrhunderts: Konzertsaal und bürgerliches Rangtheater ... 42

7. Bürgertum und bildende Kunst ... 43
7.1 Zur Vorgeschichte des Künstlertums ... 43
7.2 Kunstwerke in der Stadt ... 45
7.3 Städtische Architektur ... 46
7.4 Kunstmarkt und Sammlertum ... 48
7.5 Die kulturelle Zentralität von Hof und Kirche im 17. und 18. Jahrhundert ... 50

8. Bürgertum und Humanismus ... 52
8.1 Italien und Deutschland ... 52
8.2 Wege des Kulturtransfers ... 54
8.3 Die Bedeutung der städtischen Umwelt für die Entfaltung der humanistischen Kultur ... 55
8.4 Humanismus und Bildung ... 58

9. Bürgerliche Kultur in Barock und Aufklärung: Phasen und Institutionen ... 59
9.1 Zur Abgrenzung der Epochen ... 59
9.2 Institutionen und Medien des Diskurses ... 61
9.3 Aufklärung und Kritik: Tendenzen der Politisierung ... 66

II. Grundprobleme und Tendenzen der Forschung ... 71

1. Zur Geschichte der Erforschung und Darstellung der Kultur des deutschen Bürgertums ... 71
2. Kunstwerke als historische Quellen ... 82
3. Forschungsprobleme um das Bürgerhaus und seine Einrichtung ... 87
4. Die bürgerliche Familie ... 96

5. Lebensformen und der Prozeß der Zivilisation 101
6. Zur Kulturfunktion der deutschen Stadt nach dem Dreißigjährigen Krieg 108
7. Bürgertum und ländliche Welt 113
Schluß: Wege nach Arkadien 118
8. Nachtrag: Tendenzen der Forschung seit 1991 121

III. Quellen und Literatur 129

A. Quellen 129

B. Literatur 130

0. Bibliographische Hilfsmittel, allgemeine Darstellungen 130
1. Einleitung 132
2. Das Bild der frühneuzeitlichen Stadt 133
3. Bürgerliches Wohnen 134
4. Aspekte bürgerlichen Alltags 136
5. Lebensläufe 137
6. Jenseits des Alltags: Vergnügungen, Musikpflege und Tanz, Spiel und Theater 138
7. Bürgertum und bildende Kunst 140
8. Bürgertum und Humanismus 141
9. Bürgerliche Kultur in Barock und Aufklärung: Phasen der Institutionen 143

C. Nachtrag 2010 146

Sachregister 153
Ortsregister 161
Namensregister 163

Ergänzungen zur Biographie 170
Themen und Autoren 171

Für Tassilo und Martin

Vorwort des Verfassers

Etwa dreihundert Jahre Kultur- und Alltagsgeschichte des deutschen Bürgertums in einer knappen Darstellung erfassen zu wollen, ist kein einfaches Vorhaben – dies bedarf kaum näherer Begründungen. Es geht um einen komplexen, in mancher Hinsicht im eigentlichen Sinne „farbigen" Gegenstand, dessen Behandlung ausführlichere Quellenzitate und ein narratives Verfahren gewiß nicht unangemessen wären. Der knappe zur Verfügung stehende Platz zwang andererseits zur Konzentration auf bestimmte Aspekte. Um den Leser möglichst umfassend zu orientieren, wurde die vorstehende Gliederung nach einzelnen Problemfeldern gewählt, und innerhalb der Kapitel werden chronologische Entwicklungen angedeutet, sei es auch mit nur wenigen Sätzen. Daß das Spektrum der zu behandelnden Themen sehr wesentlich von den Definitionen der Begriffe *Bürgertum, Lebenswelt* und vor allem *Kultur* begrenzt wird, ist wohl ebenso unmittelbar einsichtig, wie der Umstand, daß schließlich in der Auswahl ein subjektives Element liegt. Im Bereich der „Kulturgeschichte" – um einen traditionellen, wohl noch immer nicht ersetzbaren Begriff zu verwenden – ist die Bedeutung dieser methodischen Schwierigkeit besonders gravierend (vgl. S. 79). Zählen nicht auch beispielsweise philosophie- oder religionsgeschichtliche Entwicklungen zur „Kultur" einer sozialen Schicht? Und wie verhält es sich mit dem Recht oder den wirtschaftlichen Dingen? Die Beschränkungen, die der Leser in dieser Hinsicht im folgenden finden wird, waren natürlich auch bedingt durch die Gesamtstruktur der Buchreihe. Der Blick auf „benachbarte" Bände – in denen beispielsweise das Ganze der Stadt der frühen Neuzeit, bildungsgeschichtliche Aspekte, die Aufklärung oder religiöse Bewegungen abgehandelt werden – ließ die Zurückhaltung auf manchen Feldern als gerechtfertigt erscheinen.

Größeres Gewicht wurde im Gesamtrahmen auf die Darstellung von Beziehungen zwischen Kunst und bürgerlicher Welt gelegt, nicht zuletzt deshalb, weil es an interdisziplinären Arbeiten dazu bisher mangelt. Fragestellungen der internationalen Forschung wurden, soweit möglich, berücksichtigt.

Dieses Buch entstand weitgehend in Venedig. Meinen ehemaligen Mitarbeitern am Deutschen Studienzentrum danke ich für viel Unterstützung im Alltag. Einzelne Passagen des Bandes wurden von Ruth-E. Mohrmann (Bayreuth), Wolfgang Hardtwig (Erlangen) und Joachim Noller (Hamburg) kritisch gelesen. Den Anregungen des Herausgebers Horst Möller verdankt der Text nicht wenig. Auch dem Herausgeber des Gesamtwerkes, Lothar Gall, sei für seine Auseinandersetzung mit dem Manuskript gedankt, ebenso Herrn Dr. Adolf Dieckmann vom Verlag Oldenbourg, der dem Buch ein engagierter und umsichtiger Lektor war. Frau Sibylle Backmann und Frau Andrea Grunau danke ich für das Mitlesen der Korrekturen.

Augsburg, im November 1990 Bernd Roeck

Vorwort zur 2. Auflage

Wenn ein wissenschaftliches Werk eine zweite Auflage erfährt, sei es auch nach zwei Jahrzehnten, ist das ein Grund zur Freude und zugleich willkommene Gelegenheit, den Wegen, die von der Forschung seit Erscheinen der Erstausgabe gegangen wurden, nachzuspüren. Ich bin dem Verlag Oldenbourg dankbar für die Möglichkeit, dies in der vorliegenden Ausgabe in Form eines kleinen Literarturberichts tun zu können. Rosemary Bor, Janina Gruhner und Stephan Sander sei für die Mithilfe bei Bücherbeschaffung und Korrekturen gedankt.

Unter den Ansätzen, die 1991 thematisiert wurden und damals noch kaum als künftige Trends erkennbar waren, erwies sich besonders jene, die Kulturtransfers und die Beziehung zwischen Bürgertum und Kunst zum Gegenstand hat, als fruchtbar. Anderes würde heute gewiss stärker akzentuiert, etwa körpergeschichtliche Fragestellungen oder der Gender-Aspekt. Hätte ich das Buch neu zu schreiben, würde ich versuchen, die exzeptionelle Bedeutung des europäischen Bürgertums im globalen Vergleich herauszuarbeiten.

Ein wenig zu modifizieren ist die Widmung. War die erste Auflage nur Tassilo und Martin gewidmet, sind nun noch Priscilla zu bedenken und Gabi, die Mutter von allen.

Zürich, 4. März 2011 Bernd Roeck

I. Enzyklopädischer Überblick

1. Einleitung

1.1. Die kulturelle Bedeutung des deutschen Bürgertums zwischen Spätmittelalter und Moderne

Die Zeit zwischen dem späten Mittelalter und dem Untergang der ständischen Gesellschaft war eine große Zeit der bürgerlichen Kultur. Zuerst in den italienischen Stadtstaaten, dann in ganz Europa verloren Adel und Kirche ihre Monopolstellung als Auftraggeber von Kunst; die Stadt gewann zunehmend Bedeutung als Raum der geistigen Arbeit, der intellektuellen Auseinandersetzung. Bildung wurde Bürgersache: Immer deutlicher dominierten Bürger – als Lehrende wie als Lernende – in Universitäten und anderen Bildungseinrichtungen.

Voraussetzung dieser Entwicklung war unübersehbar ein demographischer, wirtschaftlicher und politischer Aufschwung der Städte, waren Fortbildung und Differenzierung der spezifischen Stadtfunktionen. In der frühen Neuzeit lebte nach vorsichtigen Schätzungen etwa ein Viertel der Bevölkerung des Heiligen Römischen Reiches in Städten. Das Bürgertum gewann an Bedeutung, und dies hatte Folgen für die Aufgaben der bildenden Kunst, für die Inhalte der Literatur, die Gegenstände des gelehrten Diskurses, für Ort und Art musikalischer und dramatischer Darbietungen. Das Rathaus wurde Mittelpunkt bürgerlicher Selbstdarstellung. Was heute als „Kunst" empfunden wird, blieb bis ins hohe Mittelalter fast ausschließlich an wenige herrschaftliche Bauten oder Einrichtungen des religiösen Kults gebunden – nun wurde die ganze Stadt zum Kunstwerk.

Die repräsentativen Paläste der Eliten werden darin zu Gehäusen von Sammlungen, zu Orten des Gesprächs über Religion, Philosophie, Kunst. Um 1500 gewinnt der Humanismus deutliche Kontur als bürgerliche Bewegung.

Bürger: Auftraggeber von Kunst und Künstler

Bürger sind nicht nur Auftraggeber von Kunstwerken, sie schaffen sie auch; sie bezahlen Kultur, liefern ihr geistige Vorgaben und gestalten sie aus zur endgültigen Form. Es entsteht ein Kunstmarkt, an dem Bürger als Käufer und Produzenten Anteil haben. Der Typus des Künstlers wird faßbar.

Selbst in Zeiten, in denen die Bedeutung der Stadt als Kulturraum wieder zurückging – das ist in Deutschland bald, schon in der zweiten Hälfte des 16. Jahrhunderts der Fall –, blieb die Rolle des Bürgertums als kulturelle Elite erhalten. Im Dienst des frühmodernen Staates vollbrachten Bürger hervorragende Leistungen, doch entsprach der Konsolidierung der „Fürstenstaaten" ein Strukturwandel der Auftraggeberschaft von Kunst und Literatur. In dem Maße, in dem sich bürgerliche Verwaltungsfachleute an den absolutistischen Höfen einfanden, in dem sie an der Verfeinerung frühneuzeitlicher Machttechniken mitwirkten, nahmen Kunsthandwerker, Musiker, Literaten die hier sich bietenden Chancen wahr; Bürger vor allem planten Schlösser und Residenzen, komponierten die Musik, die darin gespielt wurde, verfaßten auf ihren vom Hof bezahlten Sinekuren die Bücher, die in die prunkvollen barocken Bibliotheken wanderten.

Kulturelle Bedeutung des Fürstenstaats

Vielfalt kultureller Zentren

Die konfessionelle Spaltung wirkte sich nicht nur lähmend auf die kulturelle Entwicklung in Deutschland aus. Durch die religiöse Konkurrenz wurden die Ambitionen gelegentlich gesteigert. Die großartigen Raumschöpfungen des Kirchenbarock bieten ein Beispiel dafür. Sie entstanden im gleichen Land wie die Musik Johann Sebastian Bachs; Nürnberg, München, Dresden, Mannheim, Hamburg oder Weimar wurden zeitweilig kulturelle Zentren mit sehr unterschiedlicher Struktur. Zusehends an Bedeutung gewannen wissenschaftliche und literarische Zirkel, die zunächst an humanistische Sodalitäten erinnern. Im Diskurs und darüber hinaus erstrebten sie eine Kultivierung der Lebensformen.

Bürgerliche Sozietäten

1.2 Zur Begrifflichkeit: Bürger, Stadt, Kultur, Lebenswelt und Lebensformen

In diesem Buch sollen die Kultur und die besonderen Lebensformen des Bürgertums beschrieben werden. Dabei muß hier darauf verzichtet werden, einen umfassenden theoretischen Kontext zur Begriffsbestimmung zu entfalten, doch soll knapp mitgeteilt werden, in welchem Sinn einige zentrale Begriffe verwendet werden.

Bürger: Definition

Es geht um *Bürger,* also um Personen, die das städtische Bürgerrecht besitzen oder von städtischer Herkunft sind, um rechtlich privilegierte und potentiell an Herrschaft partizipierende Menschen: „Freie" im zeitgenössischen Verständnis, nach dem Abhängigkeit und Bürgereigenschaft sich ausschlossen [M. RIEDEL, Art. ‚Bürger, Staatsbürger, Bürgertum', in: Geschichtliche Grundbegriffe. Hrsg. v. O. Brunner/W. Conze/R. Koselleck. Bd. 1. 1972, 672–725, hier 680]. Vorwiegend interessieren städtische Ober- und Mittelschichten in ihrem Alltag und als Träger bestimmter Kulturformen – Besitzende, die in Luxus investieren und Bildung erwerben konnten [27: GALL, Bürgertum, 21].

Kultur: Definition

Das Ganze der *Kultur* der Bürger – „Insgesamt der Objektivationen des Geistes in Werken, Werksystemen und hochstilisierten Institutionen" [T. NIPPERDEY, Kulturgeschichte, Sozialgeschichte, Historische Anthropologie, in: VSWG 55 (1968), 145–164, hier 150] – kann hier natürlich nicht behandelt werden. Zentrale Aspekte sind das Verhältnis des Bürgertums zur Kunst, bürgerlicher Humanismus, Alltag und Freizeit, Stadtbild und Haus als Erscheinungsformen des Daseins. Wichtige Bereiche bürgerlicher Kultur, besonders die Aufklärung, werden nur am Rande angesprochen, weil ihnen eigene Bände der vorliegenden Reihe gewidmet sind.

Lebensformen

Der Begriff *„Lebensform"* ist nicht weniger schillernd als der Begriff „Kultur". Nach ARNO BORST sind Lebensformen historisch eingeübte Verhaltensweisen geschichtlicher Gemeinschaften, also das Wiederkehrende, Alltägliche, für Sozialgruppen, Stände oder Schichten in bestimmter Umgebung Typische [Lebensformen im Mittelalter. Frankfurt/Berlin 1973]. In diesem Buch wird es um Lebensformen gehen, die von einer städtischen Umwelt geprägt waren.

Lebenswelt

Unter städtischer *Lebenswelt* wird das von spezifischen geistigen Bedingungen bestimmte Umfeld des täglichen Lebens verstanden. Als Bedingung dafür, daß eine „städtische" oder „bürgerliche" Lebenswelt entsteht, genügen nicht städtische Bildungen allein im rechtlichen Sinn; zu den traditionellen Funktionen der Stadt als Zentrum von Handel und Gewerbe, als Sitz von Verwaltungseinrichtungen der Territorialstaaten oder der Kirche (28: GERTEIS, Städte, 17) treten Grad und Umfang der jeweiligen Bevölkerungsverdichtung als wichtiges Kriterium für die Entwicklung urbaner Lebensformen hinzu. Erst aus der demographischen Entwicklung folgt die Urbanisierung des Verhaltens [J. DE VRIES, European Urbanization, London 1984, 12]. Enges Miteinander und Nebeneinander vieler Menschen ist die fundamentale Grundbedingung bürgerlicher Kultur und städtischer Daseinsformen.

Stadtfunktionen

Städtetypen

Daraus ergibt sich die Vielgestaltigkeit des Gebildes *Stadt*. Von den glänzenden Stadtrepubliken des Südens, den sich formierenden Hauptstädten Westeuropas und den Reichsstädten Deutschlands bis zur „künstlichen" Idealstadt und der eher einem Dorf gleichenden Landstadt sind zahlreiche Typen zu identifizieren, die keineswegs immer Räume städtischer Lebensformen sein müssen [65: Stoob, Städtetypen]. Prinzipiell lassen sich Städte, die politisch und kulturell weitgehend von einer bürgerlichen Führungsschicht bestimmt waren, von solchen unterscheiden, in denen das nicht der Fall war. So prägten in den Reichsstädten patrizische oder zünftische Eliten einen kulturellen Status, während die Bürger von Residenzstädten vielfach auf den Hof hin orientiert waren und durch ihn lebten.

Stadt als demographischer Verdichtungsraum

Jeder Ort mit hoher Bevölkerungskonzentration macht gegenüber dem Land andersartige Formen des Wirtschaftens nötig und möglich, bedingt besondere Formen der Versorgung mit Nahrungsmitteln und Energie, ermöglicht verhältnismäßig vielen Partizipation an politischen Entscheidungen. Die Stadt brachte eigene Formen der Geselligkeit hervor, hatte gegenüber dem Land eine dichtere „Infrastruktur" an Einrichtungen des religiösen Kults, der Seelsorge, Armen- und Krankenbetreuung. Von größter Bedeutung waren schließlich die genuin städtischen Kommunikationsformen. Die frühneuzeitliche Stadt war der bedeutendste Umschlagplatz von Gedrucktem, von Meinungen; hier wurden Bücher und Flugschriften hergestellt und gelesen, hier versprach ihre Produktion ökonomischen Gewinn. Das Publikum der Stadt lockte Akrobaten, Schauspieler, Musikanten an, sie war Knotenpunkt von Migrationsströmen. So entstanden engmaschige und weitreichende Kommunikationszusammenhänge, wurden Diskurs und Raisonnement inspiriert. Die Presse brachte indessen auch die Zensur mit sich. Die Öffentlichkeit blieb Sache der staatlichen Gewalt.

Das Bürgertum war also innerhalb der Mauern seiner Städte nie allein. Fremde Reisende kamen, man hatte Juden und andere Minderheiten um sich, Leute ohne Bürgerrecht und stigmatisierte Arme. Selbst der eigene Stand kannte mannigfache Abstufungen und Differenzierungen. Die Stadt war so wie kaum ein anderer Ort der frühneuzeitlichen Welt Raum der Begegnung – und Konfrontation – der Schichten und sozialen Gruppen. Das führte zu Abgrenzungsbestrebungen vor allem „nach unten", zu Versuchen, die eigene soziale Position durch Kleidung und Lebensstil zu definieren; es erheischte zugleich die Stellungnahme des Staates, der durch Kleiderordnungen und andere „Policeygesetze" allen Statusambitionen das Maß zu geben versuchte. Im Effekt führte das zu jenem bunten Bild des frühneuzeitlichen städtischen Lebens, das in zahlreichen Gemälden und Graphiken seinen Niederschlag fand.

2. Das Bild der frühneuzeitlichen Stadt

2.1 Der geographische Raum

Der geographische Bereich einer Kulturgeschichte des deutschen Bürgertums kann schon deshalb kaum exakt umschrieben werden, weil Kulturräume nicht durch politische, nationale, nicht einmal durch sprachliche Grenzen definiert werden können. Kunststile, geistige Bewegungen, Ausprägungen der materiellen Kultur des Alltags und Lebensformen konstituieren meist divergierende und keineswegs kongruente räumliche Zusammenhänge. Wenn daher das Heilige Römische Reich Deutscher Nation und die deutschen Besitzungen der Habsburger als der Raum, über den hier zu handeln ist, gekennzeichnet werden, muß die Unschärfe einer solchen Bestimmung betont werden. Die Grenzen dieser heterogenen Gebilde ändern sich zwischen dem 16. und 18. Jahrhundert mehrfach erheblich. Das Reich umfaßte Besitzungen auswärtiger Kronen, und es integrierte – auch darin einzigartig – eine Vielfalt kultureller und künstlerischer Strömungen [70: W. BRAUNFELS, Kunst im Heiligen Römischen Reich]. Seine Kultur war mehr als die Kultur jedes anderen Landes europäisch, international, und ist ohne diesen Kontext nicht zu erfassen.

Einflüsse der Niederlande

So war die bürgerliche Kultur im Norden und Nordwesten des Heiligen Römischen Reiches von England und vor allem von den Niederlanden her beeinflußt, besonders im 17., dem „goldenen" Jahrhundert der niederländischen Kultur [W. EHBRECHT, Niederlande und Nordwestdeutschland (...), Franz Petri zum 80. Geburtstag, Köln/Wien 1983]. Hamburg beispielsweise schien schon den Zeitgenossen in „holländischer Art" erbaut, wobei man nicht nur die amphibische Struktur der Stadt, sondern auch die bürgerliche Wohnkultur im Blick gehabt haben dürfte [G. GRUNDMANN, Auf den Spuren der Niederländer in Hamburg, in: Ders., Hamburg gestern und heute (...), Hamburg, 1972, 99–114]. Handelsverbindungen und politische Beziehungen trugen dazu bei, daß die Kunst mancher Hansestädte – ebenfalls nationale Grenzen transzendierend – gemeinsame Züge aufwies [J. BIAŁOSTOCKI, The Baltic Area as an Artistic Region in Sixteenth Century, in: Hafnia. Copenhagen Papers in the History of Art 1976, 11–23; 92: SCHILDHAUER, Hanse; MARIA BOGUCKA, Das alte Danzig: Alltagsleben vom 15. bis 17. Jahrhundert, München 1987].

Kunst der Hansestädte

Einflüsse Italiens

Süddeutschland stand demgegenüber namentlich im 16. Jahrhundert unter dem kulturellen Einfluß Italiens. Humanismus und Renaissance wurden dort zuerst rezipiert; Katholizität und romanische Orientierung formten eine bis heute identifizierbare Kulturregion. Noch um 1600 wurde Innsbruck als durchaus italienische Stadt empfunden [19: BÜCKING, Kultur und Gesellschaft, 67]. Daneben sind die Einflüsse der spanischen und der französischen Kultur zu erwähnen, die über die Höfe auch auf das Bürgertum wirkten.

Einflüsse Spaniens, Frankreichs

Städtelandschaften

Städtelandschaften sind häufig nicht nur rechtlich und ökonomisch, sondern auch kulturell zu definieren: Baustile, literarische und andere geistesgeschichtlich faßbare Beziehungen können unübersehbare Gemeinsamkeiten begründen [z.B. 94: SYDOW, Städte; 86: M. J. MÜLLER/G. RIECKEN, Stadtlandschaften].

Eine differenzierende Betrachtung würde schließlich die Welt der rheinischen Städte und die mitteldeutschen Kleinstaaten mit ihrer bedeutenden städtischen Kultur erfordern [25: FLEMMING, Barock, 62]. Schlesien mit seinen Städten – unter denen wohl Breslau und Glogau hervorzuheben sind – brachte die großen Gestalten der deutschen Barockdichtung hervor; wenn gerade ihre wichtigsten Vertreter – so Flemming, Opitz, Gryphius, Hofmannswaldau und Lohenstein – im holländischen Leyden studierten, erinnert dies erneut an die europäischen Verflechtungen der deutschen Kultur.

2.2. Veduten: Ideal und Realität der Stadt

Realistische Stadtansichten

Das äußere Bild der frühneuzeitlichen Stadt wird erstmals im 16. Jahrhundert einigermaßen wirklichkeitsgetreu faßbar [75: EIMER, Barockstadt, 6]. Auf niederländische und italienische Vorbilder – etwa die florentiner Vedute „mit der Kette" (ca. 1477–81) – folgten auch in Deutschland realistische Ansichten. Bereits Bernhard von Breytenbach und Hartmann Schedel lieferten nicht mehr nur Bilder von „Städten an sich", sondern, bei aller Stilisierung, individuell geprägte Darstellungen. Die Nürnberg-Aquarelle Dürers stellen sogar exzeptionelle Höhepunkte der realistischen Stadtansicht dar. Doch bleiben bis ins 18. Jahrhundert idealisierende Aspekte auffällig. Besonders die Dominanz von Mauerkrone und Turmschmuck, selbst in den berühmten Veduten des Frankfurters Matthäus Merian, verweist auf das Nachwirken alter Bildformeln [82: KELLER, Stadtvedute]. Darin lebt das Ideal des „himmlischen Jerusalem" fort, demgegenüber indizieren die realistischen Stadtansichten einen Säkularisierungsprozeß. Der metaphysische Bezug städtischer Existenz geht besonders eindrucksvoll aus dem berühmten Köln-Prospekt

Stadt als „himmlisches Jerusalem"

Anton Woensams von 1531 hervor; den Hauptkirchen sind, über den Wolken, ihre heiligen Patrone zugeordnet. Die Bürger wissen sich unter ihrem Schutz, in ihnen konkretisiert sich die Selbstgewißheit der göttlichen Legitimation der Gemeinschaft, deren Identität sie verbürgen. Nachklänge dieser Vorstellungen reichen bis ins 18. Jahrhundert.

Vogelschauveduten

In der Vogelschauansicht (nach dem venezianischen Vorbild des Jacopo de Barbari) vergewisserte sich die Stadt ihrer Größe und Bedeutung; viele der seit dem 16. Jahrhundert immer häufiger werdenden Bilder aus der Vogelperspektive sind Stadtpläne und technische Hilfen für Touristen oder Steuereinnehmer – und zugleich Kunstwerke, die das Kunstwerk „Stadt" in seiner Ganzheit fassen und damit seinen Ruhm verbreiten wollen. Die prosaischeren „Ichnographien", Grundrißschemata, verdrängten die aufwendige Vedute aus der Vogelperspektive erst im Laufe des 18. Jahrhunderts.

Historische Identität der Stadt

Eine entscheidende Voraussetzung für die moderne Stadtvedute war die Entdeckung der *historischen Identität* der Stadt durch den Humanismus. In der Stadthistoriographie der Neuzeit wird oft derselbe Stolz auf das eigene Gemeinwesen spürbar, der die prunkvollen Bilder kennzeichnet: Es ist die Geschichte – freilich eine oft aus phantastischen Mythen, aus grauer Vorzeit kommende Geschichte – aus welcher jede Stadt, ebenso wie aus ihren charakteristischen Gebäuden, ihre Individualität gewinnt. Damit geht die Entfaltung des *Städtelobs* einher: Nach vereinzelten Vorläufern wird diese Literaturgattung um die Mitte des 15. Jahrhunderts deutlicher faßbar [17: BORST, Kulturfunktionen, 579f., Anm. 67]. Bekannt sind das Bamberg-Lob Albrechts von Eyb und die Nürnberg-Panegyrik Hans Rosenplüts – gleichsam die Inkunabeln der Gattung.

Städtelob

2.3 Stadtplanung und Baukonjunktur

Stadtgestaltung: spezifisch neuzeitlich

Stadtgestaltung mit ästhetischer Zielsetzung ist spezifisch neuzeitlich. Anders als in manchen Kommunen Italiens, wo seit dem 13. Jahrhundert ein differenziertes Instrumentarium für die eigentlich baukünstlerische Seite der urbanistischen Entwicklung entstand, blieb es im Reich meist bei Bestimmungen über praktische Fragen wie Hygiene oder Brandverhütung.

Namentlich in den oligarchisch regierten Reichsstädten standen umfassenderen planerischen Eingriffen zahlreiche Hindernisse entgegen, so vor allem das freie Besitzrecht an Grundstücken und Häusern. Nach dem Dreißigjährigen Krieg verfügten viele Städte ohnedies nicht mehr über die Mittel für urbanistische Programme, Stadtplanung wurde noch eindeutiger als bisher Fürstensache. Am meisten verdankte das Bild frühneuzeitlicher Bürgerstädte spätestens seit dieser Zeit dem Geltungsdrang wohlhabender Privatleute. In den zentralen „Oberschicht-Vierteln" erwarben einzelne Familien nach oft jahrelangen Auseinandersetzungen und für viel Geld benachbarte Grundstücke und errichteten darauf traufseitige, repräsentative Häuser; in den Vorstädten entstanden „Lustgärten", Pavillons und Palais [73: CZOK, Kultur und Baukunst].

Nach dem Dreißigjährigen Krieg: Stadtplanung wird Fürstensache

Ingesamt bewahrten viele deutsche Städte – darunter gerade die wichtigsten Reichsstädte wie Nürnberg oder Köln – bis ins 19. Jahrhundert ein weitgehend mittelalterliches Gepräge. Urbanistische Anstrengungen hatte es hier schon 300 Jahre früher gegeben, aber sie hatten nur einzelne Stadtteile verändert. Augsburg allerdings wurde noch zwischen 1590 und 1620 zum „Pompeji der deutschen Renaissance". Sonst veränderte sich das Bild der alteuropäischen Städte sehr langsam, für eine Generation nahezu unmerklich. Selbst die Bevölkerungszunahme, welche fast alle Städte bis in die erste Hälfte des 17. Jahrhunderts erlebten, führte meist nur dazu, daß aufgestockt wurde und daß man bereits bestehende Wohnungen unterteilte – die Menschen rückten also enger zusammen. Dies kann man bereits erkennen, wenn man die Vogelschauansichten vergleicht. Oft wurden nicht einmal die Grünflächen in der Nähe der Stadtmauer überbaut.

Baukonjunktur

Welche Konsequenzen die demographischen Schwankungen für die Entwicklung der Baukonjunktur hatten, läßt sich allenfalls für einzelne Städte genauer sagen [76: GÖMMEL, Bauwirtschaft; 90: ROECK, Voraussetzungen].

2.4 Die ideale und die geplante Stadt

Bis in die Zeit des Absolutismus wurden Befestigungen planmäßig zu geometrisch „ideal" gebildeten Anlagen ausgebaut, deren mitunter gigantische Dimensionen auf jeder frühneuzeitlichen Stadtansicht hervortreten [H. EICHBERG, Geometrie als barocke Verhaltensnorm. Fortifikation und Exercitien, in: ZHF 4 (1977), 17–50; 75: EIMER, Barockstadt]. Innerhalb der Städte aber blieb „der größte ‚Baumeister' ... das Feuer" [28: GERTEIS, Städte, 42]. Die Möglichkeit, auf der *tabula rasa* neu zu bauen, machte sich vor allem das absolutistische Fürstentum zunutze; so wurde Mannheim nach mehreren Zerstörungen (1622, 1689) nach einem ausgeklügelten Quadrat-

Mannheim als typische Planstadt

schema wieder errichtet. Seine Anlage könnte direkt der „Architektura von Festungen" des Daniel Speckle entnommen sein [78: GRUBER, Gestalt der deutschen Stadt, 143]. Weitere Beispiele für Stadtanlagen, die den urbanistischen Träumen der Zeit recht nahe kamen, sind Neubreisach, Karlsruhe und vor allem Freudenstadt. Der Architekt Heinrich Schickhardt verwirklichte diese Planung seit 1599 nach dem Muster eines Mühlespiels; die von Herzog Friedrich initiierte Bergleutesiedlung soll das Muster für J. V. Andreaes Gesellschaftsutopie „Christianopolis" abgegeben haben [222: HITCHCOCK, Renaissance Architecture, 265f., 331].

Freudenstadt

Idealstädte – wie man solche Bildungen mit einem problematischen Begriff nennt – gelten als symbolische Verkörperungen zeitgenössischen Staatsdenkens [H.-W. KRUFT, Städte in Utopia, München 1989]. Die Besiedlung dieser oktroyierten Umwelt – namentlich des Sondertyps der Exulantenstadt [65: STOOB, Städtetypen, 264–272] – gelang oft nur durch großzügige Privilegierung. Die Dynamik absolutistischen Städtebaus zeigt der spektakuläre Fall Berlin: Aus dem Zusammenschluß der namengebenden hohenzollernschen Residenzstadt mit Cölln, Friedrichswerder, Dorotheenstadt und Friedrichsstadt entstand der Kern der späteren Großstadt. Von den 4100 Wohnhäusern, die es 1711 in Berlin gab, sind 60% nach 1685 errichtet worden [A. GUT, Das Berliner Wohnhaus des 17. und 18. Jahrhunderts. Neu aufgel. u. erw. v. W. Volk, Berlin 1984]. Während Berlin manchen Zeitgenossen als reinlichste Residenzstadt Europas galt [71: BRAUNFELS, Stadtbaukunst, 190], finden sich in anderen Berichten weniger lobende Urteile. Noch 1785 soll es Straßen gegeben haben, „wo große Kloaken aufgetürmt liegen (...); selbst am königlichen Schloß sind Exkremente von Menschen und Tieren zu finden" [37: MÖLLER, Fürstenstaat oder Bürgernation, 83f.].

Idealstädte

Exulantenstädte

Berlin: Absolutistischer Städtebau

Die Häuser wurden meist traufseitig angelegt, oft blieb genug Platz für einen kleinen Garten dahinter, wie etwa in Johann Arnold Nerings Friedrichsstadt. Die Straßen konnten auf diese Weise breiter gebaut werden. Das entsprach ästhetischen Prinzipien und führte zu mehr Sicherheit vor Feuersbrünsten und zu besserem Verkehrsfluß.

Die Planstadt des Absolutismus negiert Geschichte zugunsten von Macht, ordnet alles gestalterischem Willen und pragmatischen Lösungen unter. Neben und gegen das „Geplante" tritt indessen das „Gewachsene" der frühneuzeitlichen Stadt: Dies sind zwei zentrale Kriterien für ihre Beurteilung. Was den weitgehend im überkommenen Äußeren verharrenden Reichsstädten die romantische Verehrung des 19. Jahrhunderts sicherte, forderte den Spott des 18.

Das Geplante und das Gewachsene

heraus – gerne nahm man ihr Äußeres als Allegorie für die politische Welt, die sie repräsentierten. „Nichts stellt ein lebhafteres Bild von dem schwermütigen Reichsverfassungskörper vor, den sie verwahret, als sie", meinte Wilhelm Ludwig Wekhrlin 1778 über das „finstere, melancholische, in sich selbst vertiefte" Regensburg [Anselmus Rabiosus Reise durch Oberdeutschland. München 1988, 40]. Der Ort des „Immerwährenden Reichstags" war in der Tat Antithese zur „aufgeklärten Urbanistik" von Städten wie Berlin oder Leipzig. „Ganz nach meinem Sinn waren die mir ungeheuer scheinenden Gebäude", schrieb Goethe über Leipzig, „die, nach zwei Straßen ihr Gesicht wendend, in großen, himmelhoch umbauten Hofräumen eine bürgerliche Welt umfassend, großen Burgen, ja Halbstädten ähnlich sind" [Weimarer Ausgabe, 27, 49; ‚Dichtung und Wahrheit']. Keine „altertümliche" Zeit offenbarte sich Goethe in der spätbarocken Wirtschaftsmetropole, sondern eine veränderte von Handel, Reichtum zeugende Epoche.

Regensburg

Goethe über Leipzig

2.5 Das Haus des Bürgers

Die *äußere Gestalt des Bürgerhauses* war regional sehr unterschiedlich und wandelte sich natürlich zwischen dem Spätmittelalter und dem Ende des 18. Jahrhunderts. Einen Überblick vermittelt die Reihe „Das deutsche Bürgerhaus" [68: BINDING]. Je wohlhabender die Hausbesitzer, je ausgeprägter ihr Wunsch nach Repräsentation, desto aufwendiger ließen sie den Rahmen ihres engsten Lebenskreises gestalten. Wandlungen der Kultur des Hauses waren – wie die Mode – vorwiegend Sache einer ökonomisch starken Elite.

Das deutsche Bürgerhaus hat oft die Bewunderung auswärtiger Besucher erregt. Enea Silvio Piccolomini meinte 1452, Nürnbergs Bürgerhäuser schienen wie für Fürsten erbaut zu sein; eine allgemeinere Skizze gab Antonio de Beatis am Anfang des 16. Jahrhunderts: „Die deutschen Häuser sind zwar meist aus Holz, aber doch sehr schön und anmutig und im Innern nicht unbequem. Fast überall haben sie reichverzierte Erker, bald mit zwei, bald mit drei Seiten. Sie sind manchmal ganz bemalt und mit Ziegeln gedeckt, auf die man Wappen und schöne Heiligenfiguren draufgemalt hat. Die Haustüren, insonderheit die Hauptportale nach den Straßen zu, sind entweder ganz aus Eisen stark beschlagen, und bald rot, bald grün, bald blau, bald gelb angestrichen" [3: LIEBMANN, Land und Volk, 204]. Viele Städte besonders im Süden des Reiches müssen durch die verbreiteten Fassadenmalereien mit figürlichen Darstellungen

Ein Urteil des 16. Jahrhunderts

Fassadenmalereien

und – in der Herstellung billigeren – dekorativen Formen ein farbenfrohes Bild geboten haben. Vorzügliche Meister wurden mit solchen Arbeiten beschäftigt, so Jörg Breu d. J. In Italien, von wo diese Kunst herkam, sind selbst Giorgione und Tizian unter den Fassadenmalern zu finden. Fast nichts hat sich davon erhalten, so daß vorwiegend Bildquellen und die Guidenliteratur als Belege heranzuziehen sind. Bis in die zweite Hälfe des 18. Jahrhunderts kommt solcher Fassadenschmuck vor.

Baumaterial

Wesentlich wichtiger als heute war für die Art des Hausbaus und der Fassadengestaltung die Frage, welche *Baumaterialien* jeweils in der Nähe zur Verfügung standen, da die Kosten für den Transport von Material bei jeder Bauunternehmung im Vergleich zu den Arbeitskosten sehr hoch waren. Die reich gebildeten Renaissancefassaden, die Heidelberg vor der Zerstörung 1693 auszeichneten, hatten eine Voraussetzung in der Geologie der Umgebung, und

Fachwerkbau

Fachwerkbauten gibt es vornehmlich in waldreichen Gegenden: So besonders im südwestdeutschen Bereich, in Franken, Hessen und Niedersachsen [Überblick: G. U. GROSSMANN, Der Fachwerkbau, Köln 1986; 69: BINDING/MAINZER/WIEDENAU, Kunstgeschichte des deutschen Fachwerkbaus]. Wenn de Beatis Köln als eine Stadt mit

Steinbauten

Häusern, „die in der Regel von Stein, groß und gut" gebaut seien, rühmen kann, verdankt die Stadt dies der Nähe der rheinischen Kalk- und Tuffvorkommen und der Lage an einem großen Fluß – Faktoren, welche die Transportkosten verminderten. Ganz analoge Gründe – nämlich das Fehlen von Gestein in der Umgebung – hat der Backsteinbau in der norddeutschen Tiefebene.

Landschaftliche Gebundenheit der Baustoffe

Trotz dieser landschaftlichen Gebundenheit an bestimmte Baustoffe und der Folgen, die dies für den architektonischen Stil hatte, setzte sich gelegentlich eine Hierarchie der Baustoffe durch. Die repräsentativen Gebäude der Bürgerkorporationen – Rathaus, Zunfthäuser, Tanzhaus – erwiesen sich oft bereits durch ihre mit Marmor und anderen wertvollen Materialien realisierte Architektur als gesellschaftliche Zentren und Gehäuse der Eliten. Im Inneren oft

Haus als „Statussymbol"

„Kunstsammlungen im Kleinen" [30: JANSSEN, Geschichte, Bd. I, 154], wurde nach außen die Vielfalt des Schmucks zur Demonstration eines sozialen Status – ob es sich nun um „teure" steinerne Skulpturen, geschnitzte Fachwerkbalken, gemauerte Ziergiebel oder um Fresken handelte. Die Ikonologie des Materials und seine Bearbeitung bekräftigten die Bonität des Hausbesitzers, das prächtige Haus geriet zur „Kreditkarte der Elite", wie am Beispiel des Palastbaus der florentiner Renaissance treffend formuliert wurde [229:

LOPEZ, Hard Times]. Wenn dabei – wie Piccolomini beobachtete – Bürgerhäuser fürstlichen Palästen glichen – so sagt dies etwas über die gesellschaftliche Orientierung der bürgerlichen Spitzengruppe aus. Das eindrucksvollste Beispiel bietet der Fuggerpalast am Augsburger Weinmarkt [N. LIEB, Die Fugger und die Kunst im Zeitalter der Hohen Renaissance, München 1958]. Diese Oberschicht des Bürgertums nährte durch ihre äußere Lebensführung, durch die Architektur, mit der sie sich umgab, stets den Verdacht, Standesgrenzen überschreiten zu wollen – ungeachtet der Anti-Luxus-Gesetze, die ja bewußt darauf zielten, äußere Lebensformen an ständische Strukturen zu binden; ungeachtet auch der Herausbildung eines spezifisch bürgerlichen Tugendkanons, der Werte wie Fleiß, Sparsamkeit, Genügsamkeit umfaßte. Schon Geiler von Kaysersberg kritisierte den mit solchen Idealen im Widerspruch stehenden Wohnluxus seiner Zeit als „Narrenschelle": Das sei „Lusthäuser bawen. Dann es sein etlich, die lassen ire häuser auswendig und inwendig mit wunderbarlichen und seltzamen figuren malen und zieren ... Darnach haben sie ouch eygen badtstuben, weyher, see, fischtrög und springendt brunnen in den kuchen oder im saal" [53: STEINHAUSEN, Deutsche Kultur, 349]. Dergleichen mitunter neureicher Prunk wurde wohl während der ganzen Frühneuzeit entfaltet; es scheint indessen, daß nach dem Dreißigjährigen Krieg ein bezeichnender Wandel deutlich wurde: Zwischen der ländlichen und kleinbürgerlichen Baukultur einerseits, der städtisch-großbürgerlichen andererseits vergrößerten sich die Unterschiede. Das äußerte sich etwa darin, daß Fachwerkbau mehr und mehr abgelehnt, Putz und Stuck immer deutlicher bevorzugt wurden. Die Baukultur der einfachen Leute blieb hingegen – deutlicher im deutschen Süden als im Norden – „mittelalterlich" geprägt [67: BEDAL, Zeitmarken, 150, 155].

Kritik Geilers von Kaysersberg

Soziale Differenzierung der Baukultur

Gerade das 18. Jahrhundert kannte Bürgerhäuser, die adeligen Besitzern nicht schlecht angestanden hätten. Selbst Manufakturgebäude können eher das Bild absolutistischer Schloßanlagen, als Stätten wirtschaftlicher Tätigkeit bieten.

Einfache Wohnverhältnisse der großen Mehrheit

Die große Mehrheit der Bürger lebte natürlich weniger aufwendig. Vom ökonomischen Fachwerkbau, der einige Städte besonders des schwäbisch-fränkischen Bereichs bis heute prägt – so Nördlingen, Rothenburg o.T. oder Dinkelsbühl –, bis zum kleinbürgerlichen Reihen- oder Mietshaus gab es eine Vielzahl von Haustypen [P. H. ROPERTZ, Kleinbürgerlicher Wohnbau vom 14. bis 17. Jh. (...) Aachen 1976].

2.6 *Pflaster und Schmutz*

De Beatis, Montaigne und andere Reisende, deren Aufzeichnungen unser Bild der Bürgerkultur des 16. Jahrhunderts prägen, waren wohlhabende Leute, die verhältnismäßig luxuriös reisen konnten. Das bestimmte ihre Perspektive. Wenn etwa Montaigne nach seiner Deutschlandreise von 1580/1581 mitteilt, man habe die Treppen seines Quartiers mit Leinenstoff belegt und – um vor dem Pesthauch zu schützen – in den Zimmern Räucherwerk verbrannt, dann berichtete er gewiß nicht aus der Welt des „Durchschnittsbürgers" [4: Tagebuch, 92, 103]. Selbst Straßenpflasterung, die etwa Jacob Burckhardt in seiner „Kultur der Renaissance in Italien" als Indiz gehobener Zivilisation nennt, dürfte von den meisten Reisenden eher erwähnt worden sein, weil sie als Besonderheit auffiel [3: Liebmann, Land und Volk, 204]. Mit Bachkieseln oder Pflastersteinen bedeckt wurden zunächst nur einige zentrale Bereiche der Stadt. Noch im 18. Jahrhundert war vielerorts ein bei Hitze staubiger, bei Regen verschlammter Untergrund die Regel. Selbst die glänzendsten Hauptstädte müssen ziemlich übelriechende Orte gewesen sein, wo Straßen und Plätze mit allerlei Unrat, den Laugen der Gerber, faulenden Fleischresten, Blut und Knochen aus den Metzgereien, Kot und Urin „gedüngt" wurden. In kleineren Gemeinden und in Stadtrandgebieten dampften Misthaufen vor den Häusern [61: Zeeden, Kultur, 88; G. Hösel, Unser Abfall aller Zeiten. Eine Kulturgeschichte der Städtereinigung, München 1987]. Dieser Unrat zog Ratten und anderes Ungeziefer an. Hunde, Katzen, Federvieh und Schweine liefen auch in größeren Städten auf den Straßen herum; wer sich den Stadttoren näherte, mag an verzierten Galgen und auf Rädern die verwesenden Leichen „justifizierter" Menschen wahrgenommen haben [96: Zeeden, Erscheinungsbild, 77].

Straßenpflaster

Der Schmutz der Städte

Sehr geruchsempfindlich dürften die Menschen der frühen Neuzeit nicht gewesen sein, jedenfalls nicht gegenüber bestimmten Arten von Gestank [19: Bücking, Kultur und Gesellschaft, 157 f.]. Die Obrigkeiten führten einen langen, zähen und am Ende erfolgreichen Kampf gegen Schmutz und Geruch; zu einem wichtigen Gegenmittel wurde die „düstere Kunst des Pflasterns" [A. Corbin, Pesthauch und Blütenduft. Eine Geschichte des Geruchs. Berlin 1982, 121 ff.]. Was in einigen größeren Städten wie Ulm oder Straßburg schon im 14. Jahrhundert begonnen worden war, gelangte im 18. und 19. zur Perfektion: Die Versiegelung des Bodens, durch die das Ausströmen der darin vermuteten gesundheitsschädlichen Dämpfe unterbunden werden sollte.

3. Bürgerliches Wohnen

3.1 Lebenskreise; das „ganze Haus“

Jeder Bürger war in verschiedene *Lebenskreise* eingebunden, die seinen Alltag prägten: Er war als Patrizier oder Kaufmann Mitglied weitgehend geschlossener Gruppen, die an exklusiven Orten Geselligkeit pflegten und Politik machten; er war Mitglied einer Zunft, die seiner Arbeit Regeln gab und zugleich vielfältige kulturelle Funktionen hatte [42: POTTHOFF, Kulturgeschichte; 60: WISSELL, Recht und Gewohnheit]. Als Christ war er vielleicht am religiösen und sozialen Leben einer Bruderschaft beteiligt. Die Ordnung des städtischen Raumes – Pfarrei, Stadtviertel, Gassenhauptmannschaft, schließlich das noch kaum erforschte Gefüge der Nachbarschaft – konstituierten Bereiche der Kommunikation, der gegenseitigen Unterstützung, zugleich der Überwachung und der sozialen Kontrolle [45: ROECK, Stadt in Krieg und Frieden, 330–333]. Über den engeren Lebenskreis des Hauses hinaus reichten verwandtschaftliche Verflechtungen und das Netz der Freundschaft – oft minimale Beziehungen zwischen Menschen, „von deren kontinuierlicher Wiederholung all jene großen, objektiv gewordenen, eine eigentliche Geschichte bietenden Gebilde begründet und getragen werden“ [G. SIMMEL, Soziologie. Untersuchungen über die Formen der Vergesellschaftung. 5. Aufl. Berlin 1968, 16].

Zunft

Bruderschaften

Nachbarschaft

Freundschaft

Den Kernbereich des bürgerlichen Lebens bezeichneten indessen *Haus* und *Wohnung*. Außer der Familie zählten – wenn vorhanden – Gesellen, Knechte, Mägde und anderes Gesinde zur Ordnung des „ganzen Hauses“, die Herrschaftsbeziehungen meint und zugleich eine wirtschaftliche Gemeinschaft [99: O. BRUNNER, Ganzes Haus; 106: HOFFMANN, Hausväterliteratur]. Eheliches Zusammensein, patriarchalische Ordnung zwischen Eltern und Kindern, Herrschaft über das Gesinde bestimmten diese für die Gesellschaft Alteuropas zentrale Struktur. Die hervorgehobene Stellung des *Hausvaters* ist nicht allein vom Biologischen oder Sentimentalen her zu fassen; durch den Fortfall der Priesterschaft als Mittler zwischen göttlicher und weltlicher Autorität wurde gerade im Protestantismus die Stellung des Vaters in der Familie gestärkt [120: I. WEBER-KELLERMANN, Deutsche Familie, 80; vgl. auch 101: G. FRÜHSORGE, Begründung]. Zugleich entsteht das ebenfalls bürgerliche Bild der Hausmutter: sie ist „tüchtig und in allen weiblichen Arbeiten wohl bewandert, treu und gut, aber freilich meist sehr ungebildet“ [H. POPP, Das Werden der deutschen Familie, Weimar 1914, 147f.].

Haus und Wohnung

Stellung des Hausvaters

3.2 *Wohnkultur: Beleuchtung und Heizung*

Interieur als Spiegel patriarchalischer Strukturen

Das *Innere* des *frühneuzeitlichen Bürgerhauses* spiegelt die patriarchalische Rangordnung in der Familie und die wirtschaftlich-soziale Einheit des „οικος“ in mancher Hinsicht: Sitzmöbel und (rechteckiger) Tisch ermöglichen die Figuration der Hierarchie, Raumaufteilungen erweisen die Verschränkung von Wohn- und Arbeitsbereich.

Lichtquellen

Licht empfing die Wohnung noch im 16. Jahrhundert keineswegs immer durch Fenster, obgleich in wohlhabenden Bürgerhäusern Butzenscheiben üblich werden. Oft waren die Maueröffnungen einfach mit Papier, terpentingetränkter Leinwand oder Pergament bespannt. Die Fensterflügel sind anfangs noch fest montiert, nur ein kleiner Ausschnitt läßt sich öffnen. Gelegentlich erscheinen indessen schon am Ende des 15. Jahrhunderts recht große Fenster in der repräsentativen Stube, die nach außen oft durch einen Erker hervorgehoben wurden. Doch vermindert sich die Größe der Fenster wieder, vielleicht als Folge der „Energiekrise“ des 16. Jahrhunderts.

Bemalte Scheiben

Das 16. Jahrhundert ist zugleich die große Zeit der nach dem Vorbild von Kirchenfenstern bemalten Scheiben. Hans Baldung gen. Grien und Tobias Stimmer zählen neben vielen anderen zu den Meistern, die auf diesem Gebiet wichtige Werke schufen. Erst das 18. Säkulum wird – auch insofern eine Zeit der Aufklärung – das Tageslicht durch weite, meist mit klarem Glas versehene Fenster strömen lassen.

Bemaltes Glas war unökonomisch, weil es das natürliche Licht dämpfte und die ohnedies hohen Kosten für künstliche Beleuchtung weiter anhob. Jedenfalls erschien dem Tiroler Arzt Hippolytus Guarinoni zu Beginn des 17. Jahrhunderts das Innere der Häuser als finster [19: BÜCKING, Kultur und Gesellschaft, 158]. Kerzen und mit Fett, Talg oder – in Küstennähe – mit Tran gefüllte, oft qualmende und üblen Geruch verbreitende Lampen waren die gewöhnlichen Beleuchtungsmittel. In wohlhabenden Haushalten wurden indes kunstvoll gearbeitete Lampen und Leuchter zu repräsentativen Einrichtungsgegenständen.

Heizsysteme

Beheizt wurden meist nur wenige, oft nur ein einziges Zimmer. Die Feuerstelle war vielfach Kristallisationspunkt des Haushaltslebens. Den „eigenen Rauch“ haben: diese Formel besagt, „einen eigenen Haushalt führen“; manches Steuersystem fußt auf der Zahl der Herdstellen.

Mit der beginnenden Neuzeit wurde die Feuerstelle zum Anlaß

Kamin und Ofen

repräsentativen Aufwands. Der Kamin wurde mit Skulpturen geschmückt, mit Fresken verziert; zugleich vollzog sich eine signifikante Entwicklung: Der offene Kamin wich dem luxuriöseren Ofen, der vergleichsweise Energie sparte und nicht mehr den ganzen Raum mit beißendem Qualm erfüllte. Bemalte Kacheln oder verzierte Gußeisenplatten schmückten ihn in der Renaissance und im Barock, während das 18. Jahrhundert elegante Porzellanöfen kannte.

Der oberdeutsche Bereich erlebte diese Neuerung zuerst. In Italien und Frankreich blieb es noch lange beim alten. Italienischen Reisenden fiel auf, daß Kamine in Köln und westlich davon üblich würden [3: LIEBMANN, Land und Volk, 207]. In einigen Gebieten des Nordens, so im Münsterland, war der Ofen noch in der ersten Hälfte des 16. Jahrhunderts kaum verbreitet. Erst allmählich, zuerst in Adelspalästen und Häusern mit öffentlichen Funktionen, drang er vor. Zwischen etwa 1550 und 1620 wird auch hier die ofenbeheizte Stube in den Bürgerhäusern faßbar; doch kann sie als bevorzugter Wohnraum breiterer Gesellschaftsschichten erst nach der Mitte des 17. Jahrhunderts angesehen werden [109: MEINERS, Stufen des Wandels, 227–284, 306].

3.3 Raumaufteilungen

Dielenhaus

Ein besonders im Norden Deutschlands verbreiteter Typus des bürgerlichen Wohnhauses war das *Dielenhaus*. Zentraler Raum war die große hohe Diele, wo zugleich gekocht, gegessen, geschlafen wurde – und zwar selbst in wohlhabenden Kaufmannsfamilien. Diese Multifunktionalität der Diele blieb lange erhalten, doch kennt das Muster zahlreiche Variationen. Die Stube als ofenbeheizter Rückzugsraum, als eine Art „studiolo", kam dazu, ebenso Kammern. Reichere Bürger leisteten sich – etwa in Lemgo – ein Hinterhaus, dessen Saal noch im 17. Jahrhundert als Schlafraum dienen konnte, jedoch gelegentlich auch für Feste genutzt wurde [107: F. KASPAR, Bauen und Wohnen, 213]. Dergleichen war auch im Süden häufig anzutreffen: Durch ein oder zwei schmalere Gebäudeflügel – hier „Abseiten" genannt – war ein Hinterhaus zu erreichen. Der auf diese Weise gebildete Innenhof geriet bei Anlagen der bürgerlichen Oberschicht zum architektonischen Zentrum, das begrünt und mit Brunnen, Vogelvolieren und anderen „points de vues" geschmückt werden konnte. Namentlich im süddeutsch-österreichischen Raum baute man von italienischen Vorbildern inspirierte Arkadenhöfe [84: LICHTENBERGER, Wiener Altstadt; 87: Paläste und Bürgerhäu-

Stube als Rückzugsraum

Bürgerhäuser in Süddeutschland

ser; 83: H. KNITTLER, Vorindustrielle bürgerliche Haustypen; 69: BINDING, u.a., Bürgerhaus]. Im Hinterhaus befanden sich meist Kammern, Wirtschafts- und Lagerräume, Stallungen.

Die Stube in der Wohnkultur Süddeutschlands

Der multifunktionalen Diele des Nordens konnte im Süden die *Stube* entsprechen [103: J. HÄHNEL, Stube]. Sie ist ein Raum der Muße, der Geselligkeit, der „kurtzweil und sittliche(n) Lehr" (Hans Sachs) – aber man schläft hier auch oder erledigt Geschäfte. Das Interieur belegt diese vielen Funktionen: Truhen, Tische, Waschgelegenheit, Küchengerät, Bett oder Himmelbett, selbst in Städten manchmal der Hühnerstall [116: SANDGRUBER, Materielle Kultur, 34; 97: BEDAL, Wohnkultur, 190]. In süddeutschen Inventaren wird die Stube oft als erster Raum genannt, „wodurch sinnfällig unterstrichen wird, daß sie den eigentlichen Kern des Hauses bedeutete" [97: BEDAL, 188].

Schlafkammer

Daß dies nicht ausschließlich gilt, zeigen viele Beispiele. Gelegentlich erscheinen die eigentlich wertvollen „Prestigeobjekte" gerade in jenem Raum konzentriert, der heute als privatester Bereich der Wohnung gilt, nämlich in der Schlafkammer. Der 1572 gestorbene Paul Geisenhamer, Handelsherr in einer oberösterreichischen Kleinstadt, hatte hier beispielsweise ein Himmelbett, je zwei gemalte und mit Intarsien versehene Truhen, ein furniertes „Trühel", einen Tisch, eine „Siedeltruhe", einen mit rotem Leder überzogenen Sessel und ein Uhrkästchen [116: SANDGRUBER, Materielle Kultur, 34].

Werkstatt

Die *Werkstatt* des Handwerkers befand sich fast immer im Erdgeschoß, manchmal auch in einem halb oberirdisch, halb im Keller gelegenen Raum. Von hier aus wurden zugleich die Produkte verkauft, wenn nicht Märkte oder „Kaufhäuser" beschickt wurden. Der Kunde betrat den Warenraum nicht, er kaufte von der Straße her, wo kleine Vorbauten angebracht sein konnten. Ein hölzerner oder mit Eisen beschlagener Klappladen, der sich zum Käufer hin öffnete, diente als Verkaufstisch [104: HEYNE, Wohnungswesen Bd. 1, 307ff.]. Vor allem in den Inn- und Salzachstädten, in Tirol und einigen Städten der Schweiz – etwa in Bern – wurden die Untergeschosse der Häuser zu den Straßen hin als Lauben ausgebaut. Sie erleichterten Geschäfte und dienten den Handwerkern als „Freiluftwerkstätten".

Lauben

Keine Trennung von Arbeits- und Freizeitbereich

Die Bereiche von Arbeit und Freizeit waren im Bürgerhaus der frühen Neuzeit meist nicht, zumindest nicht eindeutig, voneinander getrennt. Noch 1785 betont ein Reisender bei der Schilderung der Verhältnisse in Stralsund, hier sei das „Vorhaus ... so groß, daß es mehrenteils die Hälfte des Hauses sowohl in der Höhe als in der Breite" einnehme: „Hier haben Kaufleute ihre Buden, andere ihre Wagen. Hier wird genähet, gesponnen, gewebt; hier wird Caffee und Thee getrunken; hier wird Leichen- und Taufmahl gehalten" – kurz, hier würden „die mehresten Geschäfte einer Haushaltung" verrichtet [nach 102: GLÄNTZER, Nord-Süd-Unterschiede, 80]. Der Osnabrücker Notar und Prokurator Cappel versammelte um 1770 nicht nur Silber, Porzellan, Bilder, vergoldete Spiegel und mit gelbem Samt bezogene Stühle und Sessel in einem Raum – er hatte im selben Zimmer auch eine gut ausgestattete Bettstelle und ein Wandbett. Darin lassen sich nach der Deutung RUTH-E. MOHRMANNS Rudimente der ehemaligen Multifunktionalität identifizieren [113: Wohnkultur].

Multifunktionalität

Insgesamt bestimmte zwischen dem 16. und 18. Jahrhundert ein mehr oder weniger ausgeprägter Trend zur *Differenzierung* der Raumfunktionen und zur *Individualisierung* der Wohnbereiche die Entwicklung. Wie dieser Prozeß zeitlich und regional ablief, ist noch in vieler Hinsicht unklar; möglicherweise kam es in Süddeutschland früher als im Norden – bereits um 1600 – zur Ausprägung eines differenzierten Wohnstiles: „Gegessen (und gewohnt) wurde in der Stube, geschlafen in der (Stuben)kammer, gekocht in der Küche" [110: MEINERS, Wohnkultur, 190]. Viel wird freilich davon abhängen, ob es sich um Groß- oder Kleinstädte, um die Haushalte wohlhabender oder armer Bürger handelte.

Differenzierung und Individualisierung

3.4 Einrichtung und Wohnatmosphäre

Bürgerliche Wohnungseinrichtungen

Art und Verteilung der *Einrichtung* einer Wohnung liefern die wichtigsten Indizien für diese Entwicklungen. Die Ausgliederung des Schlafbereichs aus der Wohnsphäre, der Rückzug der Schlafmöbel ins Intime werden durch Abnehmen ihres Wertes signalisiert [110: MEINERS, Wohnkultur, 188], die generelle Zunahme der Zahl der Sitzmöbel könnte als Beleg für die Individualisierung des Sitzens und damit für das Vorrücken der Schamschwelle im Sinne der Zivilisationstheorie Norbert Elias' gewertet werden [112: R.-E. MOHRMANN, Wohnen und Wohnkultur, 515]. Noch bis ins 17. Jahrhundert waren Sessel selbst in wohlhabenden Bürgerhaushalten überraschend selten anzutreffen; allerdings gab es schon im frühen 16. Jahrhundert einfache Handwerkerhaushalte, in denen mehr als ein Dutzend Stühle vorhanden waren. Man saß vorwiegend auf den an der Wand fest angebrachten Bänken um einen Tisch, der meist

Sitzmöbel

nicht rund war und so eine Rangordnung beim Sitzen ermöglichte. Diese Wandbänke, in die Wand eingelassene Schränke, Laden und Holzvertäfelungen bestimmten den Charakter vieler Wohnungen gerade des gehobenen Bürgertums, die so nie einen uneingerichteten Eindruck gemacht haben müssen, obwohl das wirklich „mobile" Interieur vergleichsweise spärlich war. Inventare nennen weit mehr Tische, als aufgrund der aufgeführten Sitzgelegenheiten zu vermuten wäre. Neben dem feststehenden Tisch wurden frei bewegliche, auf Böcke oder zwei Schragen plazierte Tischblätter verwendet.

Tische

Zur Aufbewahrung von Kleidern und Gerätschaft dienen Truhen und, zunehmend häufiger in den Wohnungen der Oberschichten, Schränke. Der äußere Schmuck des Schrankes, der über das 18. Jahrhundert hinaus wichtiges Prestigemöbel vornehmer Bürgerhäuser bleibt, variierte regional und bot der Schreinerkunst ein reiches Betätigungsfeld – vom mit plastischen Ornamenten gestalteten norddeutschen Schrankmöbel bis zu reich furnierten süddeutschen Schrankarchitekturen gab es zahlreiche Typen [108: KREISEL/HIMMELHEBER, Möbel; G. HIMMELHEBER, Kabinettschränke, München 1977; 49: SCHULTZ, Häusliches Leben]. Viele dieser mächtigen Möbel zierten repräsentativ-augenfällig Vorplatz oder Diele, zusehends seltener – wie noch im 16. Jahrhundert – waren sie in die Zimmer integriert.

Truhen

Schrank als „Prestigemöbel"

Im 18. Jahrhundert begegnet die Kommode als wichtiges Verwahrmöbel auch im Bürgerhaus. Sie ist eine französische Erfindung; zunächst war sie in wohlhabenden Familien verbreitet. Noch um 1800 findet sie sich nur in 10% der rekonstruierbaren Haushalte der württembergischen Kleinstadt Nürtingen, hier vorwiegend bei Gastwirten, Kaufleuten und in Pfarrhäusern [110: U. MEINERS, Wohnkultur, 168 f.].

Kommode

Aus einem spanischen Vorläufer entwickelt sich der Schreibtisch, in der zweiten Hälfte des 16. Jahrhunderts ist er eine Art Modemöbel, das von einem hochspezialisierten Handwerk namentlich in Deutschland immer raffinierter gestaltet und von hier aus in alle Welt exportiert wird. Schon bald lassen sich Schreibtische in den Haushalten des mittleren Bürgertums nachweisen; im 17. Jahrhundert geht ihre Zahl deutlich zurück. Das 18. Jahrhundert kennt mit höchster Ambition gestaltete Luxusschreibtische, die indessen auch immer eindeutiger an die Welt des Hofes, des Adels und der bürgerlichen Eliten gebunden bleiben. Ein „Cabinet Macher" wie Abraham Röntgen, der mit geschicktem Marketing ganz Europa belie-

Schreibtisch

Abraham Röntgen

ferte, konnte indessen auch den Rat Johann Caspar Goethe aus Frankfurt und andere Bürger zu seinen Kunden zählen. Die Erzeugnisse dieses zu atemberaubender Perfektion gelangten Kunsthandwerks waren damals kaum noch Gebrauchsobjekte, „sondern ständisches Spielzeug, Rangabzeichen und Markierung der feinen Trennungslinien zwischen den Eliten des *Ancien Regime*" [118: STÜRMER, Möbelkunst, 250].

Seltenheit von Kunstwerken

„Kunstwerke" im modernen Sinne waren selten in bürgerlichen Haushaltungen zu finden. Das gilt selbst für Kruzifixe und Heiligenbilder, die im katholischen Raum erst im 18. Jahrhundert häufiger vorkamen. Das populäre, von niederländischen Genrebildern inspirierte Bild frühneuzeitlichen Wohnens trifft nicht allgemein zu. Trotz der reichen Überlieferung an Gemälden, Stichen und anderen bildlichen Darstellungen – dies ist ein wichtiger, kaum bedachter Aspekt der frühneuzeitlichen Kultur – war die Welt der Bürger, erst recht die der Bauern und der unterständischen Schichten, eine *bilderarme* Welt, gemessen an der Flut von Gedrucktem, Fotografiertem und Gefilmtem, die den modernen Menschen überschwemmt. Um so eindrucksvoller muß die reale Anschauung von Großarchitekturen wie Kirchen und Schlössern oder von luxuriösen Interieurs gewirkt haben, war doch auch in wohlhabenden Haushalten eher eine karge Möblierung die Regel.

Wohnatmosphäre

Möbel und andere Gegenstände der materiellen Kultur sind schließlich in das *Gesamtbild* der Wohnatmosphäre einzuordnen [115: PRAZ, Arredamento; 18: BRAUDEL, Alltag, 327–330]. Nicht nur in den Palästen der Renaissance, auch im Patrizierhaus können Gobelins die Wände, die gelegentlich mit Holz vertäfelt sind, verzieren; erschienen die Zimmerdecken als prächtig geschnitzte Kunstwerke, während die Böden mit glasierten und bemalten Ziegeln und Marmor bedeckt waren, bevor im 18. Jahrhundert Parkett mit den Furnieren der Möbel korrespondiert. Während der ganzen Frühneuzeit gab es in den Bürgerhäusern freskierte Wände, seit dem 17. Jahrhundert auch Decken, die sich zu Scheinarchitekturen und Himmeln voller allegorischer Gestalten öffneten. Das 18. Jahrhundert wurde zugleich die Zeit der kunstvoll gestalteten, aber auch der einfachen, billigen Papiertapete. Sie bildete den zurückhaltenden Hintergrund für die seit der Jahrhundertmitte zusehends häufigeren Familienporträts, die gewachsenes bürgerliches Selbstwertgefühl und Besinnung auf die Bedeutung des Privaten und Familiären – auch als Zeichen einer „neuen Innerlichkeit" – anzeigten.

Wand- und Deckenfresken

Tapeten

Familienporträts

Es handelt sich hier um einen fundamentalen Vorgang in der

Entwicklung des bürgerlichen Wohnens: um die Trennung von Wohn- und Arbeitsbereich als Ausdruck einer spezifischen *Privatheit*, die sich gegenüber den profanen, notwendigen Dingen der Ökonomie abgrenzt und einen eigenen Raum gegenüber dem öffentlichen und der mit ihm verbundenen sozialen Kontrolle beansprucht. In der Auflösung des „ganzen Hauses“, die sich dabei ankündigt, zeigt sich zugleich die neue Struktur der Freizeit (vgl. S. 35f.).

Neue Privatheit im 18. Jahrhundert

Was der Taglöhner oder der Manufakturarbeiter gezwungenermaßen praktizierten, wurde zum Luxus der Wohlhabenden: Laden, Kontor, „Bureau“ einerseits und Wohnung andererseits fanden sich immer öfter in verschiedenen Häusern; damit erschienen auch die Sphären von Mann und Frau entschiedener voneinander separiert, und letztere wurde zusehends auf die Rolle der Herrin des Privathauses und auf die Kindererziehung beschränkt. Die von Gustav Freytag mitgeteilten Memoiren des Ernst Friedrich Haupt, Sohn eines Zwickauer Handelsherren, lassen dies gut erkennen. In der Lebenswelt dieses Kaufmanns ist das Private bereits ausgegrenzt. Zugleich erscheint in diesem Text des ausgehenden 18. Jahrhunderts ein bürgerliches Wertsystem, das sich in Hauseinrichtung und Lebensweise erfüllte. Für die Mußestunden gab es einen Garten samt Pavillon, wo im Sommer kleine Feuerwerke abgebrannt wurden – eine großbürgerliche Variante höfischer „Gartenlust“ [vgl. auch 37: Möller, Fürstenstaat oder Bürgernation, 410f.]. „Rastlos tätig, dachte er nur darauf, seine Handlung zu behaupten“, heißt es über Vater Haupt; dabei habe dieser keine „Intelligenten“, sondern nur „Maschinenmenschen“ um sich gehabt, die Kinder hätten ihn wenig gesehen; die Arbeitssphäre, die unerfreuliche Fron unter „Maschinenmenschen“, war eben eine andere als die seines privaten Lebens. In diesen intimen Bereich Fremde einzuladen, sie in den Kreis der Familie zu lassen, war etwas Besonderes und der Erwähnung wert – so berichtet Haupt, daß sein Vater „auswärtige Handelsfreunde“ oder seine „Lieblingsfaktors“ an den heimischen Mittagstisch bat. Und obwohl die Freizeit durch den Genuß angenehmer Dinge erst zum wirklichen Korrelat der Arbeit wird, hat sich alles in den Grenzen zu bewegen, die Solidität und Sparsamkeit ziehen. [26: Freytag, Bilder, Bd. IV, 338f.].

Memoiren des E. F. Haupt

Die Quelle läßt, obwohl sie vor allem ein Idealbild bürgerlicher Tugend zu reflektieren scheint, deutliche Zusammenhänge zwischen Mentalität, Lebensstil und Interieur erkennen. Ökonomie und Geschmack erheischen einen im eigentlichen Sinne konservativen Um-

Idealbild bürgerlicher Tugend

gang mit Möbeln und Gerät; tatsächlich liegt der Grundzug bürgerlicher Interieurs der Frühneuzeit in der Beständigkeit der Ausstattung. Innovationen finden nicht kontinuierlich statt, sondern schubweise. Sie sind an Wirtschaftskonjunkturen, manchmal an das Prestigebedürfnis eines *nouveau riche* gebunden.

4. Aspekte bürgerlichen Alltags

4.1 Zeiteinteilung, Tageslauf

Uhren als Prestige-Innovationen

Als typische Prestige-Innovationen begegnen in wohlhabenden Bürgerhaushalten seit der zweiten Hälfte des 16. Jahrhunderts zunehmend häufiger *mechanische Uhren.* Zugleich versuchten städtische Obrigkeiten, die „öffentliche" Zeit weiter zu präzisieren: Rathausuhren begannen die Viertelstunden mitzuteilen, große astronomische Uhrwerke konnten bestaunt werden. Das hat oft mehr den Charakter des Spielerischen, und es erscheint zugleich als Metapher eines gesellschaftlichen Ordnungsideals. „Ein richtiges Vhrwerck in der Stadt", reimte der Nürnberger Johann Geyger 1621, „Zeigt an, daß da ein weiser Raht/ ein richtiges Regiment fuehr eben/ Auch gute Policey darneben/ Die Burger regier mit Weisheit/ Ertheil nach Gerechtigkeit die Bescheid" [137: S. MAURICE/K. MAURICE, Stundenangaben, 148].

Stadtglocke und Uhr als Massenmedien

Die „Massenmedien" Stadtglocke und Uhr wurden zu Symbolen und Mitteln obrigkeitlicher Autorität, sie gesellten sich zu der im 16. Jahrhundert ansteigenden Flut von Verordnungen, mit denen Stadt und Staat die Menschen überschütteten. Allmählich entstand so eine städtische, eine bürgerliche Zeit, die den urbanisierten Raum vom Land abgrenzte. In der Bürgerwohnung lieferte der mechanische Apparat das Maß einer eigenen, rationalen Zeiteinteilung. Bislang war Zeit auch in den Oberschichten als kumulative Dauer empfunden worden; sie war Lebens- und Weltzeit, Zeitspannen galten als Ausschnitte aus diesem großen Kontinuum und waren darauf bezogen. Für sich genommen hatten sie keine Bedeutung. Die zusehends präziseren Uhren deuten an, wie Zeit nun deutlicher als Fortschreiten von Augenblick zu Augenblick, als Summation von „Gegenwarten" begriffen wurde [39: MUMFORD, Stadt, 425].

Städtische Zeitbestimmung

Trotzdem konnte die Art der Zeitbestimmung selbst von Stadt zu Stadt schwanken. Man zählte von Sonnenuntergang, anderswo von Sonnenaufgang – das Reisen wurde dadurch nicht einfacher. Noch im letzten Drittel des 17. Jahrhunderts kann Grimmelshausen feststellen, daß der Tag „von einerley Leuten in unterschiedlichen Haendeln auch unterschiedlich angefangen“ werde.

Leben mit dem Tageslicht

Gewöhnlich stand man mit dem ersten Tageslicht auf, die Abenddämmerung beendete den Tag [61: ZEEDEN, Kultur, 155f.]. So wurde im Sommer bis zu sechzehn, im Winter nur bis zu acht Stunden täglich gearbeitet. Mit dieser Realität konfrontierte Aegidius Albertinus – einer der „Vordenker“ des bürgerlichen Tugendkanons – die „faulenzenden Schläffer ..., welche durchs gantze Jahr niemaln die liebe auffgehende Sonn sehen/ ... sondern vor Sonnen nidergang sich niderlegen/ zehen oder zwölff stund vnder einem zug schlaffen“ [38: MÜNCH, Ordnung, 127]. Später kam man – wie Joachim Heinrich Campe 1789 – darauf, einen „Lebens- und Geschäftsplan“ aufzustellen, in dem für jede Tagesstunde ein genaues Programm vorgesehen war [38: MÜNCH, Ordnung, 265].

Innerhalb des Hauses bestimmte das Familienoberhaupt die Zeit. Der Landedelmann Wolf Helmhard von Hohberg formuliert 1682 eine gewiß auch für das Bürgertum geltende Maxime, wenn er sagt: „Ein Hausvater gleichet einer Hausuhr, darnach sich jedermann mit Aufstehn, Schlafengehen, Arbeiten, Essen und allen Geschäften richten muß“ [O. BRUNNER, Adeliges Landleben und europäischer Geist ..., Salzburg 1949, 284f.].

Mahl-Zeiten

Die *Mahlzeiten* wurden, entsprechend dem am Tageslicht orientierten Alltag, zu früheren Stunden eingenommen als heute [49: SCHULTZ, Häusliches Leben, 337f.; 19: BÜCKING, Kultur und Gesellschaft, 153–155]. So wurde der Tag meist zwischen 4 und 5 Uhr mit der „Morgensuppe“ begonnen, das Mittagessen fand um 10 Uhr statt („Frühmahl“), während das Abendessen schon ab 15 Uhr, vorwiegend jedoch zwischen 16 und 18 Uhr eingenommen wurde; den Übergang vom Zwei- zum Drei-Mahlzeiten-System setzen neuere Forschungen um die Mitte des 17. Jahrhunderts an [A. FENTON/E. KISBAN, Food in Change. Eating Habits from the Middle Ages to the Present Day, Edinburgh 1986].

Natürlich kannte dieser Rhythmus viele Variationen; so war es nach dem Zeugnis des Dichters Barthold Hinrich Brockes im Hamburg des 18. Jahrhunderts üblich, zwei Teezeiten und ein „Vesper-Brodt“ zusätzlich zu halten [192: NAHRSTEDT, Freizeit, 115ff.]. Der Hinweis des Bürgers Brockes illustriert einen bedeutsamen Vorgang: Die Verschiebung des Tageslaufs der oberen Schichten des Bürgertums gegenüber dem der Handwerkerschaft mündete in

Schichtspezifische Verschiebung des Tageslaufs

einen Alltag auch „gegen" das Tageslicht, in die „Eroberung der Nacht" [ebd., 132]. Der Abstand wächst allmählich auf drei bis vier Stunden an. Eine Quelle der Zeit um 1750 führt die Unterschiede vor Augen: Nach ihr hatte die Bürgersfrau um 6 Uhr aufzustehen, zwischen 7 und 8 Uhr wurde gefrühstückt. Danach ging der Mann in die Schreibstube. Die Zeit zwischen 12 und 2 Uhr galt Mittagessen und Nachmittagskaffee; bis 19 Uhr war der Mann erneut im „Kontor". Das Abendessen wurde zwischen 20 und 21 Uhr eingenommen, danach war noch ein Stündchen Zeit zum Pfeiferauchen vorgesehen [24: ERMATINGER, Kultur der Aufklärung, 328].

4.2 Essen und Trinken

Morgensuppe

Bis ins 19. Jahrhundert – als der Kaffee zum populären Getränk auch zur Morgenmahlzeit wurde – blieb die „Morgensuppe" die erste Speise des Tages: gewöhnlich eine Mehleinbrenne mit Wasser und Beilagen; in Tirol pflegten die Bürger im 16. Jahrhundert morgens Brot zu essen, dazu gab es gewässerten Wein, anderswo – so in Böhmen und Schlesien – auch Bier [19: BÜCKING, Kultur und Gesellschaft, 153; 148: TEUTEBERG/WIEGELMANN, Tägliche Kost].

Frühmahl

Brot als Grundnahrungsmittel

Am wichtigsten war gewöhnlich das Frühmahl, sieht man einmal von Gastungen zu besonderen Anlässen ab. Für alle Gegenden und alle Bevölkerungsschichten gilt, daß *Brot* das unabdingbare und nicht ersetzbare Grundnahrungsmittel war. Das blieb bis ins 19. Jahrhundert so, trotz der zunehmenden Verbreitung der Kartoffel. Der Anteil der Aufwendungen für Brot bzw. Getreide an den Lebenshaltungskosten eines frühneuzeitlichen Haushaltes sank nun – jedenfalls, wenn keine Hungersnot herrschte – um so deutlicher, je besser dessen wirtschaftliche Situation war, je mehr „luxuriöse" Speisen man sich leisten konnte. Für die meisten Bürgerhaushalte dürfte indessen gelten, daß die Aufwendungen für Brot den größten Teil des Budgets ausmachten.

Fleisch

Fleisch als ebenfalls verhältnismäßig teures Grundnahrungsmittel scheint zu Beginn des 16. Jahrhunderts wesentlich ausgiebiger verzehrt worden zu sein als an dessen Ende, und ebenso nahm die Bedeutung des billigeren Roggenbrotes gegenüber dem Weizenbrot in dieser Zeit zu: Dies spiegelt die demographische Entwicklung; das Wachstum der Bevölkerung führte zu einem langfristigen Verfall der Reallöhne, und damit korrespondierend stiegen die Preise für Getreide und andere Nahrungsmittel an [W. ABEL, Massenarmut und Hungerkrisen im vorindustriellen Deutschland. 2. Aufl. Göttingen 1977]. Als der Seeweg nach Indien entdeckt wurde, wuchsen zugleich die Importe von Gewürzen sprunghaft. Sie zu verwenden war oft nötig, denn damit konnte man den schlechten Geschmack des leicht verderblichen Fleisches am ehesten überspielen. Kein Kochbuch verzichtet auf Würzempfehlungen: Mit Pfeffer, Salz, Nelken, Ingwer, Zimt und anderem sollte nicht gespart werden. Man scheute nicht einmal davor zurück, Wein mit Flieder, Salbei oder Rosmarin zu „verfeinern" [3: LIEBMANN, Land und Volk, 87f.]. Bezeichnenderweise wurden 1527 bei einem Ratsmahl, das Nürnberg für Straßburger Gäste gab, nicht weniger als 14,21% der Kosten für Gewürze aufgewendet – demgegenüber nehmen sich die 1,89% für Brot höchst bescheiden aus. Den wichtigsten Kostenfaktor stellten damals Fische dar – 64% [130: DIRLMEIER, Untersuchungen, 389]. Fische

Für den Alltag selbst patrizischer Mittagstische sind solche Relationen nicht typisch. Ein gehobener Sozialstatus führt zu einer Verbesserung der Qualität – weniger der Quantität – der Mahlzeiten.

Eine Art „Musterrechnung", die ein Chronist der Zeit um 1580 für einen – wie ULF DIRLMEIER schreibt – „mittelbürgerlichen" Haushalt mit drei Personen mitteilt, läßt Alltagsgewohnheiten erkennen [130: Untersuchungen, 419]. Das Budget betrug 89 Gulden; davon mußten über 25 fl. (28,7%) für Wein und Branntwein und über 16 fl. (18,2%) für Fleisch aufgewendet werden. Solche Werte sind für Haushalte der Unterschichten mit Sicherheit nicht zu finden. Brot und Fische, letztere wohl als Fastenspeise, schlugen mit jeweils 7 fl. zu Buche (je 7,86%). Während Obst und Frischgemüse in dieser Rechnung nicht veranschlagt werden, obwohl sie sicher zum bürgerlichen Speisezettel zählten, werden die Kosten für Käse und Kraut auf je 2 fl., die für Milch auf 1 fl., für Salz und Gewürze auf 1,75 fl. geschätzt. Schmalz wird zusammen mit Holz genannt; der Chronist vermutet dafür Kosten von 10 Gulden. Ingesamt liegt der Anteil der Kosten für Lebensmittel in dieser bürgerlichen Haushaltsrechnung bei über 70 Prozent. Weniger Wein, wie in dieser Bürgerfamilie, als vielmehr Bier, Wasser, Milch und Most prägten die *Trinkgewohnheiten* der frühen Neuzeit. Branntwein und andere scharfe Alkoholika wurden anscheinend vorwiegend im Wirtshaus, also in der Öffentlichkeit, als Stimulanzien genossen – verstärkt offenbar seit dem ersten Viertel des 17. Jahrhunderts [109: MEINERS, Stufen des Wandels, 284f.; 144: SCHIVELBUSCH, Pardies, 164].

Musterhaushalt

Trinkgewohnheiten

Unter den vielfältigen Veränderungen, die sich in den Ernährungsgewohnheiten bis ins 18. Jahrhundert vollzogen [Überblick:

Wandel der Ernährungsgewohnheiten

122: ABEL, Stufen der Ernährung; 151: WIEGELMANN, Alltags- und Festspeisen], ist bereits im ausgehenden 16. Jahrhundert die Zunahme des Verbrauchs von *Zucker* bemerkenswert [G. WIEGELMANN, Zucker und Süßwaren im Zivilisationsprozeß der Neuzeit, in: H. J. Teuteberg/G. Wiegelmann (Hrsg.), Unsere tägliche Kost ..., Münster 1986, 135–152]. Der Rückgang des Verbrauchs von Pfeffer und anderen Gewürzen im 18. Jahrhundert könnte mit dem Aufkommen neuer Genußmittel wie Tee, Schokolade und vor allem *Kaffee* zusammenhängen [G. SCHIEDLAUSKY, Tee, Kaffee, Schokolade und ihr Eintritt in die europäische Gesellschaft. München 1961]. 1683 war in Wien das erste Kaffeehaus eingerichtet worden, bis 1687 folgten Kaffeehäuser in Nürnberg, Regensburg und Hamburg. Zusammen mit Tabak – dessen Einfuhr etwa Köln und Württemberg noch um die Mitte des 17. Jahrhunderts hatten verhindern wollen – begleitete der Kaffee den Diskurs der Aufklärung. Er blieb lange freilich ein teures und seltenes Getränk, ein Statussymbol der wohlhabenden Bürger und des Adels [151: WIEGELMANN, Alltags- und Festspeisen, 168; 147: TEUTEBERG, Kaffee].

Zucker

Kaffee

4.3 Tischsitten

Schichtspezifische Tischsitten

Hinsichtlich der Art und Qualität der Speisen, mehr noch, was die *Tischsitten* betrifft, erweiterte sich seit dem 17. Jahrhundert deutlicher die Kluft zwischen Adel und gehobenem Bürgertum einerseits, städtischen Unterschichten und Landbevölkerung andererseits.

Zuerst in vornehmen Haushalten Frankreichs wurde ein *Eßzimmer* ausgegliedert. Während im 18. Jahrhundert *Porzellan* gelegentlich als luxuriöses Tischgerät auch in Bürgerhaushalte vordrang [109: MEINERS, Stufen des Wandels, 293; 114: PALLACH, Materielle Kultur], herrschten doch weitgehend Holz- oder Zinnteller vor; oft bildete Brot die Unterlage der Speisen. Noch im 17. Jahrhundert verfügte selbst in vornehmen Tischgesellschaften nicht jeder über ein Messer, über Glas oder Trinkbecher. Man leerte das Glas, um es dann dem Nachbarn weiterzureichen, und die eigenen Finger waren das gebräuchlichste Eßbesteck. Der *Löffel*, mit dem oft aus einer einzigen, gemeinsamen Schüssel gegessen wurde, kam im 16. Jahrhundert in Gebrauch, er entwickelte sich im 17. zum Eßlöffel mit breitem Stil. Kaffeelöffel und andere Sonderformen kannte erst das 18. Jahrhundert. Die Gabel wurde in einer dreizinkigen Form erst von etwa 1650 an häufiger, zugleich wurde das Messer oben rund [53: STEINHAUSEN, Kultur, 603]. Das heute übliche dreiteilige Be-

Löffel

Gabel

steck lag im 18. Jahrhundert in den Haushalten des Adels und des gehobenen Bürgertums, noch um 1800 jedoch selten bei wohlhabenden Bauern. Auch das Tischtuch blieb lange eine Errungenschaft der Oberschichten, diente aber selbst hier zugleich als Schneuztuch und Serviette, deren Gebrauch erst im 17. Jahrhundert häufiger wurde. Der Kampf gegen unflätige Tischsitten gewann bereits im 16. Jahrhundert literarische Gestalt, so vor allem in Friedrich Dedekinds „Grobianus" [1549; 128: BÖMER, Anstand und Etikette; auch J. NEUER, The Grobianus Tischzucht of Wilhelm Salzmann, in: AKG 62/63 (1980/81) 65–100].

Tischtuch, Serviette

„Grobianus"

4.4 Kleidung und Mode

Wie das Schneuztuch – darauf verweist seine im Süden übliche Bezeichnung *fazolettl* – aus der „moderneren" italienischen Renaissancegesellschaft nach Deutschland vordrang, so scheinen sich auch verfeinerte Formen der Körperpflege und des Kleidergeschmacks zunächst von hier aus in Europa verbreitet zu haben. Der Gebrauch von Parfüms und Schminke – beides im Orient seit der Antike überkommene Formen des modischen Luxus – fanden von der italienischen Halbinsel aus wieder Verbreitung im Abendland.

Verfeinerte Körperpflege und Kleidung

Modischer Wandel scheint oft gesellschaftlicher Dynamik zu entsprechen. Europa war in der frühen Neuzeit der „Kontinent der Modetorheiten", und hier war es neben dem Adel vor allem das Bürgertum, das Kleidermoden huldigte. So lassen Bildquellen erkennen, daß sich die Kleidung von Bauern über lange Zeit kaum änderte, während Bürgertrachten selbst innerhalb weniger Jahre Wandlungen unterworfen sein konnten [18: BRAUDEL, Alltag, 339]. Verordnungen schrieben allerdings ohnedies für die Bauern und die unteren Schichten der Stadtbevölkerung ins Grau, Braun oder Schwarz spielende Kleiderfarben vor, während helle Farben – im Sinne einer differenzierten Lichtmystik – als Abglanz der Gottheit oft den sozialen Eliten vorbehalten blieben [141: NIXDORFF/MÜLLER, Farbordnungen, 27ff., 129: BRÜCKNER, Farbe als Zeichen]. In ihrer Zahl und Differenziertheit – die Höhepunkte lagen in der zweiten Hälfte des 15. und des 17. Jahrhunderts [132: EISENBART, Kleiderordnungen, 14] – sind die Kleiderordnungen ebenso Spiegel wie Gegenbild von komplizierten sozialen Realitäten. Sie sind Dokumente des Normierungswillens der Obrigkeiten gegenüber einer nur unklar definierten Wirklichkeit. Wenn man das Äußere der Bürger festzulegen suchte, um eine letztlich in Gott begründete Ord-

Europa: Kontinent der „Modetorheiten"

Farbordnungen

Kleiderordnungen

nung evident werden zu lassen, so war dies zugleich ein Signum frühneuzeitlicher Weltinterpretation: nämlich die bis ins 18. Jahrhundert zu beobachtende Tendenz, dem Äußeren Verweiskraft auf einen inneren Sinn zuzubilligen [H. BLUMENBERG, Die Lesbarkeit der Welt. Frankfurt/M. 1981, 60ff.]. Das sichtbar Demonstrierte hat aus dieser Perspektive die Vermutung für sich, auch das Legitime zu sein. Auch das ökonomische Argument gegen die Verschwendung hatte seine religiös-moralische Seite, Luxus galt als „hoffart und ubermut", die wiederum Gottes Zorn über den Staat, die Bürgerkorporation bringen konnten [132: EISENBART, Kleiderordnungen, 67f.]. Allerdings scheinen doch wirtschaftliche Motive beim Erlaß der Kleiderordnungen zusehends in den Vordergrund zu treten, ein Indiz für langfristige Säkularisierungsprozesse. Zudem war die Akzeptanz der Ordnungen offenbar eher gering – dafür spricht schon ihre häufige Wiederholung.

Vordringen wirtschaftlicher Motive beim Erlaß der Kleiderordnungen

Das farbige Bild städtischen Alltagslebens war so Ausdruck eines subtilen Ringens um soziale Positionen. Stoff für Konflikte ergab sich häufig dann, wenn ökonomische und gesellschaftliche Positionen inkongruent waren, wenn Geld die äußere Behauptung eines Status ermöglichte, die mit der Tradition im Widerspruch stand. Die „Costlichkeit der Cleider" schien einem Kritiker des frühen 16. Jahrhunderts der Hauptgrund für die Verarmung des Adels – „sie wollen prunken als die richen Kaufleute in den Stedten tun, den sy es ehedem in Eren vorausgetan" [30: JANSSEN, Geschichte, Bd. I, 380]. Konsequenz der ökonomischen Führungsrolle des Bürgertums dieser Zeit konnte obrigkeitliche Akzeptanz sein; in Bayern erreichten die Großkaufleute 1526 die Anerkennung als eigener Stand zwischen gemeiner Bürgerschaft und Geschlechtern [123: BAUR, Kleiderordnungen, 131].

Kleiderordnungen als Spiegel sozialer Hierarchien

Eine wichtige Leitbildfunktion behaupteten die Höfe. Orientierungsmuster kamen aus Burgund, aus Italien, Spanien, schließlich aus dem Versailles Ludwigs XIV. Damit sind freilich nur einige sehr allgemeine Trends angedeutet. Unterhalb der Welt der Eliten entfalteten sich vielfältige lokale, regionale, häufig wechselnde Moden [Literatur in 142: Mode – Tracht – Regionale Identität, 193–198] – stets in Auseinandersetzung mit obrigkeitlicher Reglementierung und ebenso eindringlichen wie nutzlosen Traktaten gegen den „Hosenteufel" oder „alamodische Kleiderpracht".

Leitbildfunktion der Höfe

Regionale Moden

Der metaphysische Bezug der Kleiderfarben tritt in der Neuzeit weitgehend in den Hintergrund. Einen Abglanz lassen allerdings die religiösen Bilder der Epoche erkennen: Gott Vater, Christus, Maria oder wichtige Heilige erschienen fast immer in leuchtend roten, blauen oder gelben Gewändern. Gelb hatte schon in der mittelalterlichen Heraldik „Gold" symbolisiert, konnte jedoch auch als „Schandfarbe" angesehen werden [129: BRÜCKNER, Farbe als Zeichen, 19]. Das Ringen um die Berechtigung zum Tragen leuchtender Farben oder goldbestickter Kleidungsstücke könnte paradigmatisch für die sozialhistorische Dimension der Modegeschichte stehen. So durften Goldhauben im 16. Jahrhundert nur von Patrizierinnen getragen werden; in der zweiten Hälfte des 18. Jahrhunderts hatten sich einfache Bürgersfrauen mancherorts dieses Recht ertrotzt, an dessen Ende trugen gelegentlich selbst Dienstmädchen solchen Schmuck. Wenn es noch um 1750 geschehen konnte, daß der Stadtbüttel Münchner Bürgerinnen die Goldhaube vom Kopf riß, illustriert dies den Widerstand des ständischen Systems gegen alle egalisierenden Tendenzen [142: Mode – Tracht – Regionale Identität, 155]. In den letzten Kleiderordnungen – sie wurden im frühen 19. Jahrhundert erlassen – ging es wohl nicht mehr um ständische Differenzierung oder um Ökonomie, sondern „gegen revolutionäre Gedanken, gegen politische Widerspenstigkeit" [123: BAUR, Kleiderordnungen, 28].

Goldhauben und Statusambitionen

4.5 Hygiene

Eine eigene Entwicklungsgeschichte – auch sie bedarf der sozialhistorischen Perspektive – hat die *Unterkleidung*. Dies verweist zugleich auf zeit- und schichtenspezifische Einstellungen zum Körper.

Unterkleidung

Im Verhältnis zum westeuropäischen Ausland scheinen sich manche Hygienestandards im Reich verspätet durchgesetzt zu haben. Doch auch hier verbreitert sich seit dem 16. Jahrhundert der Abstand zwischen der Körperkultur der Stände. „Sauberkeit" bedeutete „in den größeren Städten und in der Sphäre gehobener Bürger- und Adelskreise ... zunächst und vor allem den Nachweis exklusiven Stils und Geschmacks: ein Modell sozialer Selbstdarstellung in kulturellen Zeichen und Symbolen" [136: KASCHUBA, Zivilisierung, 308]. Das heißt: Teure Parfüms, aufwendige Wäsche verwendet man ebenso aus hygienischen Gründen, wie um sich von den „schmutzigen" Unterschichten abzugrenzen. Die oft belächelte Zurückhaltung gegenüber der Reinigung mit Wasser und Seife im Vergleich zum Pudern, Parfümieren und zu häufigem Wechsel der Unterkleidung hatte Gründe in zeitgenössischen medizinischen Lehren – man fürchtete, durch Waschen würden Hautporen geöffnet,

Schichtspezifische Körperkultur

durch die gesundheitsschädliche Ausdünstungen, der „Pesthauch", in den Körper dringen könnten [150: G. VIGARELLO, Wasser, Seife und Parfum, 15ff.].

Wandel der Körperkultur im 18. Jahrhundert

Das späte 18. Jahrhundert wird auch in Deutschland zu einer Epoche veränderter Körperkultur. Weiße Leibwäsche dringt allmählich in die Kommoden des Kleinbürgertums vor, seit dem Auftreten der pädagogischen Schulen Franckes und der Philanthropen werden Leibesübungen – gerade auch im Freien – verstärkt propagiert. Daneben wird der Gebrauch des Wassers zur Reinigung und Abhärtung empfohlen [G. STEPHAN, Die häusliche Erziehung in Deutschland während des 18. Jahrhunderts, Wiesbaden 1891, 36–56]. Das steht im Zusammenhang mit neuen medizinischen Entwicklungen, der wissenschaftlichen Auseinandersetzung mit der Natur von Gerüchen und der dadurch veranlaßten energischen Desodorierung des öffentlichen Raumes durch Pflastern sowie neue Hygieneregeln für Friedhöfe. Zivilisationskritische Tendenzen innerhalb der europäischen Aufklärung führen zu einem neuen Verhältnis gegenüber Kleidung und Körper.

Wasser und Stuck

Das Vordringen des Wassers als Reinigungselement, das Abbröckeln der Schminke vom Antlitz der Bürgersfrau hat ähnliche Voraussetzungen wie die Verdrängung der Stucküberkrustungen und *trompe l'œuils* des Rokoko durch die „edle Simplizität" des Klassizismus. Das erheischt zugleich neue Kleider: „Man betrachte nur den Zwang unserer Kleidermode, heißt es in Krünitz' „Ökonomischer Enzyklopädie" von 1787, „sehe, wie von dem Kopfe bis zur Spitze unserer Füße, alle Theile unseres Körpers eingezwängt und zu allen freien Bewegungen unfähig gemacht werden ..." [nach 52: Stadt und Natur, 135].

Badehäuser

Die bürgerliche Badereise [R. P. KUHNERT, Urbanität auf dem Lande. Badereisen nach Pyrmont im 18. Jahrhundert, Göttingen 1984], Neuerrichtung öffentlicher Badehäuser – so in Bremen, Berlin, Wien und Frankfurt – fügen sich in das „Grundmodell neuer bürgerlicher Gesundheitspflege" und Freizeitkultur [136: KASCHUBA, Zivilisierung, 313].

Badstuben

Damit wird an die Tradition der Badstuben wiederangeknüpft, bei denen es sich weniger um Stätten der Reinlichkeit, als der Unterhaltung und der Gesundheitspflege handelte [61: ZEEDEN, Kultur, 282–284] – jedoch vielleicht nicht unbedingt um verkappte Bordelle [131: DUERR, Nacktheit und Scham]. Schließlich haben die hygienischen Lehren des 16. Jahrhunderts, die Ausbreitung der Syphilis, vor allem aber die Prüderie des konfessionellen Zeitalters zum Rückgang der Badstuben beigetragen.

5. Lebensläufe

5.1 Jugend und Ausbildung

Am Anfang der meisten Lebensgeschichten der frühen Neuzeit stand die Taufe. Normalerweise mußte sie möglichst bald nach der Geburt und *öffentlich* stattfinden. Bei der auch in der bürgerlichen Welt extrem hohen Säuglingssterblichkeit mußte dem Kind umgehend ein Platz im Himmel gesichert werden – sollte es doch, wie man es in katholischen Gegenden sah, zum Fürsprecher der Eltern werden [155: IMHOF, Welten, 160–171]. Nottaufen durch die Hebamme waren nur bei Katholiken und Protestanten üblich [61: ZEEDEN, Kultur, 194f.]. Öffentliche Taufe

Eine einigermaßen solide Schulausbildung erhielt bis an die Schwelle des 19. Jahrhunderts nur ein verschwindend geringer Teil der Bevölkerung. Die Quellen berichten von engen, finsteren Schulzimmern, Kammern, in denen der Hausrat des Lehrers lag und wo auch dessen Hunde und Katzen am Unterricht teilnahmen. Dem äußeren Bild entsprach oft eine miserable Ausbildung der Lehrer [37: MÖLLER, Fürstenstaat oder Bürgernation, 338f.]. Ausbildung

Wohlhabendere Bürger und der Adel leisteten sich Privatlehrer, die auch als Begleiter auf Bildungsreisen fungieren mochten. So wurde – im 16. Jahrhundert – der zehnjährige Thomas Platter zu einem entfernten Verwandten, einem Priester, zum Lernen geschickt; Hermann Weinsberg frequentierte Kölner Kirchspielschulen, eine Winkelschule und die Internatsschule der Brüder vom gemeinsamen Leben in Emmerich. Zum bunten Bild frühneuzeitlichen Ausbildungswesens zählt auch, daß die Kinder Hausarbeiten für ihre Lehrer leisteten und dafür kostenfrei unterwiesen wurden. Manche konnten die *Lateinschule* besuchen.

Die *Gymnasien*, die aus fürstlicher und vor allem auch städtischer Initiative seit der Reformation gegründet wurden, waren die Ausbildungsstätten der bürgerlichen Eliten. Die Breitenwirkung der humanistischen Bildungsbestrebungen mag die erfolgreiche Straßburger Gründung illustrieren: Die zehn Klassen der Schule sollen schon 1545 von 644 Schülern besucht worden sein [A. SCHINDLING, Hochschule und freie Reichsstadt ..., Wiesbaden 1977, 32]. Neben dem unabdingbaren Latein wurde Griechisch, seltener Hebräisch unterrichtet. Wesentlich war die Interpretation der antiken Autoren im Sinne eines christlichen Humanismus. Grammatik, Rhetorik und Dialektik – das alte *Trivium* – bildeten das Gerüst der Unterwei- Lateinschule Gymnasium Sprachunterricht Trivium sung, die zum Universitätsbesuch vorbereiten konnte. In welchem *Alter* die Schulen besucht wurden, ist nicht allgemein zu sagen, ebenso uneinheitlich wurde auch „Volljährigkeit" definiert. Besuchten sie überhaupt eine Schule, traten die Kinder in der Regel mit etwa sechs bis acht Jahren in die Schule ein, mit vierzehn bis sechzehn Jahren verließen sie sie wieder. Der Humanist Glarean besuchte noch als Zwanzigjähriger die Rottweiler Schule [61: ZEEDEN, Kultur, 222]. Handwerkersöhne dürften nach kurzem Besuch der deutschen Schule die Lehre begonnen haben. Die *Lehrzeit* eines Handwerkers dauerte gewöhnlich drei bis vier Jahre, doch kamen auch Zeiten bis zu acht Jahren vor. Das hing von der Art des Handwerks, von örtlichen Gegebenheiten und der ökonomischen Entwicklung ab. Meist war es für die Gesellen obligatorisch, einige Jahre zu wandern.

Lehrzeit im Handwerk

Weitere Voraussetzungen, um Meister zu werden, waren der Besitz des Bürgerrechts und nicht unerhebliche Geldmittel für Prüfungsgebühren und ein Festmahl für die gutachtenden Meister. Der Aspirant mußte das Handwerk eine gewisse Zeit am Ort ausgeübt haben, schließlich mußte die Zunft überhaupt dazu bereit sein, einen möglichen neuen Konkurrenten in ihren Reihen zu dulden.

Voraussetzungen des Meistertitels

So war der Ausbildungsgang eines Handwerkers recht genau reglementiert. Die Welt des *Handels* bot dagegen ein wesentlich weniger eindeutiges Bild. Handel – das konnte den kleinen Tuchverkäufer meinen, aber auch die große, weltweit operierende Firma. Zwei Beispiele mögen für Ausbildungszeiten im eher gehobenen Kaufmannsstand stehen: Im 16. Jahrhundert wurde der zwölfjährige Ulmer Ulrich Kraft nach der Schulzeit für drei Jahre ins nahe Augsburg geschickt und ging später als Buchhalter nach Lyon, dann als Vertreter seiner Firma nach Florenz. Der 16jährige Nürnberger Paulus Behaim lernte die Geschäfte bei einem italienischen Kaufherrn in Krakau.

Ausbildung im Handel

5.2 Heirat

Ökonomische Voraussetzungen der Eheschließung

Heiraten konnte man in der Regel erst, wenn für die künftige Familie eine wirtschaftliche Basis geschaffen war. Zwar war die Ehe der frühen Neuzeit gewiß nicht allein ökonomische Zweckgemeinschaft (vgl. S. 14), doch bestand bis ins ausgehende 18. Jahrhundert und darüber hinaus meist eine weitgehende Arbeitsteilung zwischen dem beruflich tätigen Hausvater und der die Dinge des Hauses regelnden Ehefrau.

Die Vorbereitung der bürgerlichen Heirat war oft präzis festgelegt. Es begann mit Unterredungen zwischen Verwandten oder Freunden der künftigen Brautleute, und schließlich wurde ein Ehevertrag abgeschlossen. Dürer erinnert sich: „Und als ich heimgekommen war, unterhandelte Hans Frey mit meinem Vater und gab mir seine Tochter, Jungfrau Agnes, und gab mit ihr zweihundert Gulden". Es kam vor, daß die Ehepartner sich erst bei diesen Unterredungen kennenlernten – ein Indiz für die geschäftliche Natur des Vorgangs. „Kann ich für Sie sorgen durch eine reiche Heirat", wird noch im 18. Jahrhundert einem jungen Professor vorgeschlagen, „so sagen Sie es jetzt gerade heraus" [26: FREYTAG, Bilder, Bd. 7, 170]. Die Heirat mit der Witwe eines Meisters war für manche Gesellen die einzige Möglichkeit, einen Handwerksbetrieb „zu übernehmen"; gute Partien wurden zur Grundlage des wirtschaftlichen und sozialen Aufstiegs vieler Bürgerfamilien. Ein Beispiel bietet der Gastwirtsgehilfe Johann Christoph Bassermann: Der wird im pfälzischen Bretten 1736 zum „Kronenwirt", indem er die zehn Jahre ältere Witwe seines Dienstherren heiratet; im selben Jahr kann er von seiner Schwiegermutter den Heidelberger Gasthof „Drei König" für einen guten Preis übernehmen, wird Bürger der Stadt – der Zufall will es, daß schon Ende 1737 die Schwiegermutter das Zeitliche segnet und er zum Erben der eigenen Schulden und des bereits entrichteten Teils der Kaufsumme wird [27: GALL, Bürgertum, 55f.].

Ehevertrag, Hochzeitsfest

Wichtig blieb in der frühen Neuzeit die *Öffentlichkeit* der Bekanntgabe des bereits rechtskräftigen Verlöbnisses von der Kanzel herab, dann Kirchgang und das oft ruinöse, mehrtägige Hochzeitsfest besiegelten die Ehe. „Ich vertat aber mit meiner Hochzeit, Kleidern und was dazugehört, alles, was ich verdient und was mir von beiden Herzögen verehrt wurde", schreibt Bartholomäus Sastrow [vgl. auch 153: BROSTHAUS, Bürgerleben]: „Ich kam in ein Mietshaus, das war so kahl und leer, daß mein Weib nicht eine Pfanne oder Kessel hatte, darin sie die Lauge heiß machen konnte, wenn sie waschen wollte, so daß sie den Kochtopf nehmen mußte."

Ruinöse Hochzeitsfeste

Der Stil des Hochzeitens, dessen Prunk eine ausgedehnte und gewiß ziemlich erfolglose Gesetzgebung einzudämmen suchte, war regionalem und zeitlichem Wandel unterworfen [vgl. z.B. 8: SCHMELZEISEN, Polizeiordnungen, 236]. Im 18. Jahrhundert verlor die bürgerliche Hochzeit an Glanz, gemäß Carl Friedrich Bahrdts Auffassung, das allerwichtigste, „insonderheit für den Bürgerstand (sei) *Vermeidung des Luxus*" [Handbuch der Moral für den Bürgerstand, Tübingen 1789, nach 38: MÜNCH, Ordnung, 275]. „Stille"

Stilwandel der Hochzeit im 18. Jahrhundert: Weniger Prunk, Emotionalisierung

Hochzeiten kamen in Mode [53: STEINHAUSEN, Kultur, 693], in der Literatur wird parallel eine deutlichere Emotionalisierung der Geschlechterbeziehung spürbar [156: LENZ, Ehestand]. Bekannte Beispiele bieten Briefe und Lebensbeschreibung Johann Heinrich Jung-Stillings oder der Briefwechsel Meta Mollers mit Friedrich Gottlieb Klopstock, ihrem späteren Mann [F. SEEBASS, Herr, Du weißt, daß ich Dich liebhabe. Briefe von Johann Heinrich Jung-Stilling. Berlin 1941; F. u. H. TIEMANN, Es sind wunderliche Dinger, meine Briefe. Meta Klopstocks Briefwechsel mit Friedrich Gottlieb Klopstock und mit ihren Freunden 1751–1758. München 1980].

Die Ehe war die Lebensform, durch die den materiellen und psychischen Bedrohungen der vorindustriellen Welt am ehesten zu begegnen war. Das Los der Witwen war wenig beneidenswert, das Sozialprestige des Junggesellentums gering [152: BORSCHEID, Alter, 100–123]. Ökonomische Erwägungen, die Praxis im „ganzen Haus" und ein u.a. aus der christlichen Ethik gespeister sozialer Zwang führten oft dazu, daß früh geheiratet wurde. Im 18. Jahrhundert lag das Heiratsalter der Frauen bei etwa 25, bei den Männern bei 28 Jahren [160: RÖDEL, Mainz, 264f.; E. FRANÇOIS, Koblenz im 18. Jahrhundert. Zur Sozial- und Bevölkerungsstruktur einer deutschen Residenzstadt, Göttingen 1982, 28], doch war die Streuung um diese Durchschnittswerte groß. Das bekannte Phänomen der „ungleichen Paare", der Ehen, in denen das Alter von Mann und Frau weit auseinanderlag, ging erst im 19. Jahrhundert deutlich zurück [155: IMHOF, Verlorene Welten, 56–61] – es illustriert die Fortdauer wirtschaftlich-praktischer Motive bei der Eheschließung.

Trauriges Los der Witwen

Ungleiche Paare

5.3 Tod

Hohe Säuglingssterblichkeit

In Städten wie Gießen, Koblenz oder Mainz erreichten nur etwas mehr als die Hälfte aller Neugeborenen das 15. Lebensjahr [160: RÖDEL, Mainz, 204f.]. Der Tod war alltägliche, selbstverständliche Realität. „Mittels einer Handvoll immer wiederkehrender Todesursachen: Pocken, Bauchtyphus, Fleckfieber, Cholera, Pest schlug er überall zu, in jedem Alter, in jedem Stand, er traf Männer wie Frauen, Säuglinge und Kinder ..." [A. E. IMHOF, Die gewonnenen Jahre ..., München 1981, 33].

Ehe und Familie sicherten so etwas wie „kollektives Überleben", rasche Wiederverheiratung, neue Kinder schlossen die Lücken. „Trauer-‚Jahre' konnte man sich damals nicht leisten, höchstens Trauer-‚Wochen' oder -‚Tage'" [Ebd.]. In den meisten Städten trug ein differenziertes Trauer-Reglement dazu bei, den Abschiedsschmerz zu ritualisieren und zu bewältigen [45: ROECK, Krieg und Frieden, 757f.]. So wurde etwa festgelegt, in welcher Kleidung und wie lange man beim Tod von Verwandten jeweils verschiedener Grade zu „klagen" hatte. Die *Leichenpredigt*, seit dem 16. Jahrhundert vor allem in protestantischen Städten häufige und wichtige mentalitätsgeschichtliche Quelle, bot Gelegenheit zu einer letzten Würdigung des Verstorbenen [157: LENZ, Leichenpredigten]. Wurde der düstere Prunk fürstlicher Exequien nochmals zur Manifestation ständischer Ungleichheit, so erinnerten vor allem bürgerliche Künstler an die alle Unterschiede einebnende Macht des Todes: In der barocken Vergänglichkeitslyrik scheint gelegentlich egalitäres Denken antizipiert. Im Angesicht der Ewigkeit zählten die Unterschiede der sozialen Welt nicht mehr. Infolgedessen traten im Bürgertum zusehends schlichte Leichenfeiern an die Stelle letzten Auftrumpfens. In Ulm wurde eine Gesellschaft gegründet, deren Mitglieder sich verpflichteten, keine Trauerkleider mehr zu tragen, nur schwarzen Flor [24: ERMATINGER, Aufklärung, 341–343]. Das hatte nicht nur wirtschaftliche Gründe: Die Auseinandersetzung mit Sterben und Tod wurde in andere, „innere" Sphären verlagert. Auch durch die schlichtere Beerdigung wurde bedeutet, daß dem Selbstverständnis und den Werten der Bürger durch Äußerlichkeiten nicht genügt werden konnte.

Trauerreglements

Leichenpredigt

Einfachere Beerdigungen im 18. Jahrhundert

6. Jenseits des Alltags: Vergnügungen, Musikpflege und Tanz, Spiel und Theater

6.1 Muße und Freizeit

Wenn eine Quelle von 1610 mitteilt, im tirolischen Schwaz hielten sich Bergknappen und Handwerker bis zu acht Stunden in der Badstube auf [19: BÜCKING, Kultur und Gesellschaft, 141], könnte dies auf die für die frühe Neuzeit charakteristische Verschränkung von Arbeitszeit und Freizeit verweisen. Nur so ist zu erklären, wie die Menschen den endlosen, am Sonnenstand orientierten Arbeitstag durchstanden. Man aß während dieser Zeit, ging in die Badstube, spielte mit Karten oder Würfeln [192: NAHRSTEDT, Entstehung der Freizeit, 130]; dazu kamen mehr oder weniger regelmäßig freie Tage und Ereignisse, die der „recreation" dienen konnten: Zahlreiche traditionelle Festperioden und Feiertage [61: ZEEDEN, Kultur, 336],

Schembartlaufen

Handwerkerumzüge

traditionelle Feste und Umzüge wie das berühmte Nürnberger „Schembartlaufen". Ein buntes Bild boten die Handwerkerumzüge, die in vielen Städten zum Jahreslauf gehörten.

Solche Veranstaltungen hatten ebenso wie kirchliche Prozessionen und Herrschereinholungen natürlich nicht nur unterhaltsame Funktionen [K. TENFELDE, Adventus. Zur historischen Ikonologie des Festzugs, HZ 235 (1982), 45–84]. Die Ordnung der Prozession symbolisierte die gesellschaftliche Hierarchie, der gemeinschaftliche Auftritt bekräftigte die korporative Identität der Zunft. Die „verkehrte Welt" des Karneval geriet zum Gegenbild der sozialen Wirklichkeit; Umzüge und Feste gewannen Sublimierungsfunktionen, sie trugen zur Stabilität der Gesellschaftsordnung bei.

Öffentliche Hinrichtungen

Weitere Vergnügungen waren – besonders in süddeutschen und eidgenössischen Städten – Schützenfeste und andere Sportveranstaltungen. Vereinzelt wurden noch im 16. Jahrhundert Turniere abgehalten [61: ZEEDEN, Kultur, 342f.]. Zum Bild des Öffentlichen in der frühneuzeitlichen Stadt gehörten schließlich *Hinrichtungen*, die oft den Charakter sensationeller Spektakel hatten und Tausende von Zuschauern anzogen [R. VAN DÜLMEN, Theater des Schreckens. Gerichtspraxis und Strafrituale in der frühen Neuzeit, München 1985].

Freizeit als Anspruch der Aufklärung

Freiheit nicht nur *von* Arbeit, sondern *zu* etwas, zu Selbstverwirklichung durch Bildung, schöpferische Arbeit – das wurde erst ein Anspruch des von humanitären, aufgeklärten Ideen beeinflußten Bürgertums, das so die Zeit der Muße im aristotelischen Sinn auf einen neuen Begriff brachte. Die Veränderungen deuten sich an in mehr oder weniger institutionalisierten Gesprächskreisen, musikalischen und literarischen Vereinigungen (vgl. auch S. 65f.). Daneben wird die Entstehung der Freizeit durch neue Einrichtungen wie Kaffeehaus und Salon, durch Konzertsaal und Theatergebäude dokumentiert, aber auch durch den Bedeutungsverlust des Kirchgangs und spätere Torschlußzeiten [192: NAHRSTEDT, Entstehung der Freizeit, 230, 239]. Ausdruck des Neuen sind die bereits geschilderten Veränderungen der Wohnstrukturen: Die Freizeit schafft sich ihre Rückzugsräume, wo gelesen, gespielt, musiziert wird.

6.2 Musik und Tanz

Vorformen bürgerlicher Hausmusik

Vorformen *bürgerlicher Hausmusik* hat es wohl schon immer gegeben. Der Kölner Ratsherr Hermann Weinsberg schreibt, er habe Diskantieren und gregorianischen Gesang beherrscht – ein Instrument ließ ihn sein Vater indes nicht lernen, vielleicht, weil dies

Sache der verachteten Spielleute war [207: ŽAK, Musik, 293]. Überhaupt kommen in Inventaren bürgerlicher Haushalte Musikinstrumente höchst selten vor.

Frühe Formen institutionalisierter Aufführungspraxis begegnen im *Meistergesang* [191: NAGEL, Meistersang]. Anscheinend von Mainz, dann von Straßburg und Worms aus breitete sich der Meistergesang zuerst im Süden des Reiches aus. Im 16. Jahrhundert wurden Schlesien, Mähren und Sachsen erreicht; letzte Ausläufer der Meistersingerkultur überschreiten noch die Schwelle zum 19. Jahrhundert. Handwerker, auch Schulmeister, Juristen und Ärzte versammelten sich in den zunftähnlich organisierten Singschulen. Wettsingen, Auftritte bei festlichen Gelegenheiten oder „Zechsingen" wurden nach festen Regeln gestaltet. Mit gutem Grund haben die *Nürnberger* Verhältnisse stets besondere Aufmerksamkeit gefunden: Rosenplüt, Folz und Hans Sachs waren hier wichtige Vertreter genuin städtischer Musik und Literatur [182: JANOTA, Stadt und Literatur, 59f.; 165: BRUNNER/HIRSCHMANN/SCHNELBÖGL, Hans Sachs; darin 1–13: H. BRUNNER, Hans Sachs. Über die Schwierigkeiten literarischen Schaffens in der Reichsstadt Nürnberg]. In vielen Städten – so in Nürnberg (1568), Weida (1583) oder Prag (1616) – entstanden private *Collegia musica;* es wurde zum Tanz aufgespielt, in der Kirche und bei Prozessionen war Musik zu hören. Dennoch waren musikalische Eindrücke auch in der frühneuzeitlichen Stadt selten. Um so eindrucksvoller müssen „gebreng und köstlichkeit" der Einzüge von Kaiser oder Fürsten – etwa bei einem Reichstag – gewirkt haben [188: A. P. LUTTENBERGER, Pracht und Ehre; R. AULINGER, Das Bild des Reichstags im 16. Jahrhundert (...), Göttingen 1980]. Da waren Trompeten und ähnliche Instrumente zu hören – wie prächtiges Gewand gehörte ihr Schall dem Adel, während Tanz und Zug der Bürger von Pfeifen und Trommeln begleitet wurden [207: ŽAK, Musik als Ehr und Zier, 137; 203: SCHWAB, Stadtmusikanten; M. PANZER, Tanz und Recht, Frankfurt 1938, 52f.].

Meistergesang

Nürnberg

Collegia musica

„Gebreng und köstlichkeit" bei Reichstagen

Musik war in der alten Gesellschaft zugleich Anzeichen von *Ehre.* Berüchtigten Personen war es mancherorts verboten, bei Hochzeiten Spielleute einzusetzen [207: ŽAK, Musik als Ehr und Zier, 128]. Diese oft wirtschaftlich nicht schlecht gestellten Musiker bildeten in manchen Städten – so in Lübeck und Hamburg – Zünfte oder zunftähnliche Korporationen [187: KRICKEBERG, Soziale Stellung, 32]. Wie die mehr oder weniger fest an die Kommunen gebundenen Stadtmusikanten wurden sie zu offiziellen und privaten Anlässen herangezogen.

Musik und Ehre

Stadtmusikanten

Tanz

Während der *Tanz* der städtischen Oberschichten zusehends internationalen, höfischen Standards folgte, blieben ansonsten Reste kultischer Bindungen erhalten [164: BRUNNER, Tanzen, 55]. Man tanzte zum Abschluß von Verträgen und anderen Rechtshandlungen; „denzeltage" der Zünfte brachten kunstvolle Inszenierungen wie den berühmten „Schäfflertanz" in München. Wie man sich fahrender Spielleute bediente, wurden herumziehende Tänzer für festliche Anlässe engagiert und aus der Ratskasse bezahlt [M. PANZER, Tanz und Recht, Frankfurt 1938, 79–82]. Der „Moriskentanz" war eine exotische, auch von fahrenden Künstlern gebotene Tanzform.

Tänze der Oberschichten

Die komplizierter werdenden, nur nach Unterweisung durch Tanzlehrer zu beherrschenden Tänze der bürgerlichen Oberschichten entwickelten sich – wie Kleidung und Musik – zum Mittel sozialer Distanzierung, zu Figurationen gesellschaftlicher Ordnungsvorstellungen. „Zügellose" Tänze, wo man nur „unverschempt schwingen/ werffen/ verdrehen und verkoerdern" sah, wurden möglichst verboten [164: BRUNNER, Tanzen, 56]. Tanzlehrbücher – wie Thoinot Arbeaus „Orchésographie" (1589) – gaben die Regeln; Tanz wurde zum Gegenstand künstlerischer und moralischer Reflexion [Ebd., 64]. Die schichtenspezifische „Zivilisierung" des Tanzes im städtischen Bereich war eine Folge nachreformatorischer Moralität und kann zugleich als Ausdruck einer Tendenz zur Ästhetisierung des öffentlichen Lebens gedeutet werden. Damit ging eine bereits seit dem 14. Jahrhundert deutlicher faßbare räumliche Differenzierung einher: Tanzhäuser boten den Rahmen der Inszenierungen. Mehrgeschossige Tanzhäuser – wie die von Nördlingen, Breslau oder Frankfurt a.d.O. – wurden zu Metaphern der Gesellschaft: In den oberen Geschossen tanzten die Vornehmen, die „gemain" darunter [164: BRUNNER, Tanzen, 60f.; W. SALMEN, Musikleben im 16. Jahrhundert, Leipzig 1976, 38]. Oft dienten die Tanzhäuser prunkvoller Repräsentation der Bürgergemeinde: Kaiser Maximilian I. wurde zweimal im Münchner Tanzhaus empfangen, Karl V. bot man im Kölner Tanzhaus, dem „Gürzenich", das Willkommen.

Tanzhäuser

6.3 Szenisches Spiel, Theater

Theater: Fahrende Truppen, Schultheater

Theater, das gilt bis ans Ende des 18. Jahrhunderts, war meist durch Darbietungen fahrender Truppen oder Schultheater zu erfahren. Daneben gab es mannigfache Formen theatralischer Kleinkunst [z.B. 198: PURSCHKE, Puppenspiel]. Genuin städtisch-bürgerlicher Provenienz waren die *Fastnachtsspiele* des 15. und 16. Jahrhunderts,

Fastnachtsspiele

Stegreifdarbietungen, die Gesellengruppen in Wirtshäusern, unter freiem Himmel oder auch in Privatwohnungen boten – oft derbe, zotige Dialoge, Stücke mit viel Streit und grellem Spaß mit Anspielungen auf Sexuelles und Kritik an den Honoratioren der Stadt und der Ratspolitik [163: BASTIAN, Mummenschanz].

Hans Sachs

Hans Sachs, der 85 Fastnachtsspiele schrieb, gilt als Vollender der reichen Tradition. Seine Texte knüpfen an die lokale Überlieferung an, greifen aber auch auf Boccaccio, auf Johann Paulis Schwanksammlung „Schimpf und Ernst“ oder auf den „Till Eulenspiegel“ zurück. Überhaupt war er mit über 6000 Dichtungen eine der fruchtbarsten Gestalten der deutschen Literatur [46: RUPPRICH, Literatur, Bd. 2, 268]. Antike Autoren, die Bibel, historische Werke, Schriften der Humanisten, ja selbst der Koran lieferten Stoffe. Dieser „Schuster und Poet dazu“ war gewiß nicht der Prototyp des gebildeten Handwerkers; doch bündelt sich in seinem Werk städtische, nur in der Stadt zu gewinnende Bildung, die er popularisierte. Viele seiner Stücke wurden in säkularisierten Nürnberger Kirchen – etwa im Chor der Marthakirche – aufgeführt.

Konfessionalisierung

Konfessionalisierung ist ein Signum des in den städtischen Raum wirkenden Theaters der Epoche. Nicht alle Städte ließen kirchenkritischen Tendenzen freien Lauf; Sachs etwa mußte sich zurückhalten, Danzig und Königsberg wiederum waren weniger restriktiv. Militante antipäpstliche Propaganda konnte sich der Berner Ratsherr und Maler Niklas Manuel gen. Deutsch erlauben [mit der neuesten Lit.: P. ZINSLI, Manuel und Murner. Die Begegnung zweier doppelt begabter Glaubensstreiter in der Reformationszeit, in: Berner Zs. f. Gesch. u. Heimatkunde 50 (1988), 165–196]. Katholische Stücke waren in der nachreformatorischen Zeit vor dem Auftreten der Jesuiten zunächst die Ausnahme. Unzählige Bearbeitungen biblischer Stoffe, gelegentlich in humanistisch-terenzianischer Form, vermittelten Glaubensinhalte und, oft ganz unpolemisch, ethische Positionen. Immer noch begegnen aufwendige Inszenierungen, deren Art an traditionelle *Bürgerspiele* erinnert: Der im Sächsischen wirkende Joachim Greff etwa schrieb schon einmal ein Stück mit 7000 Versen. Als charakteristischer Autor dieser typisch städtischen Spielkultur könnte der Colmarer Buchhändler, Ratsdiener und spätere Stadtschreiber des elsässischen Burgheim, Jörg Wickram (ca. 1505 bis vor 1562), genannt werden – an einer Aufführung seines „Tobias“ im Jahre 1551 wirkten 84 Personen mit. Es dauerte zwei Tage, die 5000 Verse des Stückes zu rezitieren: ein Theaterereignis, das sich vor den Bürgern entfaltete und durch sie realisiert

Niklas Manuel

Jörg Wickram

wurde [204: SPENLE, Lebensdarstellung]. Bis in die Barockzeit hinein bestand daneben – wiederum besonders im deutschen Süden – die Tradition des *geistlichen Spiels*, vor allem des Fronleichnams- und Passionsspiels, fort – Gemeinschaftsaufgaben der Bürgerkorporation mit oft geradezu „gottesdienstlichem" Charakter [176: GREISENEGGER, Szenisches Spiel, 65]. Die Aufführungen brachten Prestige und materiellen Gewinn mit sich; es konnte Pflicht sein, daran mitzuwirken. Die Luzerner „Passion" brauchte in der Spätzeit 300 Darsteller, in Frankfurt und Wien agierten etwa 100, in Alsfeld über 170. Oft waren städtische Honoratioren beteiligt; in Bozen trat einmal der Bürgermeister als Kaiphas auf [Ebd., 73–75].

Geistliches Spiel

Humanistendrama

Das *Humanistendrama* wirkte demgegenüber weniger in die städtische Öffentlichkeit, sondern es war eher an Höfe und Universitäten gebunden. Doch haben die Stücke und Texte der Humanisten das bürgerliche Theaterspiel vielfach beeinflußt. Hans Sachs etwa schrieb 1530 eine Komödie „Pallas und Venus" nach Chelidonius und bearbeitete Reuchlins „Henno"; die Mainzer Meistersinger führten 1517 Plautus auf, jene von Zwickau spielten Terenz. Vor allem aber kamen die pädagogischen Neigungen des Humanismus im *Schultheater* – zunächst in erster Linie im Protestantismus – zur Geltung. Dem entsprach eine „Verbürgerlichung" des Publikums, eine Verbreiterung über die Geistesaristokratie und das klassisch geschulte Patriziertum hinaus [184: KINDERMANN, Theatergeschichte Bd. 2, 247]. Greff, der Zwickauer Goldschmied Hans Ackermann, der eifernde Kirchenkritiker Thomas Naogeorg aus Straubing und unzählige andere haben für das Schultheater geschrieben; zwei Namen ragen hervor: Johannes Sturm (1507–1589), Rektor in Straßburg, und Sixt Birck (1501–1554), Rektor in Basel und dann in Augsburg. In Straßburg wurden antike, nach Sturms Ausscheiden 1581 zusehends neulateinische Stücke gespielt. Es ging um moralische Belehrung, protestantische Positionen sind eher immanent zu identifizieren. Unterhaltsam wirkten breit ausgemalte Streitszenen oder Trinkgelage. Man spielte oft im Freien, mit der Zeit wurde das Schultheater vielerorts zu einer Art „Stadttheater" [186: KNUDSEN, Theatergeschichte, 107; G. SKOPNIK, Das Straßburger Schultheater. Sein Spielplan und seine Bühne, Frankfurt 1935; H. LEVINGER, Augsburger Schultheater unter Sixt Birck, Berlin 1931; K. ZELLER, Pädagogik und Drama. Untersuchungen zur Schulkomödie Christian Weises, Tübingen 1980].

Schultheater

Johannes Sturm, Sixt Birck

Jesuitentheater

Eine Reaktion brachte das *Jesuitentheater*, das in katholischen Orten Bayerns und der habsburgischen Lande zu Hause ist [J.-M.

VALENTIN, Le théatre des Jésuites dans les pays de langue allemande: Répertoire chronologique des pièces représentées et des documents conservés (1555–1773). 2 Bde. Stuttgart 1983]. Jakob Bidermanns „Cenodoxus", das wohl bedeutendste Jesuitendrama, wurde 1602 in der gemischtkonfessionellen Reichsstadt Augsburg uraufgeführt. Bis in die zweite Hälfte des 18. Jahrhunderts bot die Societas Spektakuläres: Einigermaßen den glanzvollen Inszenierungen barocker Hoftheater Vergleichbares konnten die Bürger vor allem hier – und im Spiel anderer Orden – erleben.

Protestantisches Schultheater des 17. Jahrhunderts

Das protestantische Schultheater des 17. Jahrhunderts hatte Autoren ersten Ranges (deren Ruhm indessen weniger auf dramatischen Produktionen beruht) – nämlich unter vielen anderen Martin Opitz, Andreas Gryphius, Daniel Caspar von Lohenstein, Johann Christian Hallmann, Christian Weise. Die Schulbühne des Breslauer Elisabeth-Gymnasiums zählte zu den wohl bestausgestatteten der Zeit. Und die protestantische Reichsstadt Ulm besaß in dem 1641 eröffneten Theater ihres Werkmeisters Joseph Furttenbach (1591–1667) eine moderne, nach italienischen Vorbildern konzipierte Bühnenarchitektur, die für Schulaufführungen, für die Meistersinger und für durchziehende Theatertruppen zur Verfügung stand.

J. Furttenbach

Wandernde Komödianten

In erster Linie waren es *wandernde Komödianten,* die seit dem ausgehenden 16. Jahrhundert die Theatererfahrungen der Bürger prägten [173: FLEMMING, Schauspiel; E. HERZ, Englische Schauspieler und englisches Schauspiel zur Zeit Shakespeares in Deutschland, Hamburg 1903]. Die „englischen Komödianten", später auch Niederländer und Italiener suchten Höfe, Städte, die großen Messezentren auf, wo sich viel Publikum erhoffen ließ. *Deutsche Wandertruppen* werden erst einige Zeit nach dem Dreißigjährigen Krieg deutlicher faßbar. Anfangs blieben sie dem Vorbild der Engländer verpflichtet. Noch der Prinzipal Carl Andreas Paulsen (ca. 1620 bis nach 1679) ließ Marlowes „Faust" und Pickelherings-Possen spielen, führte indessen bereits Molières „Geizigen" und den „Eingebildeten Kranken" ins Repertoire ein. Dessen Schwiegersohn, Johannes Velten aus Halle (1642–1692), machte europäisches Theater: von Shakespeare, Gryphius, Calderon und anderen Autoren waren die Dramen, die er auf die Bühne brachte.

6.4 Entwicklungen des 18. Jahrhunderts: Konzertsaal und bürgerliches Rangtheater

Karoline Neuber

Die Wandertruppen leisteten teilweise Bedeutendes. Berühmt ist Karoline Neuber (1697–1760) mit ihrer Truppe, ist ihr Kampf gegen den Hanswurst, für die Reform Gottscheds; der Prinzipal Konrad Ernst Ackermann (1712–1771) machte Theatergeschichte, als er 1775 in Königsberg das erste deutsche Privattheater errichtete. 1765 war er am Projekt eines deutschen Nationaltheaters in Hamburg beteiligt. Das Scheitern dieser Unternehmung – die Lessing als einen Hauptakteur hatte – hing wohl mit dem Fehlen einer Verankerung der Theaterträger in der Gesellschaft der Hansestadt zusammen [vgl. I. STEPHAN/H. G. WINTER, Hamburg im Zeitalter der Aufklärung. Berlin/Hamburg 1989].

Projekt eines Nationaltheaters

Entstehung des bürgerlichen Rangtheaters

Diese Bestrebungen stehen für einen grundlegenden Wandel. Die Hoftheater öffneten sich allmählich auch bürgerlichen Zuschauern, das Bildungsbürger-Publikum im Parterre entschied über Erfolg oder Mißerfolg des Stückes, wenngleich oft noch der Satz „Volles Haus nur bei Hanswurst" galt [189: MAURER-SCHMOOCK, Deutsches Theater, 118–120]. Zusehends ersetzten prächtige Theaterbauten die Bretterbuden der vergangenen Jahrhunderte. Ehrfurchtsvoll betrat man den Musentempel, kam – etwa 1782 bei Eröffnung des ersten Frankfurter Theaterbaues – in ein „mit lauter Glaskugeln beleuchtete(s) Parterre, himmelblau gemalt, mit goldenen Verzierungen und mit Scharlach ausgeschlagen" [190: MOHR, Frankfurter Theater, 102].

Theaterbauten

Konzertsaal

Eine weitere Neuerung war der *Konzertsaal* [197: PREUSSNER, Musikkultur]. Auch seine Entstehung war eng mit stadtbürgerlicher Kultur verknüpft. Die ersten Konzertsäle entstanden nicht in von Höfen geprägten Musikzentren wie Mannheim oder Wien, sondern in Bürgerstädten wie Hamburg (1761) oder Leipzig (1781). Hier hatte es vorher schon für ein bürgerliches Publikum offene Opernbühnen gegeben, in Hamburg etwa von 1678 bis 1738. Werke von Händel und Telemann wurden aufgeführt, daneben etwa Kompositionen mit Lokalkolorit („Il tempio di Melpomene su le rive dell'Alstra"); 1767 kam Carl Philipp Emanuel Bach als Nachfolger Telemanns in die Hansestadt, wo die Bedingungen für ihn offenbar besser waren als am Hof Friedrichs II. Das deutet ebenso einen Strukturwandel der gesellschaftlichen Basis des Musiklebens an wie die Organisation öffentlicher Konzerte, die überall in Deutschland zunehmend Bedeutung gewannen [Übersicht in 37: MÖLLER, Fürstenstaat oder Bürgernation, 433–443]. Freilich – noch im 18. Jahrhundert und darüber hinaus sahen sich die Künstler meist gezwungen, in Ballhäusern, in Ratssälen oder im Freien aufzutreten, wenn man nicht im adeligen oder bürgerlichen Salon musizierte. Johann Sebastian Bach gab im Zimmermannschen Kaffeehaus zu Leipzig wöchentliche Konzerte („Kaffeehaus-Kantate"!), Wolfgang Amadeus Mozart mußte sich in Wien für seine kommerziellen Konzertaufführungen Säle mieten. Es sei „unmöglich", schrieb Vater Leopold 1785 an Nannerl, „die schererey und Unruhe alles zu beschreyben. Deines Bruders Fortepiano Flügel ist wenigst 12mahl, seit dem ich hier bin, aus dem Hause ins Theater oder in ein anderes Haus getragen worden." [180: Hintermair, Bürgerliche Musikkultur, 154f.; A. Einstein, Mozart. Sein Charakter – sein Werk, 3. Aufl. Frankfurt a.M. 1983, 65f.]. Bach, Mozart

7. Bürgertum und bildende Kunst

7.1 Zur Vorgeschichte des Künstlertums

Die Entstehung des Künstlers

Der soziale Typus des *Künstlers* erscheint zunächst nicht als Produkt der städtischen Gesellschaft. Das Wirtschaftssystem der Stadt, mit seiner Ökonomie der Qualität [J. U. Nef, Cultural Foundations of Industrial Civilization. Hamden/Conn. 1958/ND 1974, 132f.], mit seinen Prinzipien der Konkurrenz und des Marktes gewährleistete trotz zünftischer Reglements weitgehend die Ausbildung jener Elite der Handwerkerschaft, von welcher luxuriöse Produkte für Höfe, Adel, städtische Führungsschichten hergestellt wurden. Diese Spitzengruppe des „Kunsthandwerks", im modernen Sinn, war zugleich in der Lage, ihre sozialen Bindungen zu lockern. Manche Künstler wurden zu Hofhandwerkern, erhielten Kammerdienerstellen und dergleichen oder wurden sogar – wie Hans von Aachen, Johann Lukas von Hildebrand oder Johann Bernhard Fischer von Erlach – geadelt. Ihre Emanzipation vollzog sich am Hof, manchmal durch Nobilitierung.

Zwar gab es auch in den Städten Mäzene, humanistische, literarische Zirkel, die es möglich machten, über die handwerkliche Umgebung hinauszukommen – doch war die Einschätzung einer ästhetischen Kultur hier sehr viel geringer als in Italien, und so wurden die Höfe des Reiches nur um so attraktiver: Dürers Stoßseufzer in

Italien-Deutschland-Dürer

Venedig – „O wy wirt mich noch der sunen friren. Hy pin jch ein her, doheim ein schmarotzer" – illustriert die Zusammenhänge [2: RUPPRICH, Dürer, I, 59]. Cranach erhielt am Hof Friedrichs des Weisen das enorme Dienstgeld von 100 Gulden [L. GROTE, Lukas Cranach. Der Maler der Reformation, Dresden 1883, 19], von Dürer wird die Anekdote kolportiert, Kaiser Maximilian habe einen Edelmann angewiesen, ihm die Leiter zu halten [6: SANDRART, Akademie, 66]. Die Besonderheit des Künstlers, des späteren „Genies", wurde am Maßstab der sozialen Ordnung der Zeit ausgedrückt; aber auch andere Elemente der „Legende" vom Künstler wurden in Deutschland spätestens im 17. Jahrhundert, mit Sandrarts Lebensbeschreibungen, identifizierbar – etwa, wenn er von der „Melancholie" des von ihm hochgeschätzten Adam Elsheimer berichtet [R. WITTKOWER, Born under Saturn. London 1963, dt. Stuttgart 1965; E. KRIS/O. KURZ, Die Legende vom Künstler. Wien 1934]. Dem entsprechen Versuche, manche Tätigkeiten als „freie Künste" dem Zunftbetrieb zu entziehen und zugleich die Allusion zur wissenschaftlichen *„ars liberalis"* herzustellen. Das kommt auf dem Gebiet der Porträtmalerei vor, offenbar später auch in der Bildhauerei, die etwa in Lübeck in der zweiten Hälfte des 17. Jahrhunderts als „freie Kunst" galt [220: HASSE, Maler, 41, Anm. 17].

Cranach

Die Bedeutung der Höfe

Der Künstler-Mythos

„Verwissenschaftlichung" des Handwerks"

Sandrart, der unermüdliche Agent des Künstlerruhmes, war schließlich an Initiativen zur Gründung von *Kunstakademien* beteiligt, mithin an Versuchen, dem Künstler einen sozialen Raum jenseits von Zunft und Handwerk zu öffnen; am Anfang stand die Nürnberger Akademie, kurz darauf folgte Augsburg [G. SCHRÖTTER, Die Nürnberger Malerakademie und Zeichenschule. Würzburg 1908; E. BÄUML, Geschichte der alten reichsstädtischen Kunstakademie von Augsburg, masch. Diss. München 1948; vgl. auch unten S. 63]. Das Vorbild von Giorgio Vasaris Florentiner „Accademia del disegno" von 1563 ist unübersehbar. In der Tat wurden diese und andere Akademien zu wichtigen Stätten der künstlerischen Ausbildung; weniger die Institutionen als die sie tragenden Ideologien scheinen den Mythos des Künstlers zu inaugurieren – des von der Aura des Einzigartigen umwehten, göttlich inspirierten Genies, ein Mythos, wie ihn gerade das Bürgertum des 19. Jahrhunderts fortspinnen wird.

Akademien

7.2 Kunstwerke in der Stadt

Auch wenn es in der frühneuzeitlichen Stadt im Verständnis der Zeitgenossen allenfalls vorzügliche Handwerker, gemeinhin aber keine genialen Künstlergestalten gab, deren Werke nachgerade religiöse Verehrung forderten, so entstanden natürlich auch im städtischen Raum großartige Kunstwerke, und nicht wenige ihrer Schöpfer blieben dieser Umwelt verhaftet, nahmen Ehrenämter in Ratsgremien und Zünften an. Freilich waren die wirklich berühmten Namen die Ausnahme – beispielsweise der Regensburger Albrecht Altdorfer oder der Münsteraner Ludger tom Ring [233: SARAN, Altdorfer]. Bezeichnenderweise konnte Sandrart monieren, daß Frankfurt in seinem Rathaus kein Gemälde seines bedeutenden Sohnes Elsheimer aufbewahre – „Curiose Reisende“ suchten dergleichen vergeblich [6: Akademie, 163]. Der Text erinnert nicht nur an die Bedeutung mancher Rathäuser als Gehäuse bürgerlicher Kunstkammern, er zeigt wiederum die „konservative“ Einstellung der Bürger im Reich gegenüber Kunst und Künstlertum. Ein wichtiger, vielleicht entscheidender Grund dafür dürfte in der Entwicklung der religiösen Verhältnisse liegen [Überblick: 223: HOFMANN, Luther und die Folgen]. Die Reformation veränderte Bildthemen und Aufgaben der Kunst, absorbierte geistige Energien und behinderte so – pointiert ausgedrückt – die Entfaltung einer ästhetischen Kultur, wie sie sich etwa in Italien entwickeln konnte. Bilderfeindlichkeit oder gar Bildersturm, mehr noch die lutherische Ablehnung der Werkgerechtigkeit beendeten etwa die Konjunktur von Tafelbild und Schnitzaltar. Allerdings scheint an manchen Orten, so in Lübeck, schon früher ein Rückgang der Aufträge erkennbar zu sein [220: HASSE, Maler, 39]. Viele Künstler sahen sich gezwungen, ihr Brot anderswo – das hieß für die Begabteren: an den Höfen der Fürsten – zu suchen; das Paradebeispiel bietet der Weggang Hans Holbeins d. J. aus dem reformatorischen Basel und seine Karriere in England.

„Künstler“ als Honoratioren

Folgen der Reformation für die Künste

Im protestantischen Bereich wandelten sich die Bildthemen; bestimmte Gattungen – so das Familienbild und vor allem das Porträt – drangen vor, letzteres nicht als spezifisch protestantische Aufgabe, sondern weil es „zu jenen traditionellen Leistungen (gehörte), die der protestantischen Befragung der Kunst am wenigsten suspekt sein mußten“ [K.-P. SCHUSTER in 223: HOFMANN, Luther und die Folgen, 204]. In der biblischen Historienmalerei wurde eine „Verbürgerlichung“ des christlichen Geschehens hervorgehoben: „Es darf angenommen werden, daß mit solcher Nobilitierung des ein-

Bildthemen

Familienbild, Porträt

Nobilitierung des einfachen Milieus

fachen Milieus zu einfühlsamen christlichen Bildern schon im 16. Jahrhundert gezielt eine protestantische Sozialethik veranschaulicht werden sollte, die auf Luthers Auffassung vom Beruf als innerweltlichem Gottesdienst gründete." [Ebd., 124]. Der altniederländischen Genremalerei Vergleichbares entstand merkwürdigerweise im deutschen Reich nicht.

Graphik

Die graphischen Künste wurden gerade in den Anfangsjahren der Reformation für den Glaubensstreit eingesetzt. Nicht die Erarbeitung von Leitbildern, sondern von *Feindbildern* bestimmte ihr Wesen, wie RAINER WOHLFEIL treffend festgestellt hat [Einführung in die Geschichte der deutschen Reformation, München 1982, 141]. So hat die Graphik – wie andere Kunstsparten auch – heftige Reaktionen hervorgerufen; das antithetische Element ist indessen keineswegs allgemein bestimmend geblieben. Protestantische Künstler arbeiteten für katholische Auftraggeber und umgekehrt. Hans Baldung Grien etwa konnte sich über alle Unruhen in seiner Straßburger Heimat hinweg gute Patronagebeziehungen bewahren; wie Dürer – dessen Haltung allerdings Gegenstand intensiver Forschungsdiskussionen ist – stand er auf der Seite des Eigentums, der Respektabilität, der Ordnung [211: BRADY, Social Place, 314f.; H. LUTZ, Albrecht Dürer in der Geschichte der Reformation, in: HZ 206 (1968), 22–44]. Seltsam, daß ein Maler wie Jörg Breu d. Ä., der praktisch von der Produktion religiöser Bilder gelebt hatte, ikonoklastische Bewegungen in seiner Heimatstadt Augsburg guthieß.

Baldung gen. Grien

Jörg Breu d. Ä.

7.3 *Städtische Architektur*

Baukunst

Für die *Baukunst* waren die Folgen der Reformation weniger einschneidend. Die Bürger der protestantischen Städte konnten ihren Einfluß auf kirchliche Dinge – und damit auf kirchliche Bausachen – weiter ausdehnen. Die Kirchenräume wurden den Zwecken des veränderten Kults angepaßt. Dezidiert „protestantische" sakrale Baukunst von Rang hat es im städtisch-bürgerlichen Bereich in Deutschland nicht gegeben; überhaupt war die Zeit der von der Kommune getragenen kirchlichen Großarchitektur vorbei. Die mächtigen Hallenkirchen des Südens – etwa die Georgskirche in Nördlingen (vollendet 1505) – setzten den Schlußpunkt.

Die Zeit sakraler Großarchitektur in den Städten ist vorbei

Die Anstrengungen der Städte konnten sich nochmals auf weltliche Bauaufgaben konzentrieren: Die Zeit bis zum Dreißigjährigen Krieg kann als die letzte Epoche bedeutender kommunaler Architektur gelten. Selbst reine Zweckbauten wie Kornspeicher, Lagerhäuser oder Waffendepots wurden vielfach zu Kunstwerken gestaltet [224: KADATZ, Renaissancebaukunst, 96f.], desgleichen Gebäude, in denen die protestantische Sozialethik und pädagogische Ambitionen ihren Ausdruck fanden: Armen- und Krankenhäuser, Bibliotheken, Schulen [Übersicht: 222: HITCHCOCK, Renaissance Architecture; 224: KADATZ, Renaissancebaukunst]. Für die Handwerkskorporationen wurden nochmals repräsentative Versammlungs- und Verwaltungsgebäude errichtet. Das Hildesheimer Knochenhaueramtshaus, 1529 in reichstem Fachwerk errichtet, galt Viollet-le-Duc als schönstes Holzhaus der Welt. Zweckbauten

Stadtwaagen – in Braunschweig (1534), Leipzig (1555-70) oder Bremen (1586/87) – stellten eine weitere wichtige städtische Bauaufgabe dar, ebenso Münzgebäude. In Hamburg erbaute der Amsterdamer Architekt Jan Andresen 1558 die erste Börse Europas.

Bedeutendste architektonische Ambitionen aber zeigte das *Rathaus*. Manchmal blieb es bei verschwenderisch ornamentierten Treppen (Lübeck, Nördlingen), Fassaden, Lauben oder Vorhallen, die an ältere Gebäude gefügt wurden (Lübeck, Lemgo, Köln). Aus der Schloß- oder Sakralarchitektur entlehnte Würdeformen, besonders gelegentlich asymmetrisch in die Fassaden eingegliederte Türme, die in optische Konkurrenz zu den Kirchtürmen der Städte traten, betonten die herrschaftliche Bedeutung des Rathauses, das auch in Fürstenstädten Kristallisationspunkt korporativer Identität blieb. Mit den Ratsglocken besaßen die Rathäuser wichtige Kommunikationsmedien (Pirna, Leipzig). Rathausbauten

Im Norden ließ die „Weserrenaissance“ auch Rathausbauten nicht unberührt; eine eigene, deutlich akzentuierte Architekturlandschaft bildete sich in Sachsen. Der in Wittenberg (1523) und Saalfeld (1527) zuerst entstandene Rathaustyp fand zahlreiche Nachfolgebauten, zu denen neben den Rathäusern von Leipzig und Pirna jene von Dresden, Neustadt, Eilenburg, Chemnitz, Torgau und Gera zählen. Auch ist auf Rathausbauten zu verweisen, an denen der größtmögliche repräsentative Prunk des Fachwerks entfaltet wurde. Eine Reihe formal verwandter Bauten beginnt etwa 1484 mit dem Rathaus von Michelstadt/Odenwald [69: BINDING/MAINZER/WIEDENAU, Fachwerk, 141]. Im Süden wurde italienischer Einfluß wichtig, so in Nürnberg, dessen Rathaus zwischen 1616 und 1622 umgestaltet wurde, oder in Augsburg (1615–1620). Um die manieristischen Prachtbrunnen des Hubert Gerhardt und des Adriaen de Vries entfaltete sich hier ein Bauprogramm, das der Selbstdarstel- „Weserrenaissance“ Sachsen Fachwerk-Rathäuser Nürnberg, Augsburg lung der Oligarchie diente und zugleich notleidende Bauleute mit Arbeit versorgen sollte [90: ROECK, Voraussetzungen].

7.4 Kunstmarkt und Sammlertum

Nach dem Dreißigjährigen Krieg erstarrten die großen Reichsstädte in ihrer architektonischen Entwicklung, schon deshalb, weil – jedenfalls in den meisten Orten Süd- und Mitteldeutschlands – kein Bevölkerungsdruck mehr bestand. Die wichtigen baukünstlerischen Entwicklungen fanden im Schloß- und Sakralbau statt. In der Entschärfung des konfessionellen Konflikts lag indessen eine wichtige Voraussetzung für kulturelle Leistungen anderer Art, so in Philosophie und Literatur. Es ist nicht zu übersehen, wie Ratsgremien oder Zünfte als Auftraggeber von Kunst an Bedeutung verloren; so trat privates Mäzenatentum deutlicher in den Vordergrund. Schon im 16. Jahrhundert hat es einen *Kunstmarkt* gegeben.

Kunstmarkt

Seine Konturen sind allerdings wesentlich weniger deutlich erkennbar als etwa in der bürgerlichen Welt der Niederlande [H. FLÖRKE, Der niederländische Kunsthandel im XVII. und XVIII. Jahrhundert, Basel 1901] oder Italiens. Kupferstiche und andere Druckgraphik waren, wie verstreute Quellenhinweise erkennen lassen [bei 5: ROTT, Quellen, passim], Marktware, ebenso kleinere Schnitzwerke. Bekanntlich hat Dürer mit Stichen gehandelt, deren Preis sich nach Format bemaß.

Dominanz der Auftragskunst

In der Regel aber entstanden Kunstwerke auf individuelle Aufträge hin. Bezeichnenderweise beschäftigte noch Goethes Vater Künstler, als er sein Haus mit Bildern schmücken wollte. Er war kein Sammler, der alte Gemälde für besonders wertvoll hielt [vgl. J. W. GOETHE, Dichtung und Wahrheit, WA 26, 39]. Andere Bürger wurden indes durch das Vorbild fürstlicher Wunderkammern zu eigener *Sammeltätigkeit* animiert: Seltsame Naturalien, archäologische Funde gesellten sich in ihren Kabinetten zu Gemälden, Goldschmiedearbeiten und anderen Preziosen. In der humanistischen Atmosphäre Basels entstanden zahlreiche Sammlungen; Bilder Holbeins und Altdorfers fanden sich darin neben Gemmen, antiken Statuetten und anderen Raritäten. Der bedeutendste Basler Sammler, Basilius Amerbach (1533–1591), besaß neben hervorragenden Gemälden Arbeiten des Nürnberger „Designers" Peter Flötner [208: ACKERMANN, Basle Cabinetts, 165]. Berühmt war die Kollektion des Arztes Lorenz Hoffmann aus Halle, deren gedruckter Katalog 1625 erschien. Auch in Nürnberg gab es wichtige Sammlungen:

Wunderkammern

Basler Sammler, Basilius Amerbach

Nürnberg

die Imhoff'sche Kunstkammer und das Praun'sche Museum [G. WEBER, Das Praun'sche Kunstkabinett, in: MVGN 70 (1983), 125–195]. Sandrart rühmt das vor allem mit Druckgraphik glänzende Kabinett Carl Welsers [6: Akademie, 315].

Funktionswandel des Kunstwerks

Kunstwerke, das ist das Wesentliche, verloren im Rahmen von Sammlungen zusehends ihre praktischen und klar definierten Funktionen. Man freute sich an ihrer Betrachtung und Deutung, sah sie wohl als Wertobjekte, jedoch nicht als einfach kapitalisierbaren Besitz (wie das jederzeit einschmelzbare Silbergeschirr). Dagegen spricht die Einmaligkeit, die Nicht-Reproduzierbarkeit des Sammlungsstücks. Im so profanen Sphären allmählich enthobenen Kunstobjekt konkretisierte sich eine neue Qualität: Es gewann Rang als Schöpfung eigener Gesetzlichkeit, als etwas Ideales jenseits der Alltagswelt, an dem man durch Betrachtung teilhaben konnte. Kunstbetrachtung geriet so – ähnlich wie der philosophisch-„schöngeistige" Diskurs – zur Antithese des dem Erwerbsleben gehörenden Daseins, hatte ihre Zeit in den Mußestunden. Es muß hier nicht ausgeführt werden, daß die Rolle des Kunstwerkes am *Hof* grundsätzlich anders definiert war als im Haus des Bürgers – schon deshalb, weil die Sphäre der Privatheit hier anders strukturiert war und Luxus keinen Gegensatz zur Ökonomie bildete, sondern deren eigentlichen Zweck ausmachte. Kunstwerke gewannen für den Bürger sinnstiftende Funktion, weil ihr Erwerb prinzipiell unbürgerlich war. Für die Idee des Höfischen blieben Kunstkäufe indessen konstitutiv und somit praktisch geboten.

Museen

Das öffentlich zugängliche *Museum*, das nicht zufällig zuerst in modernen, wirtschaftlich führenden England entstand (1753), war an die Entfaltung der bürgerlichen Gesellschaft gebunden. Es zeigte den Funktionsverlust des höfischen Systems an, wo sich die Dialektik zwischen Ökonomie und Luxus als aufgehoben dargestellt hatte. Die Ausbreitung des Kunstmarktes, der enorme Aufschwung gerade des privaten Sammlerwesens, den das 19. Jahrhundert erleben wird, sind Artikulationen derselben Entwicklung – Konsequenz veränderter Strukturen des Öffentlichen und der Genese bürgerlicher Freizeit. Wenn Museumsbauten nun oft schloßähnliche Gestalt erhielten, läßt sich dies als Ausdruck der Vereinnahmung jener Welt deuten, in der das Ideale und das Reale des Kunstwerks für Jahrhunderte die höchstmögliche Synthese gefunden hatten.

Die Kunst- und Wunderkammern standen am Anfang dieser Entwicklung, wenngleich sie nur begrenzten Interessentenkreisen zugänglich waren. Daß sich hier zugleich der Übergang zu speziali-

Wissenschaftliches Sammlertum

siertem, wissenschaftlichem Sammlertum vollzog, sei am Rande bemerkt. Das Bürgertum auch des deutschen Kulturbereichs hatte erheblichen Anteil daran; es mag genügen, an die Sammeltätigkeit Konrad Gesners (1516–1565) oder an die von Johann Jacob Scheuchzer (1684–1738) zu erinnern, der in Zürich eine geologisch-paläontologische Sammlung betreute.

7.5 Die kulturelle Zentralität von Hof und Kirche im 17. und 18. Jahrhundert

Künstlerkarrieren strebten während der ganzen frühen Neuzeit, seit dem Dreißigjährigen Krieg indes zunehmend häufiger, der höfischen Welt zu, nicht nur aus ökonomischen Gründen, sondern auch deshalb, weil hier soziale Leitbilder präsent waren, Freiheiten bestanden, die es anderswo nicht gab. Der höfische, gelegentlich auch der kirchliche Kulturbetrieb kannte keine Zunftordnungen. Und Schriftsteller konnten im Dienst von Fürsten und Adeligen Bedingungen finden, die ihnen Universitäten oder Behörden nicht boten. Jedenfalls ist Goethes Weg aus der Reichsstadt Frankfurt nach Weimar ebenso charakteristisch wie der Weggang Wielands aus Biberach, seinem „Abdera".

Die kulturelle und soziale Sogwirkung der Höfe, überhaupt die Bedeutung der alten Eliten Adel und Klerus tritt bis ins späte 18. Jahrhundert noch deutlicher hervor, wenn man sich Musik, Architektur, bildenden Künsten zuwendet. Gerade Komponisten ersten Ranges – obwohl in ihrer Mehrzahl städtisch-bürgerlicher Herkunft – reüssieren anderswo. Händel geht in die Weltstadt London, Gluck macht in Paris und Wien Karriere, der Bauernsohn Haydn komponiert auf Schloß Esterhazy, Mozart reist durch halb Europa von Hof zu Hof, nicht Prag, die Residenzstadt Wien ist auch für ihn der Ort, wo Erfolg zählt. Das darf bei aller Euphorie über die Entdeckung der Kulturfunktion der Stadt des 18. Jahrhunderts nicht übersehen werden; ebensowenig das Faktum, daß *Baukunst* von europäischem Rang ausschließlich jenseits der bürgerlichen Welt entstand – von den Schlössern und Adelspalais Wiens bis zu den Wunderwerken des süddeutschen Kirchenbarock. Dabei sind die meisten Architekten Bürger: Johann Michael Fischer war Maurer in München, Dominikus Zimmermann brachte es zum Bürgermeister des oberbayerischen Städtchens Landsberg, Balthasar Neumann wurde als Sohn eines Egerer Tuchmachers geboren. Bürger bauten, malten, schnitzten für den Adel und für die Kirche des Reiches:

Baukunst von Rang entsteht außerhalb der bürgerlichen Welt

Bildhauer wie Andreas Schlüter, Balthasar Permoser, Egid Quirin Asam, die Jorhan, Ignatz Günther oder Gottfried Schadow bedurften dieser Auftraggeber ebenso wie Maler und Stukkateure. Und sie fanden allein in der höfischen Welt ein europäisches Ambiente, das anregte, Konkurrenz und damit Qualität förderte. Aus der Begegnung mit der Kunst Tiepolos in Würzburg fand einer der begabtesten Freskanten des deutschen Spätbarock, der Augsburger Akademiedirektor Matthäus Günther, nochmals zu einem veränderten Stil; an den Schlössern der Münchner Wittelsbacher arbeiteten neben dem Franzosen Joseph Vivien, dem Antwerpener Wilhelm de Groff oder dem Wallonen François Cuvillies Einheimische wie Josef Effner, Ignaz Gunetzrhainer, Balthasar Augustin Albrecht oder Johann Baptist Zimmermann.

Bürger machen die Kunst des Spätbarock

War Internationalität die eine wichtige Voraussetzung dieser oft von Bürgern realisierten höfischen und sakralen Kunst, so war ein hochentwickeltes, spezialisiertes Handwerk die andere. Da sind die Stukkateurssippen zu nennen, auf die Handwerkskunst der Schreiner wäre zu verweisen – namentlich auf die Roentgen-Manufaktur in Neuwied [118: STÜRMER, Handwerk und höfische Kultur], dann auf die Goldschmiede: Straßburg, Danzig, Nürnberg und vor allem Augsburg waren die Zentren dieses Kunsthandwerks, das europäische Bedeutung gewann [H. SELING, Die Kunst der Augsburger Goldschmiede 1529–1868: Meister, Marken, Werke. 3 Bde., München 1980]. Die Grenze zwischen Kunst und Handwerk wird schließlich mit dem weiten Feld der Graphik berührt. Radierungen und Kupferstiche wurden im 17. und vor allem im 18. Jahrhundert massenhaft produziert – es handelt sich um städtische Erzeugnisse, die für breite Schichten erschwinglich waren. Es könnte Aufgabe einer zwischen Kunst- und Wirtschaftsgeschichte operierenden Forschung sein, sich den Strukturen des Marktes dieser „Waren“ (ARNOLD HAUSER) zuzuwenden. Im katholischen Reich wurden Andachtsbilder verkauft, der wachsende literarische Markt nährte zahllose Stecher mit Buchillustrationen; unter ihnen war Daniel Chodowiecki wohl der bekannteste. Einige wenige schufen autonome Kunstwerke, eigene Bilderfindungen: Hans Ulrich Frank, Johann Heinrich Schönfeld, der geniale Johann Evangelist Holzer, der als „deutscher Watteau“ gefeierte Johann Esaias Nilson oder Johann Elias Ridinger, der Meister etwas skurriler Tierdarstellungen. Besondere Bedeutung gewann schließlich der Ornamentstich, gewannen die Reproduktionen von Kunstwerken, von Gemälden und Architektur. Ohne diese Kommunikationsleistung des Kupfer-

Hochstehendes Handwerk

Schreiner

Goldschmiede

Graphik

stichs ist die hohe Qualität des deutschen Spätbarock kaum zu erklären.

Forschungsfeld: Wirtschaftliche Voraussetzungen der bürgerlichen Kultur des 18. Jahrhunderts

Die große Kunst des 18. Jahrhunderts wurde also weitgehend von Bürgern geschaffen, sie kam aus den Städten; doch wurde sie nahezu ausschließlich von Adel und Klerus bezahlt. Welche Bedeutung nun die *allgemeine wirtschaftliche Entwicklung* nach dem Dreißigjährigen Krieg für diese Dominanz der traditionellen Führungsschichten hatte, läßt sich aufgrund des Forschungsstandes schwer entscheiden. Es scheint wohl, daß die Agrarkonjunktur des ausgehenden 17. und 18. Jahrhunderts dem grundbesitzenden Adel und vielen der süddeutschen Klöster zugute kam – anders ist der „Bauboom" der Epoche kaum zu erklären; eine immer noch nicht überholte Studie von MATTHÄUS PEST nährt diese Vermutung [Die Finanzierung des süddeutschen Kirchen- und Klosterbaus in der Barockzeit (...). München 1937]. Aber die ökonomische Entwicklung der Städte und die wirtschaftlichen Verhältnisse ihrer Bürger können für das 18. Jahrhundert noch nicht im Ganzen beurteilt werden.

8. Bürgertum und Humanismus

8.1 Italien und Deutschland

Humanismus als „Faktor des Aufstiegs des Dritten Standes"

Zwischen Bürgertum und Humanismus wurde in der Forschung stets eine enge Affinität gesehen. „Humanismus und Bürgertum wurzelten beide in dem Persönlichkeitsgedanken, der den Einzelnen berief, aus den Schranken seiner Herkunft herauszutreten, ein ganzer Mensch zu werden, nach seinem Verdienst gewürdigt, nach Fähigkeit und Leistung verwendet zu werden", urteilt FRANZ SCHNABEL [262: Humanismus, 175]. Schnabel sieht im Humanismus einen wesentlichen Faktor für den „Aufstieg des Dritten Standes", ein geistiges Ferment ersten Ranges in der Entstehungsgeschichte der bürgerlichen Gesellschaft des 19. Jahrhunderts. Diese Perspektive steht in der Tradition der Burckhardtschen Auffassung, die eigene Epoche habe ihren Anfang in der Renaissance und stehe zu dieser in ungebrochener Kontinuität: „Die humanistische Bewegung ... ist mitten in der Welt der Feudalität erwachsen, und sie hat einen großen Anteil daran, daß diese Welt überwunden worden ist durch das aufsteigende Bürgertum" [262: SCHNABEL, ebd.].

Die Tradition der Interpretation Burckhardts

Damit zieht Schnabel eine große Linie von den Anfängen des Humanismus im Italien des Trecento zum Neuhumanismus des

19. Jahrhunderts. Daß in dieser mehr als halbtausendjährigen Geschichte die verschiedensten Phasen, individuelle, regionale, nationale Besonderheiten zu berücksichtigen sind, ist ihm natürlich bewußt [Ebd., 174]. Ihm entgeht auch nicht, daß keineswegs alle Humanisten Bürger waren und daß der Raum, wo der Humanismus zur Entfaltung kam, nicht von Anfang an und nie ausschließlich von Städten konstituiert wurde.

Deutschland: Andere Bedingungen für die Entwicklung des Humanismus als in Italien

In besonderer Weise trifft dies für Deutschland zu. Hier bestanden gegenüber Italien völlig andersartige Voraussetzungen für die Entwicklung städtischer Kulturformen. Vor allem gab es hier keine Verdichtungsräume, die den großen italienischen Kommunen und Stadtrepubliken auch nur annähernd gleichgekommen wären. Die Führungsschichten von Florenz oder Venedig konnten im 15. Jahrhundert aus Ressourcen schöpfen, wie sie damals in keiner deutschen Stadt zur Verfügung standen. Architektur und bildende Kunst lassen den *Vorsprung* der italienischen Städte am deutlichsten erkennen. Es gab keinen deutschen Bankier, der sich einen Palazzo Pitti oder eine ganze Kirche wie die Medici-Stiftung S. Marco in Florenz hätte bauen können; keine deutsche Stadt wäre in der Lage gewesen, ein Unternehmen wie den Florentiner Dom zu verwirklichen. In Italien hatte die Kultur der Renaissance einen deutlich bürgerlichen Charakter, trotz der unbestreitbaren Bedeutung der Höfe auch hier; in Deutschland sind demgegenüber die Höfe des Kaisers und einiger Fürsten, vor allem aber die Artistenfakultäten der Universitäten für die Rezeption der neuen kulturellen Strömungen entscheidend. Dementsprechend konnte die Ablehnung spätscholastischer Positionen im Reich weniger schroff ausfallen als südlich der Alpen – jedenfalls bis ins zweite Jahrzehnt des 16. Jahrhunderts. Weiterhin fällt eine naturwissenschaftliche Ausrichtung auf, die eigentlich dem Kanon der *studia humanitatis* (Grammatik, Rhetorik, Poetik, Geschichte, Moralphilosophie) nicht gemäß war. Wichtig waren schließlich nationale, besser: patriotische Tendenzen und vor allem eine entschieden pädagogische Ausrichtung. Sie hat den deutschen Humanismus zu einer bedeutenden Bildungs- und Bildungsreformbewegung gemacht.

Naturwissenschaftliche Ausrichtung des deutschen Humanismus

Bildungsbestrebungen

Patriotische Tendenzen

So sind die Zentren des Reiches stets natürliche Kristallisationspunkte des Humanismus gewesen: der Hof der Luxemburger in Prag, dann die Wiener Hofkanzlei und die Reichs- und Kaiserstadt Nürnberg, wo Friedrich III. den „deutschen Erzhumanisten" Konrad Celtis in einer denkwürdigen Zeremonie zum Dichter krönte; darüber berichtet Friedrich von Bezold [Konrad Celtis –

der deutsche Erzhumanist, in: Ders., Aus Mittelalter und Renaissance, München/Berlin 1918, 82–152; vgl. auch 267: WUTTKE, Celtis]. Die Beschäftigung mit der Geschichte des Reiches, auch der der eigenen Stadt, gewann Bedeutung. Celtis plante eine „Germania illustrata", die in Teilen verwirklicht wurde; italienische Vorbilder, etwa die Werke von Flavio Biondo oder Leonardo Bruni, schärften den Blick für die „vaterländische" Historie, für die Schönheit und Bedeutung der eigenen Stadt (vgl. S. 7). Auch antiquarisch-archäologische Interessen wie die des Augsburger Stadtschreibers Conrad Peutinger (1465–1547) kamen aus diesem Grund [H. LUTZ, Conrad Peutinger, Augsburg 1958].

8.2 Wege des Kulturtransfers

Deutsche Studenten in Italien: Juristen

Peutinger, Willibald Pirckheimer und viele andere hatten in Italien die Rechte studiert und waren so mit Humanismus und Renaissancekultur direkt in Kontakt gekommen [vgl. etwa N. HOLZBERG, Willibald Pirckheimer ..., München 1981]. Überhaupt spielten *Juristen* – unter ihnen auffällig viele Stadtschreiber – eine besondere Rolle in der Geschichte des deutschen Humanismus: Von Sebastian Brant (1475–1521), Stadtschreiber von Straßburg, stammt das vielleicht berühmteste, gewiß volkstümlichste humanistische Werk – das „Narrenschiff", jene in deutsche Reime gefaßte Geschichte einer Reise von Narren aller Art nach „Narragonien", die mit dem Untergang des Schiffes endet. Der Text ist eine Satire gegen die Torheit, damit Lob der Vernunft und Spiegel eines bürgerlichen Wertekanons, nach dessen Maßgaben der Mensch gebessert werden soll [vgl. B. KÖNNEKER, Wesen und Wandel der Narrenidee im Zeitalter des Humanismus. Brant – Murner – Erasmus. Wiesbaden 1966; C. BOHNERT, S. B.s Narrenschiff (...), in: Daphnis 14 (1985), 614–645].

Sebastian Brant

Mediziner

Italienreisen, um zu studieren, unternahmen auch *Mediziner* wie Hartmann Schedel oder Georg Agricola [253: KRISTELLER, Verbreitung]. Wieder andere, so der Pforzheimer Johannes Reuchlin, bedeutender Hebraist und Held der „Dunkelmännerbriefe", kamen als Begleiter von Fürsten und Adeligen nach Italien. Umgekehrt trugen Aufenthalte von Italienern in Deutschland – etwa der Enea Silvio Piccolominis – dazu bei, humanistische Gedanken und Elemente der Renaissancekultur bekannt zu machen. Und es waren die Wege von Wirtschaft und Handel, denen Künstler und Gelehrte folgten. Das erste Renaissancebauwerk auf deutschem Boden entstand im Auftrag und mit Geld der Fugger [N. LIEB, Die Fugger und

Italiener in Deutschland

die Kunst im Zeitalter der Spätgotik und der frühen Renaissance, München 1952], und es ist kein Zufall, daß einige der wichtigsten Meister des beginnenden neuen Stils – etwa die Maler Burgkmair und Dürer oder der Ulmer Bildschnitzer Jörg Syrlin – aus Städten stammten, die enge Handelsbeziehungen mit Italien unterhielten. Später folgten die Künstler immer öfter den Spuren Dürers, um sich in direkter Anschauung fortzubilden, ja, es dürfte keinen bedeutenderen Meister des 16. und 17. Jahrhunderts in Deutschland gegeben haben, der nicht direkte Italienerfahrungen in sein Werk einbrachte.

Handelswege und Kultur

8.3 Die Bedeutung der städtischen Umwelt für die Entfaltung der humanistischen Kultur

Humanisten in der Stadt

Die *städtische Lebenswelt* brachte gerade für jene Humanisten, die nicht Honoratioren waren, manche Beengung, ja Demütigung mit sich [269: ZORN, Soziale Stellung, 47]; andererseits waren Renaissance und Humanismus auch in Deutschland gewiß nie Sache der breiten Masse, gerade dann, wenn man den Blick auf die ästhetisch-philosophischen Aspekte richtet. Speziell im Nürnberger Fall wurde von einem „‚Ehrbarkeitshumanismus' der reichsstädtischen ehrbaren Oberschicht" gesprochen [245: HAMM, Reichsstädtischer Humanismus, 140].

Intensivierung der Bildungsbemühungen

Schon zu Ende des 15. Jahrhunderts erfolgte eine humanistisch inspirierte Intensivierung der Bildungsbestrebungen, die an eindeutigen Indizien ablesbar ist: Anstieg der Frequenz der Universitäten, unter denen die humanistisch ausgerichteten besonders erfolgreich waren; Zunahme der Schulen, und zwar nicht nur der lateinischen, sondern auch der deutschen.

Erfindung des Buchdrucks

Ganz wesentlich war die Erfindung des Buchdrucks mit beweglichen Lettern durch Johannes Gutenberg, überhaupt ein fundamentales Ereignis der bürgerlichen Kultur der Frühneuzeit [242: EISENSTEIN, Printing Press; 250: KÖHLER, Flugschriften; 243: ENGELSING, Analphabetentum]. Bücher erreichten bis dahin nicht gekannte Auflagen, ihre Preise sanken, auch durch die Verwendung des billigeren Papiers. Mit Flugschriften und „Zeyttungen" entstanden wirkliche Massenmedien, die den Verlauf der Reformation entscheidend bestimmten.

Kommunikationsformen

Die Humanisten bedienten sich dieser um 1500 technisch ausgereiften Erfindung mehr und mehr, wobei Briefwechsel und Gespräche in mehr oder weniger losen Zirkeln wesentliche Kommunikationsformen blieben. Oft wurden die Druckereien zu Zentren des humanistischen Diskurses: Wenn der Humanismus auch als städtische Bewegung deutlichere Umrisse gewann, so resultierte dies nicht zuletzt aus dieser Funktion der Druckereien. Die Offizin des Johannes Froben in Basel ist das bekannteste Beispiel: 1515 stieß Erasmus von Rotterdam zum Kreis um Amerbach und den Druckerherren; Beatus Rhenanus, Herausgeber einer Gesamtausgabe des großen Niederländers, Verfasser einer deutschen Geschichte, Vermittler des Denkens von Pico della Mirandola und anderen Autoren, wirkte hier.

Johannes Froben, Erasmus von Rotterdam

Heidentum und Christentum

Obwohl etwa der Platonismus Picos, überhaupt die Rezeption antiken Denkens oder „anticischen" Formenguts für die Humanisten und die Künstler der deutschen Renaissance große Bedeutung hatten, sahen sie sich nicht im Gegensatz zu christlichem Denken, erst recht nicht war ihre Ausrichtung pagan. Vielmehr ging es – nicht anders als in Italien – darum, das überlieferte Gedankengut im christlichen Sinne zu interpretieren, fruchtbar zu machen. Geradezu symbolisch wirkt Dürers Empfehlung, Christus als dem schönsten aller Menschen die Gestalt *Apolls* zu geben, hätten die Alten diesem „abgot" doch ebenfalls die größte Schönheit zuerkannt [2: Rupprich, Dürer 2, 104]. Allerdings zeugten die Bilder mancher Maler zusehends von differenzierter Kenntnis humanistisch-gelehrter Literatur und waren folglich nur mit solchen Kenntnissen zu „entziffern" [233: Saran, Altdorfer]. Für viele lieferte eine mit den Augen des 16. Jahrhunderts gesehene Antike die ästhetischen Kriterien, nach denen auch religiöse Sujets gemalt werden sollten. Zu einem Umgang mit der Kultur des Altertums, welcher der „Antikenromantik" des römischen Kreises um Pomponius Letus vergleichbar gewesen wäre, ist es im deutschen Bürgertum nicht gekommen; Celtis' Aufführung des phantastischen *ludus Dianae,* die diesem Geist nicht fern war, fand am Linzer Hof Kaiser Maximilians statt. Schon gar nicht umgaben sich die Bürger in ihren vier Wänden mit mythologischen Bildern. Wer Götter sehen wollte, mußte an die Höfe der Fürsten gehen.

Weltlich-laizistische Züge des deutschen Humanismus

Die Kultur, zu deren Formung der Humanismus beitrug, ist nicht einfach als weltlich-laizistisch zu bezeichnen. Doch fehlten solche Züge nicht völlig, und es trifft sicher zu, wenn man – freilich im säkularen Maßstab – ein Zunehmen dieses *nicht-religiösen* geistigen Interesses konstatiert, das, wie Kristeller schreibt, „sich weniger dem Inhalt religiöser Lehren widersetzt, als vielmehr mit ihnen um die Gunst und Aufmerksamkeit des einzelnen und der Öffentlichkeit wetteiferte" [252: Christentum und Heidentum, 71]. Indem diese neue intellektuelle Öffentlichkeit über Gedrucktes, über Gesprächskreise, über Theateraufführungen und besonders in den Schulen in den Städten manifest wurde, entstand ein für die Vorgeschichte und den Verlauf der Reformation bedeutsamer Faktor. Die Humanisten hatten die philologischen Methoden erarbeitet, die zur Grundlage einer intensiven Textkritik der Bibel und anderer theologisch bedeutsamer Schriften werden konnten. Wahrheit wurde nicht zuletzt eine Sache der Philologie. Bereits der deutsche Humanismus des 15. Jahrhunderts war an Bestrebungen einer Kirchenreform beteiligt gewesen [266: STUPPERICH, Humanismus und Reformation, 42; auch 256: MOELLER, Humanisten und M. GRESCHAT/J. F. G. GOETERS, Reformation und Humanismus (1969)]. Seine patriotische Ausrichtung war oft durch antirömische Affekte inspiriert – so sehr man das Rom der Kaiser bewunderte, so skeptisch war man gegenüber dem Rom der Päpste.

Bedeutung für die Reformation

Textkritik

Antirömische Affekte

Kaum eine der führenden Gestalten der Epoche verfügte nicht über humanistische Bildung. Viele Humanisten gerade der jüngeren Generation – etwa Melanchthon – schlugen sich auf Luthers Seite; einige blieben indessen skeptisch-zurückhaltend oder zogen aus den Umbrüchen der religiösen Verhältnisse spiritualistische Folgerungen – so der gebildete Seifensieder Sebastian Franck (1499–1542) aus der Reichsstadt Donauwörth. Es gab Humanisten, die sich bemühten, eine *via media* zu halten, zeitweilig etwa Erasmus von Rotterdam [241: BUCK, Erasmus]; eine Minderheit, zu der beispielsweise der Straßburger Thomas Murner – Franziskanermönch, Gelehrter, Moralist – zählte, hielt es weiterhin mit Rom [zuletzt: Thomas Murner – Humaniste et théologien alsacien 1475–1537. 1987].

Humanistisch gebildete Reformatoren

Für die Geschichte der Reformation wurde schließlich wichtig – vielleicht entscheidend –, daß sich in den deutschen Städten keine der italienischen ähnliche ästhetische Kultur hatte entfalten können (was unter anderem wirtschaftliche und soziale Gründe hatte). Anders gesagt: Die gerade auch von den Humanisten geschürten kirchenkritischen Tendenzen mündeten in eine rasch alles andere beherrschende Debatte um Glaubensdinge, bevor weitere Inhalte der Renaissancekultur rezipiert werden konnten – aus einer humanistischen Öffentlichkeit wurde unter den Verhältnissen im Reich eine religiöse. Die Reformation ist auch deshalb zum „städtischen Ereignis" geworden, weil der Humanismus hier seit dem Ende des 15. Jahrhunderts bürgerliche Züge gewonnen hatte, ohne daß die deutsche Stadt darüber zur *Renaissancestadt* geworden wäre.

Keine ästhetische Kultur wie in Italien

8.4 Humanismus und Bildung

Pädagogische Bestrebungen

So traten nach der Reformation, nun freilich in konfessionellem Gewand, die traditionellen *pädagogischen Bestrebungen* des Humanismus immer deutlicher hervor und wirkten in die Lebenswelt der Bürger [240: Böhme; 259: Reinhard]. Besonders in protestantischen Städten kam es zu Schul- und Universitätsgründungen. Melanchthons Vorstellungen kam hier die größte Bedeutung zu. Erst am Ende des 16. Jahrhunderts folgte mit der *ratio studiorum* der Jesuiten eine ebenfalls aus humanistischem Geist kommende katholische Entsprechung.

Ziel der „Verwissenschaftlichung" der politischen Führungsschichten

Anton Schindling hat hervorgehoben, daß den Humanisten eine „Verwissenschaftlichung" der politischen Führungsschichten im weitesten Sinne vorgeschwebt habe [Humanistische Hochschule und freie Reichsstadt. Gymnasium und Akademie in Straßburg 1538–1621, Wiesbaden 1977, 7]; Bildung wurde Statusmerkmal, konnte Vehikel gesellschaftlichen Aufstiegs ebenso wie soziale Barriere sein. Weitgehend in die herrschaftliche Ordnung der Ständegesellschaft integriert, wurde sie konstitutiv für bürgerliches Selbstverständnis: „Mit dem Typus des humanistisch Gebildeten kam ein neues, literarisch geprägtes Leitbild in das soziale Leben der Stadt ... Das Bürgertum in allen seinen Schichten fand hier eine wesentliche Form für seine Selbstdarstellung und seine schichtenspezifische Kommunikation" [Ebd., 397]. Was hier für Straßburg formuliert wird, kann man durchaus verallgemeinern. Charakteristisch für den „Bürgerhumanismus" – besonders in seiner reichsstädtischen Ausprägung – wurde über diesen kommunikativen Impetus hinaus die Betonung der Gemeinschaftsbindung des Individuums, seiner Beschränkungen und sozialen Verpflichtungen gegenüber dem *„bonum commune"* [245: Hamm, Reichsstädtischer Humanismus, 162].

Neues Leitbild: Der humanistisch Gebildete

Humanistische Kontinuität

Die „humanistische Kontinuität" in den konfessionellen Umbrüchen der frühen Neuzeit, von der Werner Kaegi spricht [Humanistische Kontinuität im konfessionellen Zeitalter, Basel 1954], gewann vor allem im Bildungsethos des Humanismus Gestalt. Humanistisches Denken inspirierte die Anlage von Bibliotheken und Sammlungen (vgl. S. 48–50), die naturwissenschaftliche Forschung, Philosophie und Politik. Besondere Bedeutung hatte dabei stets Editionsarbeit, Sicherung der Überlieferung [Graecogermania. Griechischstudien deutscher Humanisten (...). Weinheim ... 1989]. Ein spätes Beispiel für das Engagement, mit dem dabei vorgegangen wurde, bietet der Augsburger Stadtpfleger Marcus Welser. Er trat

Editionstätigkeit

Marcus Welser

nicht nur als Autor historischer und archäologischer Werke hervor, sondern gründete einen eigenen Verlag, der zeitweilig mit der venezianischen Offizin des Aldus Manutius zusammenarbeitete. Katholische und protestantische Autoren – so der Jesuit Jakob Pontan oder der Graecist David Hoeschel, ein Lutheraner – publizierten hier. Das Falkenbuch Kaiser Friedrichs II., die Erstedition der „Tabula Peutingeriana", der mittelalterlichen Kopie einer antiken Landkarte, theologische und historische Werke, Ausgaben griechischer Autoren und naturwissenschaftliche Abhandlungen prägten das Verlagsprogramm.

9. Bürgerliche Kultur in Barock und Aufklärung: Phasen und Institutionen

9.1 Zur Abgrenzung der Epochen

Barock – eine Epochenbezeichnung?

Ob die Bezeichnung „Barock" tatsächlich wesentliche, die Einheit der Epoche konstituierende Merkmale zusammenfaßt, darüber gehen die Meinungen weit auseinander [vgl. K. GARBER, Stadt-Kultur und Barock-Begriff, in: 32: 93–119]. Jeder Periodisierungsversuch muß der Verschiedenheit der Entwicklung in den geschichtlichen Teilbereichen Rechnung tragen, dazu der Heterogenität gerade des Bürgertums im Heiligen Römischen Reich, das sozial, rechtlich und nach geistigem Habitus kaum auf einen Nenner gebracht werden kann [Grundlegend: H. TINTELNOT, Zur Gewinnung unseres Barockbegriffes, in: H. Stamm (Hrsg.), Die Kunstformen des Barockzeitalters. Bern 1956, 13–91]. Ebensowenig, wie „das" deutsche Bürgertum humanistisch war, kann man es pauschal als der Barockkultur verhaftet bezeichnen. Viele Bürger insbesondere der Oberschichten haben allerdings für die Zier ihrer Häuser und deren Interieur barocke Stilformen akzeptiert; unter den Künstlern des Barock finden sich überwiegend Bürger – und mit guten Gründen läßt sich darauf verweisen, daß die „deutsche Literatur des 17. Jahrhunderts, also die sog. ‚Barockliteratur', ihre alles überragende Wirkungsstätte entgegen landläufiger Ansicht auch im 17. Jahrhundert durchaus weiterhin in der Stadt besessen hat und nicht bei Hof" [Garber, 106; 185: KLEINSCHMIDT, Stadt und Literatur].

Gleichzeitigkeit des Ungleichzeitigen

Generalisierend Zeitmarken zu nennen ist nicht möglich [vgl. 59: WIEGELMANN, Wandel]. Die Gleichzeitigkeit des Ungleichzeitigen zeigt besonders deutlich der Süden des Reiches im 18. Jahrhundert: Während die Geistesgeschichte bedeutende Strömungen aufgeklärten Denkens verzeichnet, dominieren in der bildenden Kunst weit über die Jahrhundertmitte „barocke“ Formen, vorwiegend, aber keineswegs ausschließlich im monastischen Bereich [vgl. etwa 94: SYDOW, 185f.].

Aufklärung: Grundpositionen

Inhaltlich war die Aufklärung eine vielschichtige, verschiedene Entwicklungsphasen durchlaufende geistige Bewegung [Grundlegend: 277: CASSIRER; 302: MÖLLER, Vernunft und Kritik, 11–40]. Es gibt einige Grundpositionen: die Überzeugung, durch kritischen Gebrauch der Vernunft, durch „Selbstdenken“, zur Erkenntnis der Welt und des Menschen gelangen zu können, die optimistische Meinung, zur rationalen Bewältigung aller möglichen technischen und naturwissenschaftlichen Probleme imstande zu sein; das Vertrauen auf die weltverbessernde Kraft von Erziehung und Bildung. Daneben stand die Einsicht in die Relativität der dem Denken zugänglichen Wahrheiten (Ringparabel in Lessings „Nathan“!). Daraus konnte eine Ethik der Toleranz erwachsen, dazu die Forderung, dem freien Diskurs Raum zu gewähren, von der Vernunft „in allen Stükken“ *öffentlichen* Gebrauch machen zu können, wie Kant 1783 schrieb.

Bürgertum und Aufklärung

Wiederum wäre es unzutreffend, das so vielgestaltige deutsche Bürgertum pauschal der Aufklärung zuzuordnen. So partizipierten die Kleinbürger, das Zunfthandwerk oder das Honoratiorentum der alten Reichsstädte kaum daran, unter den Aufklärern finden sich viele Adelige und sogar Geistliche. Charakteristisch sind konfessionell spezifische Ausprägungen: Der Protestantismus, insbesondere bestimmte Strömungen des Pietismus, beeinflußte die deutsche Aufklärung ebenso, wie es eine katholische Aufklärung von großer – lange unterschätzter – Bedeutung gab [C. HINRICHS, Preußentum und Pietismus, Göttingen 1971; 288: HAMMERSTEIN, Aufklärung und katholisches Reich].

Ihre sozialen Grundlagen

Wichtig für die Entfaltung der Aufklärung im Reich wurde ein sozialgeschichtlich bedeutsamer Vorgang: Parallel zum Aufstieg der Territorien, der Verdichtung ihrer Staatlichkeit durch Bürokratie, Rechtswesen, Militär und ihrer wirtschaftlichen Modernisierung bildete sich hier ein neuer Typ städtischen Bürgertums heraus, und zwar kein Stand im traditionellen Sinn; die Zugehörigkeit dazu bestimmte sich nach Ausbildung, Funktion oder Beruf. Dieses „neue Bürgertum“ – Staatsbedienstete, Gelehrte, Literaten gehörten dazu – gewann im 18. Jahrhundert immer deutlichere Gestalt. Es hatte eine ambivalente Physiognomie: Gelegentlich mit den Eingesessenen verflochten, oft bemüht, sich ständisch zu etablieren, stand es der alten Gesellschaft im Grunde antagonistisch gegenüber. Seine sozialen Interessen, seine politisch-ideologischen Zielsetzungen, sein Normensystem stimmten mit den Anschauungen des altständischen Bürgertums nicht überein [302: MÖLLER, Vernunft und Kritik, 294]. Es war diese neue, mit dem absolutistischen Staat lange eng lierte Schicht, die in erster Linie eine besondere Affinität zu Gedankengut und Kultur der Aufklärung entwickelte.

9.2 Institutionen und Medien des Diskurses

Das Gebot der Toleranz und der Primat der Vernunft ergaben sich als Folgerung aus der Erfahrung einer Epoche religiöser Fanatismen und konfessioneller Bürgerkriege; zusehends enthüllen sich in der Philosophie der Aufklärung auch emanzipatorische Ansprüche des Dritten Standes. Zu den philosophischen Voraussetzungen zählten der Empirismus Bacons, der Rationalismus Descartes', die gerade auf das Denken der zweiten Hälfte des 18. Jahrhunderts so prägend wirkende Philosophie Spinozas; für das Politikverständnis der deutschen Aufklärung gewann die von Grotius ausgehende Naturrechtslehre Samuel Pufendorfs Bedeutung.

Humanistische Kontinuität

Auch an die oben angesprochene „humanistische Kontinuität" ist zu erinnern [311: STEINHAGEN, Gegenreformation und Frühaufklärung, 15]. Viele für die Aufklärung relevante Fragen sind bereits vom Renaissance-Humanismus aus der religiösen Literatur gelöst, in die Zusammenhänge weltlicher Philosophie gestellt worden; schon hier war es um Möglichkeiten und Grenzen der Vernunft, um die Würde des Menschen, sein Verhältnis zu Gott, seine Stellung in Staat und Gesellschaft gegangen. Vor allem aber hat bereits der Renaissance-Humanismus jene Kommunikationsformen vorgebildet, in denen sich dann das „dialogische Denken" der Aufklärung (MÖLLER) bevorzugt verwirklicht: den gelehrt-gebildeten Briefwechsel, Akademien, Sodalitäten – Räume des institutionalisierten Diskurses außerhalb von Kirche, Universität und anderen traditionellen Lebenskreisen der ständischen Gesellschaft [260: RUPPRICH, Humanismus und Renaissance]. Der Briefwechsel verband Bürgerliche, Adelige, Kleriker, und es kam zur „Vernetzung" (REINHARD) der europäischen Bildungselite; hier entstanden Begegnungsorte, wo soziale Schranken wenigstens tendenziell überschritten wurden.

Sprachgesellschaften

In diese Zusammenhänge gehören zunächst die Sprachgesellschaften des 17. Jahrhunderts [312: STOLL, Sprachgesellschaften; 274: BIRCHER/VAN INGEN, Sprachgesellschaften]. Auf Initiative Ludwigs von Anhalt-Köthen und anderer mitteldeutscher Fürsten wurde 1617 bei Weimar die „Fruchtbringende Gesellschaft" gegründet [K. CONERMANN (Hrsg.), Fruchtbringende Gesellschaft ..., Bd. 1–3. Leipzig/Weinheim 1985 (Quellen)]. Ziel dieser nach dem Vorbild der Florentiner „Accademia della Crusca" gegründeten Vereinigung von Adeligen, bürgerlichen Gelehrten und Dichtern war es, die deutsche Sprache zu pflegen und die Literatur zu reformieren. Weiter gab es die Hamburger „Deutschgesinnete Genossenschaft" von 1643, den in Nürnberg von Georg Philipp Harsdörffer und Johann Klaj gegründeten „Pegnesischen Blumenorden" (1644) oder den Wedeler „Elbschwanenorden" (1656/60). In Straßburg entstanden die „Aufrichtige Tannengesellschaft" (1633) und das „Poetische Kleeblatt" (1671). Viele solcher Vereinigungen bestanden längere Zeit und brachten es zu bedeutenden Mitgliederzahlen – die „Fruchtbringende Gesellschaft" nahm bis 1650 über 500 Personen auf. Das bürgerliche Element war darunter stark repräsentiert, auch wenn generalisierende Befunde nicht möglich sind. Im „Pegnesischen Blumenorden" beispielsweise fanden sich kaum Adelige, dafür Juristen und andere akademisch Gebildete, Geistliche, Lehrer, selbst Kaufleute.

Literarischer Strukturwandel

Die Sprachgesellschaften deuten einen literarischen Strukturwandel an. Im Laufe des 17. Jahrhunderts drang deutschsprachige Kunstliteratur immer mehr in die Höfe der Fürsten und in die Schlösser des Adels vor. Damit verbunden versuchte Martin Opitz – Sohn eines Bunzlauer Metzgers und Ratsherrn – seiner Dichtungsreform zum Erfolg zu verhelfen. Seine Schrift „Von der deutschen Poeterey" (1624), in der er dafür eintrat, humanistische Poesie-Ideale auf die deutsche Volkssprache zu übertragen, wurde ein einflußreicher Leitfaden für Dichter und Literaturtheoretiker [298: KÜHLMANN, Gelehrtenrepublik]. Die Bemühungen um die deutsche Sprache, wie sie in Opitz' Reform, in Sprachgesellschaften und später auch in Werken zur Grammatik und einer steigenden Zahl von Wörterbüchern zum Ausdruck kamen, hatten zeitgeschichtliche Hintergründe: Die Krise des Dreißigjährigen Krieges, dann die Epoche der politischen und kulturellen Dominanz Frankreichs nährten einen vielfach nachweisbaren „Reichspatriotismus". Die Sprachgesellschaften antizipierten daneben gewisse Formen bürgerlicher Egalität und geistiger Toleranz, inmitten des religiös gespaltenen Reiches blieben sie Inseln, wo Konfession keine Rolle spielte. Ihre nationalsprachliche Ausrichtung plaziert sie in die Vorgeschichte der Aufklärung. „Der Zeitpunkt, zu dem eine Belebung der

Patriotismus

Muttersprache und ihr Eindringen in den gelehrten Diskurs erkennbar werden, indiziert selbst schon aufgeklärte Zielsetzung" – anders war eine nennenswerte Breitenwirkung nicht erreichbar [302: MÖLLER, Vernunft und Kritik, 24]. Leibniz forderte in den letzten beiden Jahrzehnten des 17. Jahrhunderts nachdrücklich, die deutsche Sprache zu pflegen, 1687 hielt der Staatsrechtslehrer Christian Thomasius erstmals eine Universitätsvorlesung auf deutsch.

Sozietätsbewegung Leibniz

Leibniz steht auch im Mittelpunkt der Sozietätsbewegung um die Wende vom 17. zum 18. Jahrhundert. Vorbilder boten die Akademien des italienischen Renaissance-Humanismus. An den frühen Gründungen im deutschen Reich hatten Bürger gewichtigen Anteil. 1622 gründete der Mathematiker und Philosoph Joachim Jungius in Rostock eine wissenschaftliche Gesellschaft, die „Societas ereunetica"; als erste deutsche Akademie gilt die noch heute bestehende „Leopoldina" in Halle, die der Schweinfurter Arzt und Stadtphysikus Johann Lorenz Bauch 1652 gründete. Die großen Akademiepläne Gottfried Wilhelm Leibniz' folgten den Vorbildern der Académie française und der Royal Society; unmittelbaren Erfolg hatte nur das Berliner Projekt (1700). Ziel war eine Stätte der Forschung und des Diskurses, die *„theoriam cum praxi"* vereinigen sollte. Es ging also auch um die unmittelbare gesellschaftliche Nutzanwendung der gewonnenen Erkenntnisse – geradezu um die Errichtung einer „Wissenschafts-, Wirtschafts- und Kulturbehörde des Staates" [279: VAN DÜLMEN, Gesellschaft der Aufklärer, 31].

Noch Leibniz selbst konnte beobachten, daß das 18. Jahrhundert „ein seculum sey, da man zu societäten lust hat". Aus den bescheidenen Anfängen im barocken Reich entwickelte sich eine Welle von Gründungen, unter denen etwa die Göttingische Gelehrte Gesellschaft (1751), die Mannheimer Akademie (1757) und die Bayerische Akademie der Wissenschaften (1759) hervorzuheben sind [286: HAMMERMAYER, Akademiebewegung]. Die Sozialstruktur der Akademiemitglieder scheint jener der Sprachgesellschaften vergleichbar zu sein: vor allem bürgerliche Gelehrte, häufig Vertreter des „neuen Bürgertums". Die Bayerische Akademie hatte neben Beamten – insbesondere Hofbeamten – zahlreiche Theologen zu Mitgliedern, darunter vor allem Ordensgeistliche; auch Ärzte und andere Naturwissenschaftler gehörten ihr an, neben Katholiken gab es auch zahlreiche Protestanten [L. HAMMERMAYER, Geschichte der Bayerischen Akademie der Wissenschaften (1759–1807), 2 Bde. München 1983, hier I 368, II 380ff.].

Die Akademien waren nicht einfach Konkurrenz der Universitäten oder Indiz für ein dort herrschendes „Defizit" an Aufklärung. Viele bedeutende Vertreter der deutschen Aufklärung – etwa Thomasius, Christian Wolff oder Kant – wirkten von Universitäten aus; der traditionelle Lehrbetrieb erhielt vielfach durch Reformen im Geist der Aufklärung neuen Schwung. Dazu kam eine Reihe von Neugründungen. Besondere Bedeutung gewannen die Universitäten von Halle (gegründet 1694) und Göttingen (1737).

Institutionen des Diskurses und der Gelehrsamkeit

Schließlich ist eine Fülle weiterer Institutionen des Diskurses und der Gelehrsamkeit zu nennen, in denen sich „Aufklärung" verwirklichte; sie waren zugleich Orte sozialer Mobilität und trugen dazu bei, Muße zu gestalten.

Einige Gesellschaften hatten sich auch die Herausgabe eigener Periodika zur Aufgabe gestellt: Es waren wiederum vorwiegend, mitunter ausschließlich bürgerliche Vereinigungen; so die „Teutschübende Gesellschaft" in Hamburg um den Ratsherrn und Dichter Barthold Hinrich Brockes (1715–1717). Aus ihr ging 1723 eine „Patriotische Gesellschaft" hervor, welche die moralische Wochenschrift „Der Patriot" herausgab, ein Kreis eng mit dem Senat, den hanseatischen Honoratioren verbundener Leute. Das Blatt soll zeitweilig die damals außerordentliche Auflage von über 5500 Exemplaren erreicht haben [299: MARTENS, Botschaft der Tugend, 111 f.]. Weitere moralische Wochenschriften waren JOHANN CHRISTOPH GOTTSCHEDS „Vernünftige Tadlerinnen" (1725/26) und „Der Biedermann" (1727–29).

Moralische Wochenschriften

Bis etwa 1770 blieben die „Moralischen Wochenschriften" wichtige Medien der Aufklärung; ihre Verbreitung deckte sich weitgehend mit jenen Regionen, die bis zum Sturm und Drang die ‚literarischen Landschaften' Deutschlands waren [299: MARTENS, Botschaft der Tugend, 167]. Ihre Leser fanden sie vor allem in Bürgerstädten wie Hamburg, Zürich, Bern, in vom Handel geprägten Orten wie Leipzig, daneben in Universitätsstädten, während sich die Bewohner von Residenzstädten wie Dresden, Berlin oder Hannover erst allmählich für diese Zeitschriften interessierten. Auch viele Kleinstädte hatten zeitweilig ihre eigene „Moralische Wochenschrift". WOLFGANG MARTENS hat hervorgehoben, daß sie sich wohl vor allem an das gehobene Bürgertum richteten; ihr Anliegen sei es gewesen, die „seit der Zeit des Humanismus bestehende Kluft zwischen gelehrten und ungelehrten Lesern, die auch hinsichtlich der Aufnahme von Dichtung spürbar war, zu schließen. Im Zeichen von Vernunft und Tugend befleißigte man sich hier einer Art gebildeter Gemeinsprache, und in diesem Rahmen entstand eine mehr oder weniger homogene, für weltliche Bildung aufnahmefähige breite Leserschicht" [299: 147]. Mit der Zunahme des Leseinteresses korrespondierte im 18. Jahrhundert ein weiteres Anwachsen der Zeitschriften- und Buchproduktion [284: GÖPFERT, Vom Autor zum Leser; 294: KIRCHNER, Zeitschriftenwesen; 293: KIESEL/MÜNCH, Gesellschaft und Literatur]. Schätzungen geben etwa 175 000 deutschsprachige Publikationen an, zwei Drittel davon dürften nach 1760 erschienen sein [281: ENGELSING, Analphabetentum, 53 ff.; 280: ders., Perioden der Lesergeschichte, 141 f.].

Lesegesellschaften

Die Lektüre wurde in „Lesegesellschaften" gepflegt [305: PRÜSENER, Lesegesellschaften; 278: DANN, Lesegesellschaften]. Gemeinschaftliches häusliches Lesen hatte es schon im 16. Jahrhundert gegeben, die Bibel und Erbauungsbücher standen im Vordergrund. Im letzten Drittel des 18. Jahrhunderts gab es sehr viele solche Zusammenschlüsse. Frühe Gründungen erfolgten namentlich in Norddeutschland, Verbreitungsschwerpunkte deckten sich mit den Kerngebieten der Kultur der Aufklärung: Sachsen, Thüringen, den Rheinlanden. In Süddeutschland und Österreich, aber auch im württembergischen Raum entstanden verhältnismäßig wenige Lesegesellschaften. Ständische Beschränkungen gab es nicht. Frauen und Studenten hatten keinen Zugang.

Diese oft sehr kurzlebigen Assoziationen reichten vom Zusammenschluß zum Bezug einer Zeitschrift bis zum geselligen literarischen Zirkel, wo über Fragen der Kunst, der Philosophie und auch über Politik geredet wurde. Es gab exklusive Clubs wie die Berliner „Mittwochsgesellschaft" (1783–1797) oder den ebenfalls in Berlin tagenden, 1749 gegründeten „Montagsclub"; beiden gehörten führende Aufklärer, manche gleichzeitig, an. An die Klopstock-Büschische Lesegesellschaft in Hamburg (1777), an die Weimarer „Freitagsgesellschaft" um Goethe und an den „Göttinger Hain" ist zu erinnern und an die „patriotisch-gemeinnützigen Gesellschaften", die wiederum einen eigenen Assoziationstyp darstellen [290: HUBRIG, Patriotische Gesellschaften; 315: VIERHAUS, Patriotische Gesellschaften]. Sie entstanden meist zwischen 1760 und 1790; Männer der bürgerlichen Oberschichten, lokaler Adel, Geistliche fanden sich darin zusammen, um technische und ökonomische Verbesserungen zu propagieren, durch öffentliches Engagement Theorie in Praxis umzusetzen. Beispiele wären die „Hamburger Gesellschaft zur Beförderung der Künste und nützlichen Gewerbe" (1765) oder die aus einer Gruppe junger Berner Patrizier zur gleichen Zeit entstandene „Helvetische Gesellschaft" [U. IM HOF, Die Helvetische

Patriotisch-gemeinnützige Gesellschaften

Gesellschaft, in: 315: VIERHAUS, Patriotische und gemeinnützige Gesellschaften, 223–240].

Salonkultur

Im ausgehenden 18. Jahrhundert begegnet schließlich auch in deutschen Städten eine ausgeprägte Salonkultur. Die Salons waren ständeübergreifend. Auch Juden waren gelegentlich einbezogen, jüdische Frauen wie Rahel Levin (nach ihrer Eheschließung Varnhagen von Ense) und Henriette Herz bildeten Kristallisationspunkte. Meist waren Frauen Mittelpunkte der Salons, so Johanna Schopenhauer in Weimar, Sophie von La Roche in Koblenz oder Caroline Schlegel in Weimar. Man traf sich regelmäßig zu geistreichem Gespräch, auch einmal zu Tanz und Hausmusik oder zu gemeinsamer Lektüre. In die Geschichte der Emanzipation der Frau gehören diese Institutionen allerdings nur sehr bedingt – die Gastgeberinnen fungierten doch immer noch in erster Linie als „Hausherrinnen". Die vergleichsweise freie Stellung einiger weniger innerhalb dieser doch recht exklusiven Intellektuellen-Zirkel hatte langfristig keinen Einfluß auf die Situation der Frau [37: MÖLLER, Fürstenstaat oder Bürgernation, 480].

9.3 Aufklärung und Kritik: Tendenzen der Politisierung

Bedeutung Englands für die Entwicklung der deutschen Aufklärung

Neben Frankreich, wo auch die Salonkultur Vorbilder hatte, bedeutete vor allem England viel für die deutsche Aufklärung: Shakespeare, Fielding, Sterne und andere Autoren beeinflußten die deutsche Literatur besonders der zweiten Hälfte des 18. Jahrhunderts, Zeitschriften wie „The Tatler" und „The Spectator" standen den Moralischen Wochenschriften Pate, die ökonomischen Gesellschaften wurden ebenso von England „importiert" wie – am Ende des 18. Jahrhunderts – Architektur und Gartenkunst. Die politischen Verhältnisse auf der Insel erschienen gerade Kreisen des aufgeklärten Bürgertums als vorbildlich [vgl. M. MAURER, Aufklärung und Anglophilie in Deutschland. Göttingen 1987].

Freimaurerei

Auch die Freimaurerei kam über das „Einfallstor" Hamburg von England ins Reich. 1737 wurde hier die erste Loge gegründet. Die Bewegung verbreitete sich rasch: Bis 1741 hatten u. a. Dresden, Berlin, Bayreuth, Halle und Leipzig Logen; die Zahl der Freimaurer im Deutschland des 18. Jahrhunderts wurde auf 15000–20000 geschätzt [309: SCHINDLER, Freimaurerkultur, 208]. Zwar kann man kaum allgemeine Aussagen über die soziale Zusammensetzung der Logen machen; Spezialuntersuchungen lassen gelegentlich Strukturen erkennen, die jenen der literarischen Öffentlichkeit ähneln:

Hof- und Verwaltungsbeamte bürgerlicher und adeliger Herkunft, Militärs, Gelehrte und Publizisten, wohlhabende Kaufleute, seltener Handwerker gehörten dazu [Beispiele: 279: VAN DÜLMEN, Gesellschaft der Aufklärer, 59; zur Problematik insgesamt: 287: HAMMERMAYER, Illuminaten und Freimaurer (Lit.!)]. Selbst Hochadel und regierende Fürsten waren Mitglieder der Logen.

Wandlungen der Freimaurerei im 18. Jahrhundert

Die Freimaurerei im 18. Jahrhundert war ebenso tiefgreifenden Wandlungen unterworfen wie ihr Verhältnis zu Aufklärung und Gesellschaft. Zusehends traten widersprüchliche Züge, im Grunde unvereinbare Polaritäten, gerade in der Konfrontation mit Positionen der Aufklärung, zutage. Die bis zum Wilhelmsbader Freimaurerkonvent von 1782 in den Logen angewandte „Strikte Observanz" mit ihren komplizierten Ritualen, ihrem Hochgradsystem, mit ihren mystisch-esoterischen Elementen stand im Widerspruch zur Rationalität der Aufklärung; in einem pseudo-freimaurerischen, mit hermetisch-alchemistischen Praktiken umgehenden Geheimbund, den „Gold- oder Rosenkreuzern", gewann diese antiaufklärerische Tendenz die deutlichste Gestalt [H. MÖLLER, Die Gold- oder Rosenkreuzer. (...). In: P. C. LUDZ (Hrsg.), Geheime Gesellschaften. Heidelberg 1979, 153–202]. Weitere Widersprüche ergaben sich aus dem vielfach erhobenen Gleichheitspostulat, mit dem im Innern der Gesellschaften strikte Hierarchisierung (und eine eindeutige soziale Exklusivität) kontrastierte [302: MÖLLER, Vernunft und Kritik, 226–229]. Im Alltag fügte sich die soziale Existenz der Mitglieder dieser und anderer Geheimgesellschaften ohnedies in die ständische Wirklichkeit.

Gold- oder Rosenkreuzer

Illuminaten

Ausdrücklich politische, potentiell revolutionäre Ziele verfolgte ein Geheimbund, der eine dem Rosenkreuzertum geradezu diametral entgegengesetzte Prägung zeigte: der von dem Ingolstädter Professor Adam Weishaupt 1776 gegründete Illuminaten-Orden [R. VAN DÜLMEN, Der Geheimbund der Illuminaten, 2. Aufl. Stuttgart-Bad Cannstatt 1977; 287: HAMMERMAYER, Illuminaten und Freimaurer]. Obwohl unabhängig von den Freimaurern entstanden, machten sich die Illuminaten doch deren humanitäre Ideale zu eigen. Ihr Programm wies schließlich weit über freimaurerische Vorstellungen hinaus; es ging im Kern darum, „die bestehende postfeudale Herrschafts- und Gesellschaftsordnung auf gewaltlosem Wege abzulösen, indem Mitglieder oder Helfer des Ordens Schritt für Schritt die politischen, geistigen, publizistischen und auch wirtschaftlichen Schaltstellen der Macht okkupierten und zu Beratern und Lenkern der Fürsten aufstiegen" [287: HAMMERMAYER, 325]. Auf dem Höhepunkt seiner Ausdehnung, zu Beginn der 80er Jahre des 18. Jahrhunderts, hatte der Orden etwa 600 Mitglieder, die besonders aus Bayern und einigen rheinischen Gebieten kamen. Mit dem Verbot der Illuminaten in Kurbayern (1785) setzte der Niedergang ein. – Noch weniger Erfolg hatte der Versuch des entlassenen Theologieprofessors Carl Friedrich Bahrdt, etwa 400 Lesegesellschaften zu einem Geheimbund zusammenzufassen, der nach freimaurerischem System strukturiert sein sollte; auch diese „Deutsche Union" sollte aufgeklärte Ziele in die politische Praxis umsetzen. 1786 gegründet und namentlich von Gelehrten und Publizisten getragen, wurde die Initiative bereits 1789 durch die Verhaftung Bahrdts (wegen einer mißliebigen Publikation) erstickt [G. MÜHLPFORDT, Europarepublik im Duodezformat. Die internationale Geheimgesellschaft ‚Union', in: 307: REINALTER, Freimaurer und Geheimbünde, 319–364].

Deutsche Union

Verfolgung der Freimaurerei

Die französische Revolution diskreditierte die Freimaurerei und andere Geheimbünde in den Augen vieler Obrigkeiten; es kam zu Verfolgungen, mindestens zu Überwachung und straffer Gängelung. Bald kam die dann zählebige These auf, die französische Revolution sei eigentlich durch eine Verschwörung solcher Gruppierungen bewirkt worden.

Neue Öffentlichkeit

Damit war die Peripetie einer Entwicklung erreicht. Wenn aus Lesegesellschaften gleichsam Kader für eine Veränderung der Gesellschaft geformt werden sollen, indiziert das geradezu symbolisch die Politisierung der Aufklärung. Es zeigte sich, daß die Allianz, die Absolutismus und Aufklärung eine Zeitlang eingegangen waren, allmählich zerbröckelte. Schon die Gründung der Geheimgesellschaften hatte schließlich die Ausgrenzung einer besonderen Privatheit markiert – einer Öffentlichkeit, die nicht dem Reglement des Staates unterlag und der kritischen, vernünftigen Diskussion Räume schuf. Überhaupt läßt das Assoziationswesen des 18. Jahrhunderts zusehends politische Seiten erkennen: In der „neuen" Öffentlichkeit dieser die Ständegesellschaft überschreitenden Strukturen entstand zugleich ein verändertes Verständnis von Politik; formten sich Konturen einer bürgerlichen Moral, deren Kriterien nicht mehr den Ansprüchen des Absolutismus untergeordnet blieben, sondern ihrerseits Geltung als Maßstäbe staatlichen Handelns beanspruchten [zum Zusammenhang: 297: KOSELLECK, Kritik und Krise, 41 f.]. Die Konfrontation der aus den kulturellen Institutionen der Aufklärer kommenden politischen Kritik mit dem Staat zeitigte spätestens dann Konflikte, als sie ihren Wirkungsbereich zu erweitern trachtete: 1774 erhob Christian Friedrich Daniel Schubart erstmals die Forderung nach „Preßfreiheit" und schlug damit ein Thema an, das in allen liberalen und demokratischen Bewegungen der folgenden Zeit eine zentrale Rolle spielen sollte. Der Staat antwortete mit Zensur: Gerade in den Jahren vor der französischen Revolution wurde sie in Deutschland erheblich verschärft [302: Möller, Vernunft und Kritik, 281–289].

Das Weltereignis von 1789 forderte neue politische Orientierungen auch vom Bürgertum im zerfallenden Heiligen Römischen Reich. Die großen politischen Strömungen, welche die Geschichte des 19. Jahrhunderts prägen sollten – Nationalismus, Konservativismus und – das Erbe der Aufklärung, insbesondere Kants, bewahrend – der Liberalismus, gewinnen Konturen [314: Valjavec, Entstehung der politischen Strömungen]. Mit Macht erhob sich die nationale Frage. Wenngleich sich im Reich die Entwicklung der Staatlichkeit in den Territorien vollzogen hatte – ein kulturelles Deutschland gab es im ausgehenden 18. und beginnenden 19. Jahrhundert. Inmitten dramatischer sozialer und politischer Umwälzungen entstanden erstrangige Werke der Musik, der Literatur und der Philosophie: Zwischen Wien und Königsberg, den Pfarrhäusern des Südwestens und Weimar formte sich eine Kulturepoche, die ihresgleichen sucht in der europäischen Geschichte.

II. Grundprobleme und Tendenzen der Forschung

Die Fragestellungen, die zum Themenbereich „Kultur und Lebenswelt" gehören – u.a. Sozialgeschichte, Realienkunde und Kunstgeschichte, Mentalitäts- und Geistesgeschichte, Literaturwissenschaft und Musikgeschichte –, schließen aus, über alle wichtigen Probleme zu informieren. Vielmehr zwingt diese Vieldimensionalität zu einer subjektiv geprägten Auswahl.

1. Zur Geschichte der Erforschung und Darstellung der Kultur des deutschen Bürgertums

Geringer Stellenwert des Themas in der Geschichtsschreibung des 19. Jahrhunderts

Die Geschichte der bürgerlichen Kultur und des städtischen Alltags im 16.–18. Jahrhundert kann kaum zu den großen Themen der Historiker des 19. Jahrhunderts gezählt werden. LEOPOLD VON RANKE etwa widmet der städtischen Kultur der frühen Neuzeit keine besondere Aufmerksamkeit, HEINRICH VON TREITSCHKE bedenkt die Stadt dieser Epoche mit wenig freundlichen Worten [Deutsche Geschichte im 19. Jahrhundert. Bd. 1, 1879, 20]. Nicht einmal JACOB BURCKHARDT hat sich mit dem Problemkreis eingehender beschäftigt – bei aller Faszination, welche der Polis-Gedanke auf diesen bewußten Basler Bürger ausgeübt hat. Dabei war BURCKHARDT klar, daß sich „im reichen deutschen Bürgerstande ... Kunsteifer" befand, wie „die Renaissance der deutschen Städte und ihre Originalität vom Rathaus und Patrizierhaus bis zum Schrank und zum Gefäß aus edlem Metall" belegten [Über die niederländische Genremalerei, in: E. Dürr (Hrsg.), Jacob Burckhardt, Vorträge. Stuttgart u.a. 1933, 117]. Die Gründe für diese Vernachlässigung, auch durch Autoren minderen Ranges, sind vielfältig.

Burckhardt

Vorrang der Geschichte des Nationalstaats

Namentlich in der kleindeutsch-preußisch orientierten Historiographie standen Nation und Machtstaat im Mittelpunkt; die historisch „erfolglosen" Städte erhielten demgegenüber weniger Aufmerksamkeit, jedenfalls was ihre als *Verfallszeit* begriffene frühneuzeitliche Geschichte anbelangte. Dazu kam, daß man in der deut-

Desinteresse der Kunstgeschichte

schen Kunst in den zwei Jahrhunderten zwischen Dürer und Goethe wenig Bemerkenswertes registrieren zu können glaubte; das klingt noch in der Einleitung zu WILHELM PINDERS „Kunst der Dürer-Zeit" [Leipzig 1937–40] an.

Es kann hier nicht ausgeführt werden, wie sich neben und teilweise gegen die politische, an Staaten, Nationen und „großen Männern" orientierte Historiographie eine Richtung historischer Analyse und Darstellung schob, die mehr die „Gesamtheit historischer Lebensäußerungen" (SRBIK) zu erfassen bestrebt war. BURCKHARDTS Geschichtsschreibung hat darin ihren eigenen, singulären Platz. Doch fand er seine Leser noch eher im Bildungsbürgertum, als daß ihm zu Lebzeiten entscheidender Einfluß auf die Fachhistorie beschieden gewesen wäre. Dasselbe gilt für andere Kulturhistorien der zweiten Hälfte des 19. Jahrhunderts: so die „Geschichte deutscher Kultur und Sitte" des Württembergers JOHANNES SCHERR (zwischen 1852 und 1887 zehn Auflagen) und die „Bilder aus der deutschen Vergangenheit" von GUSTAV FREYTAG [26].

Johannes Scherr

SCHERR (1817–1886), während der Revolution von 1848 auf der Seite der linken Opposition, national, republikanisch gesinnt und dabei durchaus eine Art antisozialistischer Romantiker, war ein Apologet der Kulturfunktion des Bürgertums. Ihm komme, schrieb er (229), in der deutschen Staats- und Rechtsgeschichte eine „höchst wichtige Stelle, ein Ehrenplatz zu": „Es durchbrach zuerst die bleierne Decke der Adelsherrschaft ... Das Bürgertum ist das eigentliche Bildungselement unseres Landes. Erst mit den Städten wuchs die Kultur groß." Auch in SCHERRS Darstellung dominiert jedoch die mittelalterliche Geschichte der Bürger. Anders ist es im Werk des Sachsen KARL BIEDERMANN (1812–1901), eines Linksliberalen von 1848: Dessen „Deutschland im 18. Jahrhundert" [ab 1854, ND Aalen 1969 und Frankfurt u.a. 1979] soll die Epoche der „Wiedererhebung" des Bürgertums schildern (177), wobei die nachmittelalterliche Zeit wie üblich als Phase des Verfalls begriffen wird (179). Zwar geht es um ein „möglichst vollständiges Bild der politischen, materiellen und socialen Zustände" (VI), doch stehen die literatur- und philosophiegeschichtlichen Entwicklungen eindeutig im Vordergrund. Die kulturelle Blüte, die Deutschland gegen Ende des 18. Jahrhunderts erlebt habe, wird als Ausdruck der „Erhebung" eines gebildeten Mittelstandes gewertet (177; Bd. II 1070f.).

Kulturfunktion des Bürgertums im 18. Jahrhundert

Karl Biedermann

Denselben Zeitraum im Blick und ähnliche Schwerpunkte wie BIEDERMANNS Darstellung haben BRUNO BAUERS „Geschichte der Politik, Kultur und Aufklärung des 18. Jahrhunderts" (Berlin 1843–

1845) und HERMANN HETTNERS „Literaturgeschichte des 18. Jahrhunderts“ (3 Bde., seit 1856).

Gustav Freytag

Die *gesamte Epoche* zwischen Reformation und Revolution behandelt dagegen ein Werk, das von einem umfassenden und daher recht modern wirkenden Kulturbegriff ausgeht: die bereits zitierten „Bilder aus der deutschen Vergangenheit“ des Schlesiers GUSTAV FREYTAG (1816–1895) [26]. Im Mittelpunkt stehen die Reformation, die Gestalt Luthers. Das *Volk*, dessen Leben Gegenstand der „Bilder“ sein soll, erscheint als Verkörperung einer nationalen, historisch gewordenen Identität. „Volk“ ist für FREYTAG jedoch eigentlich das *Bürgertum* als kulturtragende Schicht. Bürger sind es auch, die durch Chroniken, Autobiographien, Briefe wichtige Quellen seiner Kulturgeschichte liefern. Der Autor faßt die Einzelfiguren als *Typen* auf – die „Seele“ jedes Menschen erscheint ihm als Miniaturbild seines Volkes [26: Bilder, 22]. FREYTAGS Darstellung ist nach dem Urteil GEORGE P. GOOCHS „sowohl ein künstlerisches als auch ein patriotisches und wissenschaftliches Werk“ [Geschichte und Geschichtsschreiber im 19. Jahrhundert, 1964, 600]. Ihre Bedeutung für die Historiographie der frühneuzeitlichen Bürgerkultur wird vielleicht am ehesten klar, wenn man bedenkt, daß die hier erstmals umfassend ausgewerteten Quellen wichtige Grundlagen noch der neuesten Gesamtdarstellungen sind [vgl. etwa 61: ZEEDEN, Kultur]. Ähnlich befruchtend hat das Werk des „Begründers der deutschen Volkskunde“, WILHELM HEINRICH RIEHL (1823–1897), gewirkt: „Kulturstudien aus drei Jahrhunderten“ [Stuttgart 1859]. Den „*Sondergeist* des deutschen Bürgertums“ sah er im 17. und 18. Jahrhundert „in seiner größten Glorie“ [Die bürgerliche Gesellschaft, Stuttgart 1851, 4. Aufl. 1856, 205]. Die besonderen politischen Verhältnisse im Reich hätten dazu beigetragen, daß diese Schicht sich gegenüber dem Adel als kulturell eigenständig habe behaupten können; so seien seine Konturen nicht im Sog einer alles nivellierenden Hauptstadt verschwommen. Diese Sicht entsprach einer nostalgischen Einstellung zur vorindustriellen Welt des mittleren Bürgertums und der Bauern. Es war eine Perspektive, die RIEHL befähigte, die spezifischen Voraussetzungen der Entwicklung der bürgerlichen Kultur im Reich schärfer zu sehen als die Hauptvertreter der deutschen Geschichtsschreibung, die alles am gewünschten oder erreichten Nationalstaat maßen.

Wilhelm Heinrich Riehl

Wenn RIEHL die Auffassung vertrat, daß das Bürgertum – ungeachtet dessen, daß ihm die ersehnte politische Rolle noch vorenthalten war – zum „Besitze der überwiegenden materiellen und moralischen Macht“ gelangt sei [Bürgerliche Gesellschaft, 187], dann verlieh er pointiert einer Überzeugung Ausdruck, die wohl alle Historiker der bürgerlichen Kultur bestimmte. Das Erlebnis der Revolution, mehr noch der heraufziehenden industriellen Epoche ist das zweite Gemeinsame: Das genrehafte Bild der bürgerlichen Familie am gekachelten Kamin und ein traditionelles Wertsystem wurden, literarisch konserviert, zu Refugien in einer sich wandelnden Welt. Zugleich konnte der Bezug auf eine historisch belegbare Kulturfunktion des Bürgertums zur Legitimation politischer Ansprüche beitragen. Insofern war diese Kulturgeschichte, ob sie nun aus romantischer oder liberaler Wurzel kam, stets zugleich politische Geschichte. Daß eine Mehrheit der Käufer und Leser diese Literatur aus denselben Motiven konsumierte, die einem Maler wie Spitzweg zu Erfolg verhalfen, steht zu vermuten.

Konstitutive Erfahrungen: Revolution, Nationalstaat, industrielle Welt

Schließlich, auch das ist wichtig, waren die meisten Historiker deutscher Bürgerkultur Protestanten; deutsche und protestantische Kultur wurden so vielfach zu Synonymen mit entsprechender Verengung des Erkenntnishorizonts. Wenn man problematische Aspekte der Reformation sah, dann bezog sich dies mehr auf die Spaltung des Reiches als auf ihre kulturellen Auswirkungen.

Dominanz der protestantischen Historiker

Genau an diesem Punkt setzte der aus Xanten stammende, vorwiegend in Frankfurt wirkende Katholik JOHANNES JANSSEN (1829–1891) an. Seine „Geschichte des deutschen Volkes seit dem Ausgang des Mittelalters“ [30; Freiburg 1876 ff., 15. Aufl. 1924] war eine Antwort auf RANKES Sicht der Reformationszeit. JANSSENS Werk blieb lange Zeit die wichtigste Reaktion katholischer Geschichtsschreibung auf die Reformation. Er versuchte seine Auffassung, daß die Reformation eine Epoche blühender Kultur abrupt beendet habe, durch eine umfassende, quellengesättigte Darstellung der Verhältnisse des Spätmittelalters zu belegen. Die darauffolgende Zeit erschien dementsprechend in den düstersten Farben. Bei aller polemischen Einseitigkeit breiten besonders Buch 1 und 6 des Werkes eine Fülle des Stoffes aus, an der keine spätere Untersuchung vorbeigehen kann. Die heftigen Diskussionen um JANSSENS Werk können hier ebensowenig nachgezeichnet werden wie die Debatte, die sich zugleich um die theoretische Position der Kulturgeschichte überhaupt entspann. Sie ist mit Namen wie MAX LEHMANN, DIETRICH SCHÄFER und EBERHARD GOTHEIN verbunden und kreist um die Frage nach den Erkenntnisinteressen der historischen Forschung, den spezifischen Arbeitsgebieten der Kulturgeschichte. Ihre definitorische Problematik ist bis heute nicht ausdiskutiert, wie z. B. die

Die katholische Antwort: Janssen

anhaltenden Debatten um Begriff und Inhalt der sogenannten „Alltagsgeschichte“ zeigen.

Eine neue Generation kulturhistorisch orientierter Forscher veröffentlichte seit Ende des 19. Jahrhunderts bedeutende, methodisch wegweisende Werke, die auch zur Geschichte von Bürgertum und Stadt Neues brachten: so FRIEDRICH VON BEZOLD (1848–1928) mit seiner „Geschichte der deutschen Reformation“ [Berlin 1890] und dem noch heute relevanten Sammelband „Aus Mittelalter und Renaissance“ [München/Berlin 1918], so PAUL JOACHIMSEN (1867–1930), der grundlegende Studien zur Geschichte des Humanismus vorlegte [240, 249]. Bezold, Joachimsen

Der Nationalökonom und Soziologe WERNER SOMBART beschäftigte sich mit der Herausbildung der „Mentalität“ des kapitalistisch wirtschaftenden Bürgers und den Voraussetzungen dieser Entwicklung; dabei spielte auch die Frage nach der Genese des spezifisch bürgerlichen Tugendkanons eine Rolle [Der Bourgeois. München – Leipzig 1913, 135–162]. Bis heute anregend wirkt SOMBARTS Untersuchung zur Bedeutung der Produktion von Luxusgütern für die Entstehung des Kapitalismus [vgl. unten, S. 92f.]. Werner Sombart

Unter den Autoren umfassender *kulturhistorischer Gesamtdarstellungen* ist vor allem der aus dem Bibliotheksdienst kommende Brandenburger GEORG STEINHAUSEN (1866–1933) zu nennen. Er schrieb über den „Wandel des deutschen Gefühlslebens seit dem Mittelalter“ [Hamburg 1896], publizierte eine „Geschichte des deutschen Briefes“ [Berlin 1891] und verfaßte neben anderem eine umfassende „Geschichte der deutschen Kultur“ [53] – eine bahnbrechende Leistung. STEINHAUSEN wollte bewußt „nichtpolitische“ Geschichte schreiben. Zentral ist der geistesgeschichtliche Zugriff, doch werden Schilderungen von Lebensformen, Alltag, der Entwicklung der Sachgüterkultur einbezogen. Er selbst definiert seinen Gegenstand als Bildungs-, Wirtschafts-, Sitten- und Gemütsgeschichte. Den „Kern“ sah er nicht in einer parallelen Erörterung dieser Teilgebiete, sondern in den „Zusammenhängen und großen Strömungen“ [VI]. Aus der Fülle der Überlieferung wollte er, das allerdings war sehr zeitbedingt, das „deutsche Wesen“ herausarbeiten; dabei ging es ihm nicht um das Aufdecken kultureller Gesetzmäßigkeiten, wie das KARL LAMPRECHT vorschwebte. Georg Steinhausen

Im *„Lamprecht-Streit“* war STEINHAUSEN eine Randfigur; die theoretischen Schwächen seines Werkes sind unübersehbar. Es kann gewissermaßen als pragmatische Antwort auf die heftigen Auseinandersetzungen um die Gegenstände der Geschichtsschreibung ver- Lamprecht-Streit

von Belows Kritik an Steinhausens Kulturgeschichte

standen werden. GEORG VON BELOW meinte in seiner eher kühlen Rezension [HZ 98 (1907)], es sei unmöglich, allgemeine Kulturgeschichten zu schreiben, weil die Spezialliteratur unüberschaubar und es damit ausgeschlossen sei, das Ganze zu erfassen und einzelne Entwicklungen danach in ihrer Bedeutung zu bestimmen. Das läßt sich freilich gegen jede Überblicksdarstellung einwenden – in kulturgeschichtlichen Synthesen mit ihrem schwer abgrenzbaren Feld tritt das Problem nur schärfer zutage, zumal dann, wenn nicht eine Gesetzmäßigkeit kultureller Prozesse vorausgesetzt wird. STEINHAUSEN selbst hat mit dem „Archiv für Kulturgeschichte" 1903 eine Zeitschrift begründet, die der Detailforschung bis heute ein angesehenes Forum bietet.

Begriff der Kulturgeschichte

Die ungenügende Auseinandersetzung mit dem *Begriff* der Kulturgeschichte bedingt den oft kompilatorischen Charakter der Gesamtdarstellungen, die Beliebigkeit, mit der bei der Auswahl des Stoffes verfahren wird. Beispiele für Kulturgeschichten dieser Art wären etwa die geistesgeschichtlich orientierte Übersicht HEINRICH GÜNTHERS [Leipzig 1932] oder die voluminöse (634 S.) Darstellung KURT GEBAUERS [Berlin 1932].

Kulturgeschichtliche „Bilder"

Andere fanden den Ausweg, eine eher „künstlerische" Form zu wählen – kulturgeschichtliche „Bilder" wurden unter mehr oder weniger deutlichem Bezug auf FREYTAG immer wieder komponiert. Nicht alle gelangen freilich so gut wie die „Lebensbilder deutscher Städte", welche die Dichterin RICARDA HUCH 1927 unter dem Titel „Im alten Reich" veröffentlichte [Bremen 1927; auch „Neue Städtebilder", Bremen 1929]. Viele der älteren kulturgeschichtlichen Darstellungen haben ihren Wert auch deshalb bewahrt, weil sie wertvolles Quellenmaterial – namentlich *Bildquellen* – erschließen: So das verschwenderisch ausgestattete „Kulturgeschichtliche Bilderbuch aus drei Jahrhunderten" von G. HIRTH (Leipzig 1881–1890), das in sechs großformatigen Bänden vorwiegend Graphiken niederländischer und deutscher Künstler wiedergibt; so die prunkvolle „Kulturgeschichte des deutschen Volkes" des Schweizers OTTO HENNE AM RHYN [Berlin 1897] oder die „Illustrierte Sittengeschichte vom Mittelalter bis zur Gegenwart" [3 Bde. und 3 Erg.-Bde., München 1909/1912, ND 1922] von EDMUND FUCHS. Daneben entstand eine Reihe bis heute grundlegender Studien: etwa zur Geschichte des Wohnens und des häuslichen Lebens [104: HEYNE, Wohnungswesen; 49: SCHULTZ], über die Geschichte und Kultur des deutschen Handwerks [60: WISSELL, Recht und Gewohnheit; 42: POTTHOFF, Kulturgeschichte], der Mode [125–127: v. BOEHN, Mode; Ders., Das

Bildquellen

Kulturhistorische Kompilationen

Beiwerk der Mode, München 1928], des Tanzes [O. Bie, Der Tanz, 3. Aufl. Berlin 1925] und zu anderen Gebieten. Eine umfassende Übersicht bietet Steinhausen in mehreren Sammelrezensionen [AKG 13/14, (1917/1919); AKG 23 (1933)].

Seit den großen Übersichten und dem eher populär gehaltenen Sammelband Friedrich Zoepfls [Deutsche Kulturgeschichte. 2 Bde. Freiburg/Br. 1928/30, 2. Aufl. 1931] können erst die Frühneuzeit-Bände des „Handbuchs der Kulturgeschichte" (mit jeweils umfassenden Abschnitten zum Bürgertum) an die Leistungen der Jahrhundertwende anknüpfen. Das gilt mit Einschränkungen auch für den „Barock-Band" Willi Flemmings [25: Flemming, Kultur], dessen Einleitungskapitel gut erkennen läßt, wie bruchlos sich bestimmte Tendenzen der Barockforschung – die erste Auflage des Buches erschien 1937 – in zeitgenössische Ideologien einfügen ließen.

Alltagsgeschichte

Neben die Kulturgeschichte schob sich das nicht weniger einfach zu fassende Feld der *„Alltagsgeschichte"* [Literaturhinweise: 45: Roeck, Krieg und Frieden, 23]. Sie behandelt, wenngleich unter verändertem Etikett, oft nichts anderes als Themen der alten Kulturhistorie – Adolf Rapp meinte in der Besprechung zur zweiten Auflage von Steinhausens Gesamtdarstellung [HZ 115 (1916), 366]: „Früher (!) haben manche, die mit ‚Kulturgeschichte' gegen die ‚politische Geschichte' anrückten, darunter besonders die Geschichte des alltäglichen Lebens verstanden." Auf die Erforschung des bürgerlichen „Alltags" wirkte es sich ohnedies nicht günstig aus, daß viele Autoren anscheinend Alltagsgeschichte eher mit der Geschichte des Alltags der „kleinen Leute" identifizieren.

Fernand Braudel

Anders verhält sich das beim überragenden Werk des Genres, Fernand Braudels großer Darstellung [18: Braudel, Alltag; zuerst 1967 unter dem Titel: „Civilisation matérielle, économie et capitalisme. XVe–XVIIIe siècle"]. Es handelt sich um Band 1 einer Trilogie; ihr liegt dasselbe Konzept zugrunde, das Braudel bereits in seinem berühmten Werk „La Méditerranée" entfaltet hat: Geschichte wird durch ein dreigliedriges Schema strukturiert, nämlich in die „histoire de la longue durée/structurale", in „histoire conjoncturelle" und „histoire événementielle". Konsequent setzt er die Geschichte des materiellen Lebens, eben des Alltags, mit dem „Erdgeschoß" des mehrstöckigen Hauses „Geschichte" gleich, „über" dem sich das Wirtschaftsleben und zuletzt das politische Leben ereigne. Gegen diese Reduktion mögen sich zahlreiche Einwände erheben lassen, auch gegen Braudels zentrale These – zwischen dem 15. und 18. Jahrhundert habe sich das Wirtschaftsleben ausgedehnt, der Kapitalismus seinen Wirkungsbereich erweitert, während der größte Teil der Menschheit noch am Ende des Zeitraums im „Erdgeschoß" des materiellen Lebens verblieben sei. Doch dürfte die exzeptionelle Bedeutung der Alltagsgeschichte BRAUDELS in der Methode liegen: Kulturgeschichte wird nicht um ihrer selbst willen betrieben – es gibt erkenntnisleitende Fragestellungen, ein theoretisches Konzept. Die „Kulturgeschichte" des frühneuzeitlichen Bürgertums spielt darin eine wesentliche Rolle; freilich eben im Rahmen eines interkulturellen, das „Weltsystem" im Auge behaltenden Vergleichs.

Neue Themen

Aussagen über die Kultur, über Alltag und Lebenswelt der Bürger der frühen Neuzeit findet man heute, wie einleitend bemerkt, in Publikationen der verschiedensten Fachrichtungen. Historische Demographie und Familienforschung widmen natürlich auch der *bürgerlichen* Familie ihr Augenmerk (vgl. unten, Abschnitt 4); Leichenpredigten, als zentrale mentalitätsgeschichtliche Quellen ebenso relevant wie etwa Testamente, können auch für die Geschichte des bürgerlichen Alltags benutzt werden [157: LENZ, Leichenpredigten]. Lesergeschichte und die Erforschung frühneuzeitlicher Kommunikationsformen haben viel mit der städtisch-bürgerlichen Lebenswelt zu tun [280: ENGELSING, Perioden; DERS., Der Bürger als Leser. Lesergeschichte in Deutschland, Stuttgart 1974; M. SCHILLING, Das Flugblatt als Instrument gesellschaftlicher Anpassung, in: W. Brückner/P. Blickle/D. Breuer (Hrsg.), Literatur und Volk ..., Wiesbaden 1985, 601–626; 302: MÖLLER, Vernunft und Kritik, 268–289; 301: MÖLLER, Aufklärung in Preußen; 308: ROSENSTRAUCH, Buchhandelsmanufaktur]. Dasselbe gilt für die Geschichte von Kleiderordnungen [132: EISENBART, Kleiderordnungen], der Ernährung [130: DIRLMEIER, Untersuchungen], der Einstellung zur Zeit [D. S. LANDES, Revolution in Time: Clocks and the Making of Modern World, Cambridge/Mass. 1983; 138: MAYR, Uhrwerk] oder der Einstellung zum Körper, zur Hygiene [136: KASCHUBA, Zivilisierung]. Auch diese Studien beschäftigen sich gerade mit Quellen aus dem bürgerlichen Kulturkreis.

Der Kreis um die ‚annales'

Das Interesse an Themen dieser Art, die Wiederentdeckung des Alltags wurden wesentlich durch die Auseinandersetzung mit Fragestellungen und Methoden der sogenannten *annales-Schule* gefördert [M. ERBE, Zur neueren französischen Sozialgeschichtsforschung. Die Gruppe um die ‚annales', Darmstadt 1979; E. WEIS, Neue Forschungsrichtungen in der Geschichtswissenschaft, insbesondere der Sozialgeschichte, gezeigt am Beispiel der frühen Neuzeit (16. bis beginnendes 19. Jahrhundert), in: HJb 102 (1982), 390–417. Zur Kritik einiger Aspekte der „neuen Geschichtsschreibung" die brillante Essaysammlung der konservativen amerikanischen Historikerin GERTRUDE HIMMELFARB: The New History and the Old, Cambridge, Mass./London 1987].

Als Modell historischer Darstellung und Analyse wurde von den ‚annales'-Historikern das Ideal der „histoire totale", einer integralen, die verschiedensten Bereiche des Historischen berücksichtigenden und in ihren Interdependenzverhältnissen beschreibenden Geschichtsbetrachtung ins Spiel gebracht (was in mancher Hinsicht Ansätzen der älteren Kulturgeschichte wieder sehr nahe kommt). Gelungene Beispiele für Synthesen dieser Art liegen in zwei Werken von PIERRE CHAUNU vor [20: Zeitalter des Barock; 21: Europe des Lumières]; auch auf ROBERT MANDROUS „Introduction à la France moderne" (Essai de psychologie historique. 1500–1640. Paris 1961) könnte hingewiesen werden. Neuere Gesamtdarstellungen der deutschen Geschichte gehen ebenfalls von integralen Ansätzen aus [z. B. E. HINRICHS, Einführung in die Geschichte der Frühen Neuzeit. München 1980; 22: VAN DÜLMEN, Entstehung; 48: SCHILLING, Höfe und Allianzen; 37: MÖLLER, Fürstenstaat oder Bürgernation; 55: VIERHAUS, Staaten und Stände; 56: WEIS: Durchbruch].

So wenig einlösbar das Vorhaben ist, die Gesamtheit des Geschichtlichen abbilden zu wollen, so zutreffend ist andererseits die Beobachtung, daß die analytische Aufgliederung der Wirklichkeit allein ein Konstrukt ist; die Welten des Wirtschaftlichen, Sozialen oder der Kultur bestehen nicht getrennt voneinander. Die Schwierigkeit besteht darin, Interpretationsmodelle zu finden, über welche die forschungsspezifische Segmentierung der Geschichte konzeptionell in größere Zusammenhänge eingebunden werden kann. Sollen in der Tat Strukturen des Wirklichen, wechselseitige Beziehungen zwischen den synthetischen Teilbereichen eruiert werden, erfordert dies freilich interdisziplinäre Perspektiven. Es kann heißen, daß kulturelle Leistungen nicht nur formal, „werkimmanent" zu interpretieren sind, sondern unter Berücksichtigung beispielsweise ihrer wirtschaftlichen Voraussetzungen, ihres sozialen Umfeldes.

Positionen der marxistischen Geschichtsschreibung

Der *marxistischen Geschichtsschreibung* stellen sich die hier skizzierten Probleme in anderer Weise. Der historische Materialismus hat ein teleologisches Geschichtsverständnis, dem der historische Prozeß nicht als offen gilt: So ist auch die Rolle des Bürgertums in diesem Prozeß determiniert. Es figuriert als die auf einer bestimmten Stufe der Entwicklung entscheidende revolutionäre Klasse, die den Übergang vom Feudalismus zum Kapitalismus herbeiführt. Damit ist ein Interpretationsrahmen gegeben, der Wertungen ermöglicht und Erkenntnisziele definiert. Der Klassencharakter von Kunst und Kultur legt für die marxistische Forschung die Deutung dieser „Überbauphänomene" von ihren wirtschaftlichen und sozialen Grundlagen her nahe. Das kann den Versuch bedeuten, die Gestalt von Kunstwerken oder Literatur aus ihrer sozialen Gebundenheit zu erklären [Berühmte Beispiele: A. HAUSER, Sozialgeschichte der Kunst und Literatur, München 1953/1958, zuletzt 1983; F. ANTAL, Florentine Painting and its Social Background ..., London 1947, dt. Berlin 1958]. Kriterium der Qualität wird Fortschrittlichkeit im Sinne des historischen Materialismus. Das Schaffen des Hans Sachs kann beispielsweise als „bemerkenswertes Zeugnis der Ausstrahlung bäuerlicher und plebejisch-vorproletarischer Ideen in und nach der frühbürgerlichen Revolution" gewürdigt werden [K. WEDLER, Die Entwicklung des Fastnachtsspiels bei Hans Sachs, Diss. Rostock 1972, 5]. Dürer figuriert als Vertreter der „antibürgerlichen und utopischen Hoffnungen der Massen" [E. ULLMANN, Albrecht Dürer und die frühbürgerliche Kunst in Deutschland, in: Ders., Albrecht Dürer – Kunst im Aufbruch, Leipzig 1973, 3–16,3]. Entsprechend gilt marxistischen Historikern der Humanismus als Frühform bürgerlicher Ideologie; seine Bedeutung für die deutsche Geschichte wird in der Schaffung eines frühen bürgerlich-nationalen Geschichtsbildes und -bewußtseins gesehen [M. STEINMETZ, Der deutsche Humanismus, in: E. Ullmann (Hrsg.), A. Dürer..., 17–21].

Die Epoche der „frühbürgerlichen Revolution": Schwerpunkt der marxistischen Forschung

Überhaupt bringt die marxistische Forschung der Geschichte des Bürgertums der Reformationszeit – in ihrer Terminologie: der Zeit der „frühbürgerlichen Revolution" – besondere Aufmerksamkeit entgegen, ebenso dem Bürgertum der Aufklärung. Geistes- und Kulturgeschichte (oder Alltagsgeschichte) gewinnen für die marxistische Analyse des bürgerlichen Emanzipationsprozesses in Deutschland schon deshalb großen Stellenwert, da sich hier „klasseneigene bürgerliche, nichtfeudale Wertvorstellungen ... vorrangig im theoretisch-künstlerischen und ökonomischen, weniger im politischen Bereich" akzentuiert hätten [H. LANGER, Fortschrittspotenzen in den gesellschaftlichen Wandlungen der Übergangsepoche vom Feudalismus zum Kapitalismus, in: ZfG 30 (1982), 939]. Das Interesse der marxistischen Geschichtsschreibung an bürgerlicher Kultur geht dementsprechend für Epochen, in denen die hier postulierte progressive Rolle weniger eklatant scheint als im ersten Drittel des 16. oder in der zweiten Hälfte des 18. Jahrhunderts, zurück. Das zeigt sich anhand der beiden wichtigsten neueren marxistischen Werke zur frühneuzeitlichen Alltagsgeschichte [33: KUCZYNSKI, Geschichte des Alltags; 29: S. JACOBEIT/W. JACOBEIT, Illustrierte Alltagsgeschichte]. „Alltag" wird hier sehr weitgehend mit dem Alltag der „Klassen und Schichten des werktätigen Volkes" gleichgesetzt; das Interesse am Alltag des „kleinen Mannes", an der Lebensweise der Unterschichten dominiert. Im Alltag wird *„Geschichte selbst"* identifiziert [29: S. JACOBEIT/W. JACOBEIT, Illustrierte Alltagsgeschichte, 96], detaillierteste und differenzierteste Erscheinungsform des Geschichtlichen in seiner ganzen Vielfalt. „Unterhalb" der Geschichtsphilosophie des historischen Materialismus führt diese Auflösung von Geschichte in die Details subjektiven Alltagserlebens freilich zu einer der hergebrachten „bürgerlichen" Kulturgeschichte vergleichbaren Heterogenität der Themen – allenfalls lassen Akzentverschiebungen und Eigenheiten der Terminologie den marxistischen Ausgangspunkt erkennen. Die Existenz des geschichtsphilosophischen Konzepts legt somit wohl Zugriffe zum facettenreichen Gegenstand nahe, weist die Richtung; die dem Gegenstand immanenten definitorischen Probleme aber bleiben auf anderer Ebene bestehen [Kritische Diskussion marxistischer Konzepte: H. G. HOCKERTS, Der Bauernkrieg 1525 – frühbürgerliche Revolution, defensive Bauernerhebung oder Revolution des ‚gemeinen Mannes'?, in: GWU (1979) 1–20; H. MÖLLER, Die Interpretationen der Aufklärung in der marxistisch-leninistischen Geschichtswissenschaft, in: ZHF 4 (1977), 438–470, und T. NIPPERDEY, Die Reformation als Problem der marxistischen Geschichtswissenschaft, in: Ders., Reformation, Revolution, Utopie. Studien zum 16. Jh., Göttingen 1975, 9–37].

Die sogenannte bürgerliche Geschichtsschreibung sieht sich demgegenüber nicht weniger dringlich mit der Notwendigkeit konfrontiert, Forschungsinteressen zu begründen – das gilt nicht nur für Problemfelder wie Kultur- oder Alltagsgeschichte, aber es gilt dafür in besonderem Maße [K. TENFELDE, Schwierigkeiten mit dem Alltag, in: Geschichte und Gesellschaft 10 (1984), 376–394]: Konsequenz einer theoretischen Freiheit, die freilich oft als Freiheit zur Theorielosigkeit mißverstanden wird und zur unreflektierten Kompilation von Fakten zu legitimieren scheint. Unverkennbar ist die stimulierende Wirkung, die von marxistischen Interpretamenten und anderen, einem größeren – und damit determinierenden – Rahmen verpflichteten Studien ausging und ausgeht. Die Herausforderung kann zur konziseren Bestimmung des eigenen theoretischen Orts veranlassen, zur Identifikation und Distanzierung von möglichen anderen, nicht explizierten Formen gedanklicher Gebundenheit.

2. Kunstwerke als historische Quellen

Quellenwert von Kunstwerken und Sachgütern

„Auf den geschichtlichen Gehalt *aller* Monumente hinzuweisen, wäre (die) Hauptaufgabe für uns", hat JACOB BURCKHARDT einmal festgestellt; und er weist seine Zeitgenossen darauf hin, daß beispielsweise im Thucydides „eine Thatsache ersten Ranges" liegen könne, „die erst in hundert Jahren Jemand bemerken" werde [Über das Studium der Geschichte, München 1982, 84, 252]. Er spricht damit zwei bis heute wesentliche Probleme an, mit denen sich jede Art von Kulturgeschichte auseinandersetzen muß: daß erstens jede Zeit *ihre* Fragen an die Quellen hat, die Aussagekraft einer Quelle von den Fragen abhängt, die man an sie stellt; daß – zweitens – prinzipiell *alles* Quelle sein kann, also auch Kunstwerke, Objekte des täglichen Gebrauchs, Gebäude und anderes. Die Breite des Forschungsfeldes bedingt die Vielfalt der Quellen, die es häufig „gegen den Strich" zu interpretieren gilt, wie HEINRICH LUTZ meint [31: KOHLER, Alltag, 11]. Die Rekonstruktion von kulturellen Entwicklungen, aus Alltag geformten Lebenswelten muß häufig aus der Überlieferung des Besonderen gefiltert werden: Der „stille Gang der Dinge" findet naturgemäß in der schriftlichen Überlieferung viel seltener seinen Niederschlag als Auffälliges. Und Objekte des Alltags überleben die Jahrhunderte seltener als Kunstwerke und Luxusgegenstände – wie Küchenstühle in einem Bürgerhaushalt des 16. Jahrhunderts ausgesehen haben könnten, verrät eher das spätgotische Altarbild, als daß man die Hoffnung haben könnte, dergleichen noch im Original zu finden. Immerhin ist die Überlieferung an Sachgütern gerade aus dem Besitz von Bürgern ungleich dichter als bäuerliche Güter oder Besitz der Unterschichten.

Schwierigkeiten bei der Rekonstruktion von Alltagswelten

Die historische Forschung hat den Quellenwert von Sachgütern und Kunstwerken bisher nur wenig genutzt. Doch hat die Beschäftigung auch mit solchen Quellen eine längere Tradition, als die Forschungslage vermuten lassen könnte. Am Anfang steht die Kulturgeschichtsschreibung des 19. Jahrhunderts, so das Werk BURCKHARDTS, dem in seiner „Kultur der Renaissance in Italien" [zuerst 1867] eine überragende Synthese von historischer Betrachtungsweise und kunstgeschichtlicher Analyse gelang. ABY WARBURG, dessen komplexes Forschungsinteresse weit über die Begründung einer kunsthistorischen Methode – der *Ikonologie* – hinausweist, war alles andere als bloß ein Epigone des Baslers; indessen ist seine Art, Kunstwerke für historische Analysen zu benutzen, ohne die von BURCKHARDT gelegten Fundamente kaum denkbar [dazu: E. GOM-

Aby Warburg; die ikonologische Methode

BRICH, Aby Warburg. London 1970. Dt. Ausg. Frankfurt 1981]. Seine Wirkung ist bis heute weltweit, allerdings fast ausschließlich im Bereich der kunsthistorischen Disziplin. Seine methodischen Prämissen [ABY WARBURG, Ausgewählte Schriften und Würdigungen. Hrsg. v. D. Wuttke, Aalen 1980] legten ein umfassendes Forschungsprogramm nahe, dessen Implikationen von Schülern und Mitarbeitern wie FRANZ SAXL, ERWIN PANOFSKY, EDGAR WIND, GERTRUD BING und ERNST GOMBRICH weiterverfolgt wurden [Zusammenfassend: U. KULTERMANN, Geschichte der Kunstgeschichte. Der Weg einer Wissenschaft. Düsseldorf 1966. TB-Ausg. Frankfurt u.a. 1981].

Die „Wiener Schule" der Kunstgeschichte

Vertreter der sogenannten „Wiener Schule" der Kunstgeschichte haben früh die Aufgabe hervorgehoben, die geschichtlichen Voraussetzungen und Entstehungsbedingungen des Kunstwerkes möglichst weitgehend aufzuhellen. Mit dieser Forderung nach einer „historischen Kunstgeschichte" stellte sich die Frage nach dem eigentlichen Aufgabengebiet kunsthistorischer Forschung; DAGOBERT FREY beschrieb es als Betrachtung des Kunstwerks als Ganzheit, die nicht im „ästhetischen Gehalt" an sich gegeben sei: „Das Kunstwerk ist als solches nicht nur ästhetisches Objekt, es kommt ihm durch seine Zweckbestimmung, seine Verwendung, seine Einordnung in die Lebenszusammenhänge ein bestimmter ‚Lebenswert' zu" [Kunstwissenschaftliche Grundfragen. (...) Wien 1946, 2. Aufl. Darmstadt 1972, 37]. Mit dieser Definition werde, so FREY, die Doppelseitigkeit des Kunstwerks als eines „Gewirkten und eines Wirkenden" erfaßt, als Produkt einer Epoche ebenso wie als sie prägender Bestandteil. Die ästhetische Dimension des Kunstwerks ist partiell überhistorisch, doch stets verweist seine äußere Gestalt auf spezifische geschichtliche Zusammenhänge: Darin konkretisieren sich in wechselnder Intensität Wünsche der Auftraggeber, Publikumsgeschmack, Ziele und Möglichkeiten des Künstlers; das alles ist determiniert durch Zwecke und oft auch ökonomische Bedingungen [B. ROECK, Elias Holl, Architekt einer europäischen Stadt, Regensburg 1985, 19f.]. Für den Historiker kann das Kunstwerk so zum sensiblen Indikator wirtschafts-, sozial- und geistesgeschichtlicher Zusammenhänge werden.

Die „Doppelseitigkeit" des Kunstwerks

Patronage als Problem der historischen Forschung

Ein wichtiges Forschungsfeld können zunächst die *Künstler-Auftraggeber-Beziehungen* sein. Dies mag in Konzentration auf den Einzelfall geschehen, wobei in der Entstehungsgeschichte des Kunstwerks das „Zusammentreffen und Zusammenwirken zweier Individuen, die freilich beide in ihren sozialen, gesellschaftlichen, beruflichen und geistigen Bindungen bleiben müssen", zu identifizieren ist [221: HIRSCHFELD, Mäzene, 4f.].

Fast alle wesentlichen und grundlegenden Arbeiten behandeln italienische Verhältnisse und beschäftigen sich mit aristokratischen Auftraggebern, besonders mit den Medici [A. CHASTEL, Art et humanisme à Florence au temps de Laurent le Magnifique. Paris 1959; F. HASKELL, Patrons and Painters. London 1963; M. WACKERNAGEL, Der Lebensraum des Künstlers in der florentinischen Renaissance. (...) Leipzig 1938; R. WITTKOWER, Born under Saturn. London 1963; neueste Lit.: F. W. KENT/P. SIMONS, Patronage, Art and Society. Canberra/Oxford 1987].

Studien zu den deutschen Verhältnissen

Fürstliche Auftraggeber standen auch in Forschungen zum deutschen Kulturbereich im Vordergrund [Lit. nennt z.B. 221: HIRSCHFELD, Mäzene, 16f.]. Eine der Studie WACKERNAGELS vergleichbare Untersuchung gibt es für den Bereich der frühneuzeitlichen *deutschen* Bürgerkultur nicht [vgl. aber H. HUTH, Künstler und Werkstatt der Spätgotik. Augsburg 1923]. Doch sind Arbeiten zu einzelnen Auftraggeber-Persönlichkeiten oder Familien hervorzuheben, etwa HIRSCHFELDS Skizze über die Beziehung zwischen dem Frankfurter Kaufmann Jakob Heller und Albrecht Dürer [221: Mäzene, 130–139] oder die akribischen Quellensammlungen NORBERT LIEBS zur Auftraggeberschaft der Fugger [Die Fugger und die Kunst im Zeitalter der hohen Renaissance. München 1958; DERS., Octavian Secundus Fugger (1549–1600) und die Kunst. Tübingen 1980].

Über das gesellschaftliche Umfeld von Kunst

Das *gesellschaftliche Umfeld* von Kunst auszuleuchten, wurde schon in den 40er Jahren von dem schwedischen Kunsthistoriker GREGOR POULSSEN gefordert [vgl. Die soziale Dimension in der Kunst, Basel 1955]; wichtig wurden neben Publikationen HERBERT READS [232: Art and Society; The Grass Roots of Art, London 1947] Erörterungen marxistischer Kunsthistoriker [vgl. etwa: P. H. FEIST, Prinzipien und Methoden der marxistischen Kunstwissenschaft, Leipzig 1966]. Eine neuere Darstellung wendet solche programmatischen Forderungen auf die deutsche Renaissancearchitektur an [224: KADATZ, Renaissancebaukunst].

Baxandalls bahnbrechende Untersuchung

Methodisch wichtig ist weiterhin MICHAEL BAXANDALLS Studie zur deutschen Holzschnitzkunst an der Wende vom Mittelalter zur Neuzeit [The Limewood Sculptors of Renaissance Germany, New Haven/London 1980]. Die Methoden desselben Autors verdienten es, an deutschen Verhältnissen erprobt zu werden [Painting and Experience in Fifteenth Century Italy. A Primer in the Social History of Pictorial Style, Oxford 1972, dt. Frankfurt 1977, zuletzt 1984].

BAXANDALL setzt den Stil von Gemälden in Beziehung zur Alltagswelt des italienischen Quattrocento, genauer gesagt, zum sozialen Raum von Künstlern und Auftraggebern. Er will zeigen, wie gesellschaftliche Tatsachen zur Herausbildung spezifischer Fertigkeiten und Gewohnheiten führten, die wiederum im Stil der Maler aufzuspüren sind. Diese Prämisse führt den Autor nicht nur zu einer neuen kunsthistorischen Interpretation der Bilder, vielmehr wird das Verfahren ausdrücklich im Sinne einer Kunstwerke als Quellen betrachtenden Sozialgeschichte genutzt. Dabei grenzt sich BAXANDALL gegenüber allen Versuchen ab, eindimensionale Korrelationen zwischen Kunst und Sozialgeschichte (wie dies etwa FREDERICK ANTAL praktizierte) herzustellen: „Man wird den Gemälden nicht auf der philisterhaften Ebene einer illustrierten Sozialgeschichte näherkommen, ... auch nicht durch einfache Gleichungen zwischen ‚bürgerlichen' oder ‚aristokratischen' Milieus einerseits und ‚realistischen' oder ‚idealisierten' Stilen andererseits" [186]. Damit wird ein Problem angesprochen, das sich jeder mit Kunst umgehenden Analyse stellt: Belegt das Kunstwerk, als möglicherweise zusätzliches Argument, aus anderen Quellen erschlossene Ergebnisse, bleibt es also bloße Illustration anderweitig belegter Sachverhalte, oder kann es eigenständigen Rang als Quelle beanspruchen?

Kunststile und soziale Welt

Kunstwerk als Quelle oder Illustration bekannter Zusammenhänge?

Letzteres ist besonders dann von speziellem Gewicht, wenn Schriftquellen spärlich fließen oder ganz fehlen – man denke an die Einsichten, die PERCY ERNST SCHRAMM aus der Interpretation mittelalterlicher Herrschaftszeichen gewann.

Die Bedeutung etwa illustrierter Flugschriften oder anderer graphischer Quellen namentlich aus der Zeit der Reformation und der Glaubenskämpfe für historische Fragestellungen kann hier nur erwähnt werden [etwa H.-E. MITTIG, Dürers Bauernsäule. Ein Monument des Widerspruchs. Frankfurt/M. 1984; W. HARMS, Zum Stand der Erforschung der deutschen illustrierten Flugblätter der frühen Neuzeit, in: Wolfenbütteler Barocknachrichten 13 (1986), 97–104; R. WOHLFEIL/T. WOHLFEIL, Verbildlichungen ständischer Gesellschaft: Bartholomäus Bruyn d. Ä., in: W. Schulze (Hrsg.), Ständische Gesellschaft und soziale Mobilität. München 1988, 269–331]. Eine gewisse Bedeutung für die Geschichte der bürgerlichen Kultur hat die Interpretation von Grabkunst, die auf den bahnbrechenden Arbeiten von PHILIPPE ARIÈS aufbauen kann [Geschichte des Todes. 2. Aufl. München 1980; Bilder zur Geschichte des Todes. München 1984; R. WOHLFEIL/T. WOHLFEIL, Nürnberger Bildepitaphien. Versuch einer Fallstudie zur historischen Bild-

Flugschriften und Graphik

Grabkunst

kunde, in: ZHF 12 (1985), 129–180; zur Methode auch E. PANOFSKY, Tomb Sculpture. Its Changing Aspects from Ancient Egypt to Bernini. London 1964].

Bildquellen der Mentalitätsgeschichte und der historischen Anthropologie

Mentalitätsgeschichte und historische Anthropologie nutzen den Quellenwert bildlicher Darstellungen vielleicht am intensivsten [z.B. 155: IMHOF, Verlorene Welten; 152: BORSCHEID, Geschichte des Alters; A. NITSCHKE, Historische Verhaltensforschung. Analysen gesellschaftlicher Verhaltensweisen – ein Arbeitsbuch. Stuttgart 1981 und DERS., Kunst und Verhalten. Analoge Konfigurationen. Stuttgart-Bad Cannstatt 1975]. NORBERT ELIAS' Zivilisationstheorie [23: Prozeß der Zivilisation] fußt nicht zuletzt auf der Interpretation von Kunstwerken, wie die Kritik daran [131: DUERR, Nacktheit] und andere Literatur, die sich mit entsprechenden Fragen befaßt [18: BRAUDEL, Alltag; E. WEYRAUCH, Mahl-Zeiten. Beobachtungen zur sozialen Kultur des Essens in der Ständegesellschaft, in: A. E. Imhof (Hrsg.), Leib und Leben ... Berlin 1983, 103–118].

Architektur als Quelle

Der Quellenwert von *Architektur* ist evident [M. WARNKE (Hrsg.), Politische Architektur in Europa vom Mittelalter bis heute. Repräsentation und Gemeinschaft, Köln 1984], wurde indessen für die Geschichte des Bürgertums kaum genutzt. Anregungen kommen von der Volkskunde (vgl. den folgenden Abschnitt); Grundzüge reichsstädtisch-bürgerlichen „Staatsdenkens" wurden aus Rathausarchitekturen und -ausstattungen gefolgert [45: ROECK, Krieg und Frieden, 195–198, 219–222; H.-C. RUBLACK, Eine bürgerliche Reformation: Nördlingen, Gütersloh 1982, 10–14].

Insgesamt ist die Zahl der Publikationen, die konsequent versuchen, Kunstwerke als historische Quellen zu nutzen, recht gering.

Bildersturm

Mit der *Negation* des Kunstwerkes besonders in ihrer extremsten Form, dem Bildersturm, hat sich die Forschung bisher intensiver auseinandergesetzt.

Aktuelle Tendenzen

Daß hier Forschungslücken erkannt sind und daß die Kultur des *Bürgertums* wieder Gegenstand intensiveren Interesses zu sein scheint, dürfte durch einige Tagungen gerade der letzten Jahre dokumentiert sein, deren Ergebnisse veröffentlicht sind [44: RAUSCH, Städtische Kultur; 51: SPECKER, Stadt und Kultur; 32: KRÜGER, Städte im Zeitalter des Barock]. Das „Institut für vergleichende Städtegeschichte" in Münster veranstaltete 1989 eine Tagung zum Thema „Bürgertum und Kunst in der frühen Neuzeit"; die hier gehaltenen Referate dürften in absehbarer Zeit publiziert werden.

3. Forschungsprobleme um das Bürgerhaus und seine Einrichtung

Die als explizit definierte Disziplin noch junge *Realienkunde* kann im österreichisch-deutschen Bereich an die Inventarforschung anknüpfen und sich auf Interessen der „Wiener Schule“ der Kunstgeschichte berufen, etwa auf ALOIS RIEGLS Untersuchungen zu spätrömischen Ornamentstilen und auf dessen Methode, an der Kunst entfaltete Stilkategorien auf die „materielle Kultur“, auf Gebrauchsgegenstände etwa oder Kleidung, zu übertragen. Wichtig wurden außerdem Anregungen, die von den „annales“-Historikern kamen.

Ein Zentrum der Realienforschung ist das 1969 gegründete „Institut für mittelalterliche Realienkunde“ in Krems an der Donau [31: KOHLER, Alltag, 17 (Einleitung)]. Der zeitliche Schwerpunkt der hier betriebenen Forschung liegt im 15. Jahrhundert, doch greifen die von Krems initiierten Publikationen nicht selten in die frühe Neuzeit aus. Dem Konzept der Realienkunde liegt nicht die Absicht zugrunde, eine neue Geschichtstheorie oder -methode zu entwickeln; in der Praxis geht es um „nüchtern, ja pedantisch vorgehende Behandlung eines Gegenstandes nach Standort, Herkunft, Material, Funktion, seine Beschreibung, geistes- und sozialgeschichtliche Einordnung“ [50: SCHWARZ, Sachgüter und Lebensformen, 10]. Die Relikte der materiellen Kultur werden so zu wirtschaftlichen und sozialen Strukturen, zu geltenden Wert- und Normensystemen in Beziehung gesetzt [H. KÜHNEL, Zum Geleit ..., in: Alltag und Fortschritt im Mittelalter, Wien 1986, 6].

Das Konzept der Realienkunde

Das gilt nicht weniger für die *historische Hausforschung* [66: BEDAL, Historische Hausforschung]. Wichtigstes Erfordernis ist hier ebenfalls die möglichst weitgehende Dokumentation oder Rekonstruktion des Bestandes, wobei die Auswertung von Bild- und Schriftquellen und die direkte Erfassung vorhandener Bausubstanz neben archäologischer Feldarbeit stehen [G. P. FEHRING, Quellen, Methoden, Ziele und Problematik eines archäologisch-historischen Forschungsprojekts zur Hansestadt Lübeck, in: Lübecker Schriften zur Archäologie und Kulturgeschichte 4 (1980), 9–15].

Historische Hausforschung

Eine reichhaltige Sammlung erhaltener oder nur noch durch Bildquellen zu erfassender Bürgerhäuser bietet die seit 1959 erscheinende Publikationsreihe „Das deutsche Bürgerhaus“ [68: BINDING, Das deutsche Bürgerhaus], Pendant zu der vom Schweizerischen Ingenieur- und Architektenverein herausgegebenen Serie „Das Bür-

Wichtige Publikationsreihen

gerhaus in der Schweiz", Zürich/Basel 1910–1937]. Dazu wären zahlreiche weitere Publikationen zu einzelnen Städten und Regionen zu nennen [vgl. oben, S. 10–12, 16f.; Bibliographie: 66: BEDAL, Historische Hausforschung, 3–6]. Wichtige Impulse für die Beschäftigung mit Häusern und ihrer Einrichtung gab der Sonderforschungsbereich „Vergleichende geschichtliche Städteforschung" (Münster), besonders mit den volkskundlichen Projekten „Diffusion städtisch-bürgerlicher Kultur vom 17. bis zum 20. Jahrhundert" und „Städtisches Bauen und Wohnen des späten Mittelalters und der frühen Neuzeit".

Forschungsprojekte

Bauwerke können Quellen für den Verlauf der Baukonjunktur sein, wenngleich die methodischen Schwierigkeiten groß sind: So sind gewöhnlich die Häuser der Wohlhabenden, der Oberschicht in weit größerem Umfang erhalten und deshalb „überrepräsentiert". Serielle Quellen, die Konjunkturverläufe erkennen ließen, sind selten. Es verwundert nicht, daß die wirtschaftsgeschichtlichen Handbücher das Thema „Baukonjunktur" gewöhnlich ausklammern. Auch fehlen Studien, die etwa der Untersuchung RAINER GÖMMELS zur Nürnberger Bauwirtschaft entsprächen [76] oder sich mit Problemen des städtischen Immobilienmarktes auseinandersetzten [vgl. aber R. HAMMEL, Häusermarkt und wirtschaftliche Wechsellagen in Lübeck 1284 bis 1700, in: HansGBll 106 (1988), 41–107].

Baukonjunktur

Ein weiteres Arbeitsfeld kann nur erwähnt werden: nämlich die Rekonstruktion von *Sozialtopographien*, der horizontalen Dimension sozialer Schichtung [zuletzt: H. WALBERG, Zur Sozialtopographie westfälischer Städte in der frühen Neuzeit, in: 32: KRÜGER, Städte im Zeitalter des Barock, 209–221; 45: ROECK, Krieg und Frieden, 489–510]. Gerade wenn die „klassischen" Quellen für solche Forschungen – nämlich Steuerlisten – fehlen, kann möglicherweise der Häuserbestand selbst das Fehlende substituieren. An einschlägigen Untersuchungen, gerade auch aus volkskundlicher Perspektive, mangelt es nicht [z.B. 107: KASPAR, Bauen und Wohnen; S. BAUMEISTER, Das Bürgerhaus in Warendorf, Münster 1974]. Historische, soziologische und häusergeschichtliche Methoden integriert ELISABETH LICHTENBERGER [84: Wiener Altstadt].

Historische Sozialtopographie

Schon seit langem haben genealogische und heimatkundliche Interessen die Aufmerksamkeit auf die Geschichte einzelner Häuser gelenkt. Das führte zur Erstellung von *Häuserbüchern*, die vor allem chronologische Besitzgeschichten mitteilen [J. SYDOW, Häuserbuchprobleme, in: BlldtLG 100, 260–267]. Das *Äußere* des Hauses, sein Schmuck, seine Größe und Bauweise lassen oft Schlüsse zu auf den

Häuserbücher

Das Haus als Dokument der Sozialgeschichte

Rang seines Besitzers, die Lebenssituation der Bewohner; oft werden daran kulturelle Prozesse plausibel. Das gilt nicht weniger für die inneren Raumaufteilungen und für Einrichtungsgegenstände.

Wechselwirkungen zwischen Hausbewohnern und der sie umgebenden Sachwelt

Eine historisch orientierte Analyse hat mithin die Aufgabe, von den „Wechselwirkungen zwischen Bedürfnissen der Hausbewohner und der diesen dienenden Sachwelt" auszugehen und diese sichtbar zu machen [107: KASPAR, Bauen und Wohnen, 14]. Gefragt ist ein differenzierter Methodenpluralismus, der beispielsweise auch kunsthistorische Ansätze zu berücksichtigen hat. Will man durch die Analyse von Gemälden „Realien" identifizieren und Interieurs rekonstruieren, so sind ikonologische Kenntnisse erforderlich, damit symbolische Bedeutungen von Funktionen unterschieden werden können, die auf alltägliche Bedürfnisse verweisen.

Möbel als Quellen Ebenen der Interpretation

Kunstwerke mögen solche Interpretationsprobleme unmittelbar verständlich machen, bei anderen Sachgütern stellen sie sich entsprechend. Am Beispiel der Quellenfunktion von *Möbeln* für eine jeweils spezifische personale und soziale Wertewelt läßt sich das gut erläutern. HELGE GERNDT unterscheidet drei Betrachtungsebenen: Man könne ein Möbelstück primär als einen Gebrauchsgegenstand betrachten, der einem genau festgesetzten Zweck diene; es kann als Zeichen, das die Bedeutung des Gegenstandes für seinen jeweiligen Besitzer vermittele, begriffen werden, schließlich kann es als Indikator für überindividuelle Sinnzusammenhänge erscheinen [63: GERNDT, Kultur als Forschungsfeld, 126f.]. Die zuletzt genannte Metafunktionalität des Möbels erläutert GERNDT am Beispiel einer Truhe des 18. Jahrhunderts mit Renaissanceformen und den daran ablesbaren entwicklungsgeschichtlichen Verzögerungen.

An solche Beispiele können gelegentlich sozialhistorisch relevante Folgerungen geknüpft werden. So findet sich die Formenwelt der in der frühen Neuzeit bekannten Kunststile – Spätgotik, Renaissance, Manierismus, Barock, Rokoko und Klassizismus – meist phasenverschoben in den Inneneinrichtungen der Bürger (und Bauern) wieder, und es scheint eine generelle Tendenz zu sein, daß jeweils avantgardistisch gestaltete Möbel zunächst von den adeligen und bürgerlichen Eliten erworben wurden, Stilwandel also zuerst an Höfen und in Städten erfolgte. Beispielsweise wird der Wechsel von der Gotik zur Renaissance an Möbeln der ländlichen Regionen Artland und Ammerland erst um 1600 manifest, in Süddeutschland replizieren Bauernmöbel noch im 19. Jahrhundert die *rocaille* des Kirchenbarock, zu einer Zeit, als in den Wohnungen der Städter bereits das Biedermeier wieder aus der Mode kommt.

Stilwandel „von oben nach unten“

Die Geschichte eines „von oben nach unten“ erfolgenden Stilwandels kann man etwa am Übergang vom Rokoko zum Klassizismus als Möbelstil verfolgen. Zuerst, noch vor der Mitte des 18. Jahrhunderts, wird die *rocaille* in der Kunsttheorie als *mauvais goût* bewertet. Auftraggeber und Kritiker wie die Madame Pompadour oder der Marquis de Marigny setzen den Trend [118: STÜRMER, Möbelkunst, 287]. Zuerst in Paris, dann im übrigen Europa wird der neue Stil im Laufe der nächsten Jahrzehnte gemein. Die Volkskunde versucht, Chronologie und regionale Wege der hier ablaufenden Prozesse möglichst differenziert zu fassen und theoretisch zu durchdringen. *Neuerungsschüben* und ihren Ursachen gilt dabei besondere Aufmerksamkeit. Es geht darum, „bei den ‚Realien‘ Haus und Möbel die Zeiten großer Umbrüche und allgemeiner Zäsuren, die von außen in die Region einwirkenden mächtigen Novationsschübe, die *exogenen Kulturströme* zu analysieren, aber in gleicher Weise die an der materiellen Kultur ablesbaren, innerhalb der Region sich entwickelnden *endogenen Kulturabläufe* zu registrieren“ [H. OTTENJANN, Beginn, Wandel und Ende regionaler Kulturausprägung. Zur Periodisierung der sogenannten ‚Volkskultur‘, in: 59: WIEGELMANN, Wandel, 223–250, 224].

Analyse von Novationsschüben

Möbel und Innenraumdispositionen

Diese Erkenntnisziele machen es erforderlich, auch die *Anordnung* von Gegenständen im Haus und dessen *Innenraumdisposition* zu analysieren. Beispielsweise gibt es bei der inneren Differenzierung des Wohnraums, der Separierung von Wohn- und Arbeitsbereich, regional höchst divergente Entwicklungen. UWE MEINERS, der die Auffassung vertritt, in Süddeutschland sei differenziertes Wohnen früher zu registrieren als im Norden, stellt selbst die Frage: „Welchen Stellenwert haben die Ergebnisse innerhalb Süddeutschlands selbst? Existierte in den großen Städten ... eine in Grundzügen vergleichbare Wohnkultur, oder herrschte bis in die unteren Sozialschichten ein deutlich veränderter Standard vor?“ [110: Wohnkultur, 191].

Wie entwickelt sich differenziertes Wohnen regional?

Offenes Forschungsproblem: Verhältnisse in frühneuzeitlichen Großstädten

Damit wird ein offenes Forschungsproblem angesprochen: Über die Verhältnisse in Großstädten der frühen Neuzeit ist bisher recht wenig bekannt. Vor allem hier, in Städten wie Köln, Nürnberg oder Hamburg, müßten sich kulturelle Diffusionsprozesse „von oben nach unten“ – aus sozialhistorischer Perspektive – beobachten lassen. Allerdings ist es nicht einfach, über die Wohnverhältnisse gerade der unteren sozialen Schichten Aufschlüsse zu erhalten. Wer hat hier schon seine Vermögensverhältnisse notariell regeln lassen? Allein in Archiven der (alten) Bundesrepublik dürften ca. 100000

Nachlaßverzeichnisse erhalten sein, von denen bisher etwa ein Drittel gesichtet wurde [H. J. BEHR, Archivische Quellen zur bäuerlichen und bürgerlichen Alltagskultur vom 15.–17. Jahrhundert in Deutschland und ihre Auswertungsprobleme, in: La famiglia e la vita quotidiana in Europa del '400 al '600. Fonti e Problemi. Roma 1986, 365–373, 366; 10: MANNHEIMS/ROTH, Nachlaßverzeichnisse]. So sind gerade auf diesem Gebiet weitere Ergebnisse zu erwarten.

Lemgo als Fallbeispiel

Ein Beispiel für den Umgang mit diesen Fragen ist FRED KASPARS Studie über *Lemgo* [107: Bauen und Wohnen]. Die Arbeit läßt etwa die für den Norden typische untergeordnete Funktion der Stube erkennen (174), zugleich die fortschreitenden Individualisierungs- und Differenzierungsprozesse, die das frühneuzeitliche Wohnwesen kennzeichnen. Eine tiefe Zäsur identifiziert KASPAR nicht im Dreißigjährigen Krieg, sondern in den ökonomischen Umbrüchen des 16. Jahrhunderts, in den sozialen und politischen Veränderungen dieser Epoche: in der Konsolidierung der Territorialstaaten, in der Entmachtung der Städte mit einschneidenden kulturellen Folgen. „Dies führte zum Niedergang einer mehrere Jahrhunderte in den Städten führenden Schicht reicher, weltoffener, weitgereister und selbstbewußter Bürger. Die bisher selbständig und selbstbewußt genossenschaftlich geprägten Städte verloren damals weitgehend ihren städtischen Lebensstil" [241]. Nicht mehr die norddeutschen Küstenstädte, die lange auch für die kleine Hansestadt Lemgo kulturelle Leitbildfunktionen gehabt hatten, sondern die umliegenden Adelshöfe lieferten – so KASPAR – nun die Muster für Wohn- und Lebensstandards. Mithin erfolgte eine *Regionalisierung*, eine Zurückdrängung der Kulturbeziehungen in engere Grenzen.

Differenzierungen: Die kulturelle Ausstrahlung von Residenzstädten

RUTH-E. MOHRMANN kann diese Ergebnisse durch vergleichende Studien präzisieren [113: Städtische Wohnkultur; 111: Leben und Wohnen]. Danach ergeben sich innerhalb eines immer noch recht kleinen geographischen Bereichs deutliche Unterschiede: Die *Stube*, gleichsam ein „Leitfossil' der Entwicklung, hat beispielsweise in Braunschweig schon früh eine verhältnismäßig deutlicher akzentuierte Funktion als Rückzugsraum, als dies in Lemgo oder Münster der Fall ist [113: Städtische Wohnkultur, 96]. Das werde, so MOHRMANN, etwa durch Bankpfühle und Stuhlkissen bezeugt, die sich nach Ausweis von Inventaren hier befanden. Das gelegentliche Auftauchen von venezianischen Gläsern oder Messingleuchtern könnte möglicherweise darauf hindeuten, daß hier auch Gäste empfangen wurden. Daß Braunschweig – wie Wolfenbüttel – eine im Vergleich zu anderen Orten „modernere" Wohnkultur aufwies, zeige sich auch daran, daß das Modemöbel Kommode hier bereits in den 30er Jahren des 18. Jahrhunderts vorkomme, während dieses Inventarstück in Münster und Osnabrück vor 1770 kaum begegne [102].

Die Autorin versucht, sich den Ursachen dieser Phasenverschiebung mit einem vielschichtigen Erklärungsmodell zu nähern [113: Städtische Wohnkultur, 116f.; 111: Leben und Wohnen, 125]. Ein wichtiger Aspekt ist nach ihrer Auffassung, daß es sich jeweils um Residenzstädte verschiedenen Typs handelte: im Osten weltliche Herrschaften mit einer geistig und kulturell stark ausstrahlenden Residenz, im Westen geistliche Herrschaften mit konservativen bischöflichen Residenzen.

Periodisierungsfragen

Die zentrale Bedeutung von *Periodisierungsfragen* für die hier angeschnittenen Forschungsprobleme dürfte einsichtig sein. UWE MEINERS versucht für das Fürstbistum Münster die neuzeitliche Entwicklung in drei Phasen zu gliedern – die Zeit zwischen etwa 1550 und 1620 (Aufkommen der ofenbeheizten Stube, Ausgliederung von Schlafkammern, Uhren in reichen Bürgerhäusern, Branntwein als Genußmittel); Jahrzehnte kulturellen Wandels zwischen 1680/90 und 1720/30 (Verfeinerung der Lebensformen: Heißgetränke, Messer und Gabel bei Tisch, feine Kleidung, modische Accessoires); schließlich die Epoche von 1760/70 bis 1800: Weitgehende Abkehr von den auf die Lebenswelt des Adels verweisenden großräumigen Wohnmustern, Aufwertung der Privatkultur durch reichhaltige Ausstattung der Wohnungen, Familienporträts, doch sonst anhaltende Vorbildfunktion der höfischen Kultur [109: Stufen des Wandels, 306f.; entsprechend: 114: PALLACH, Materielle Kultur]. Durchaus ähnliche Ergebnisse zeitigt KONRAD BEDALS Periodisierungsversuch anhand der Entwicklung des Hausbaus [67: Zeitmarken, 148ff.]. Er setzt „Zeitmarken" in die Jahre um 1560, um 1680 und um 1770. Für die zweite Hälfte des 17. Jahrhunderts wird eine „bemerkenswerte Verstärkung repräsentativer Elemente im Hausbau" konstatiert [148]; der Dreißigjährige Krieg markiere (wie im Falle Lemgos) keine tiefgreifende Kulturzäsur. Erst in der zweiten Hälfte des 17. Jahrhunderts wird ein allmählicher Wandel diagnostiziert: BEDAL gebraucht dafür das Stichwort „Auflösung der baukulturellen Gemeinsamkeit" [150]. Damit ist gemeint, daß sich nun eine ländlich-bäuerliche (einschließlich der kleinbürgerlichen) und die städtisch-großbürgerliche Baukultur immer deutlicher verschieden entwickelten: „Während vor allem im ländlichen Bereich alles beim ‚alten' bleibt – gleiche Bauweise, gleiche Funktionsstruktur wie bis-

Periodisierung der Baukultur

her, in Norddeutschland etwa bleibt gerade die Bedeutung des Hallenhauses ungeschmälert –, koppelt sich sowohl der Schloßbau wie auch der städtische Hausbau vom traditionellen Bauwesen ab." Im Hausbau etwa werde auf Fachwerk zusehends verzichtet, Putz und Stuck erhielten eine immer größere Bedeutung [150f.].

Und schließlich die Zäsur um 1700: Hier trete der rationale „Primat des Ökonomischen" bei Veränderungen im Bauwesen – etwa das Zurücktreten von Zierfachwerk gegenüber dem billigen Reißbrett- oder Gitterfachwerk – ins Blickfeld. Dies mußte, so BEDAL (der freilich hier mehr ländliche Verhältnisse im Auge hat), zugleich zu einer stärkeren regionalen Angleichung im Fachwerkgefüge führen [152].

Zusammenhänge baukultureller Entwicklungen mit wirtschafts- und sozialgeschichtlichen Prozessen?

Diese Befunde regen zur Konfrontation mit wirtschafts- und sozialgeschichtlichen Fragestellungen an. So liegt die Frage nahe, ob die hier identifizierten Novationsphasen parallel mit Wirtschaftskonjunkturen laufen (oder als Indizien dafür gewertet werden können): Auffällig ist beispielsweise, daß die Veränderungsphase im letzten Drittel des 17. Jahrhunderts mit einer Zeit zusammentrifft, für die allgemein angenommen wird, daß die ökonomischen Folgen des Dreißigjährigen Krieges in vieler Hinsicht überwunden gewesen seien. Indessen erscheint jede generalisierende Antwort auf die hier angesprochene Frage als verfrüht. Selbst die Hypothese eines Zusammenhanges von Investitionen in Kunst oder andere Luxusgüter und Wirtschaftskonjunkturen muß nicht zutreffen [vgl. 229: LOPEZ, Hard Times]. Gerade ökonomisch schwierige Verhältnisse, die etwa Handelsgeschäfte mit überhöhtem Risiko belasten, können dazu veranlassen, Investivkapital in „sichere" Immobilien zu stecken oder es für unproduktiven Luxus auszugeben. So signalisiert die im 16. Jahrhundert ihre Blüte erreichende Villenkultur auf der venezianischen *terra ferma* viel eher eine Verlagerung von Investitionsinteressen der Eliten als eine günstige wirtschaftliche Entwicklung. Luxus kann – so wäre in Anlehnung an MAX WEBER zu formulieren – gerade in Krisenzeiten Mittel sozialer Selbstbehauptung sein [Wirtschaft und Gesellschaft. (...) 5. Aufl. Tübingen 1972, 651]; eine andere, wenngleich höchst spannende Frage ist, inwieweit neue Entwicklungen in der Kunst mit „Elitenzirkulation" verbunden sind – wenn nämlich neu aufsteigende soziale Gruppen neuer Symbole für ihre Macht bedürfen und entsprechende Forderungen an die Künstler stellen [232: READ, Art and Society]. Sind beispielsweise *Stilwandlungen* mit einem solchen Modell zu erklären (wie aus ANTALS Thesen zu folgern wäre), oder wurden – wie READ

Kunst und Wirtschaft

Luxusinvestition als Indiz wirtschaftlich schwieriger Verhältnisse?

Elitenzirkulation

Voraussetzungen von Stilwandel

argumentiert – daneben kunstimmanente Prozesse nicht ebenso wichtig? Daß Luxusinvestitionen stimulierend auf die Entstehung kapitalistischer Organisationsformen wirken können, hat SOMBART gezeigt; als wichtigste Gründe dafür nannte er die hohen Kosten der Luxusgüter, den raschen Geschmackswandel, dem Zunftstrukturen nicht gewachsen gewesen seien, schließlich die Existenz eines Marktes für Luxusgüter, Resultat der Nachfrage des Adels und der reichen bürgerlichen Eliten [117: SOMBART, Luxus und Kapitalismus]. Im Zusammenhang damit steht die Frage, in welchem Fall überhaupt von einer „Ökonomie der Verschwendung" gesprochen werden kann. Bisher fehlt es weitgehend an Untersuchungen, welche Bedeutung „Luxusinvestitionen" im Rahmen einer häuslichen Ökonomie hatten (wie auch über die Kosten von Kunst ziemlich wenig bekannt ist). ROLF ENGELSING hat für das Hamburg des ausgehenden 18. Jahrhunderts ermittelt, daß man hier eine Summe von 30000–40000 Mark Banco als vertretbare Obergrenze der jährlichen Ausgaben angesehen habe: „Ein Hamburger Kaufmann, der jährlich 10000 bis 12000 Mark Banco verzehrte und damit das Volumen des einfachsten bürgerlichen Haushalts um das Acht- bis Zehnfache überschritt, trieb nur einen mäßigen Aufwand" [133: Hanseatische Lebenshaltungen, 38]. Resümierend kennzeichnet er die Schwierigkeit, zu bestimmen, nach welchen Regeln die Ökonomie des Luxus funktionierte: „Natürlich wurde an übertriebenem Aufwand, vor allem nach Krisen und Zusammenbrüchen, in der Öffentlichkeit Kritik geübt. Es ist aber sehr schwer, reinlich zu trennen, was daran Verschwendung und was werbend oder kreditfördernd, was Protzerei und was instinktive Selbstdarstellung des erfolgreichen Unternehmers war" [39].

Ökonomie der Verschwendung

Hamburg: Fallstudien

Diese Fragen stellen sich im Prinzip immer, wenn nach dem Verhältnis zwischen Ökonomie und „Verschwendung" gefragt wird. Daß Kunst zur *credit card of the elite* werden könne, wurde schon als Motiv der Patronagetätigkeit der Florentiner Frühkapitalisten angeführt. Schon der Umstand, daß viele „Luxusgegenstände" in den Häusern dieser Kaufleute religiöse Inhalte und Funktionen hatten, reduziert freilich die Tragfähigkeit dieser These. Geistesgeschichtliche Zusammenhänge, der historischem Wandel unterworfene Begriff des Ästhetischen müßte bei differenzierteren Analysen zum „Zweck des Zweckfreien" berücksichtigt werden.

Kunst als „Kreditkarte der Elite"

Zentral ist weiterhin die Frage nach *gesellschaftlichen Leitbildern*. In der Regel gaben Lebens- und Konsumformen der jeweils *höheren Schicht* das Muster ab, wenn Luxusgüter erworben wurden.

Das Problem der gesellschaftlichen Leitbilder

Das läßt sich gerade an den Oberschichten des Bürgertums gut beobachten, doch scheint die Regel allgemeiner zu gelten. Die Volkskunde hat versucht, den Ablauf dieser kulturellen Diffusionsprozesse theoretisch zu erklären. Eine besondere Rolle hat dabei die Analyse von Kleidermoden gespielt; sie ist wichtig für HANS NAUMANNS Theorie des „gesunkenen Kulturguts" [Grundzüge der deutschen Volkskunde, Leipzig 1922, 7–18], ein ebenso einflußreiches und diskutiertes Modell wie die auf SIGURD ERIXON zurückgehende *Kulturfixierungstheorie*. NAUMANN zeigt, daß die wichtigsten Trachtenstücke verschiedener deutscher Regionen eigentlich aus der Kleidermode der Oberschichten der frühen Neuzeit kommen; die „Kulturfixierungstheorie" geht von der Annahme aus, daß es bei „rasch steigendem, überschießendem Wohlstand" zu einer *Häufung* von Prestigeinnovationen komme; es würden somit Sachgüter angeschafft, meist formal der Kultur einer jeweils höheren Schicht entstammend, welche den neu erreichten Wohlstand sichtbar dokumentieren könnten. Bei nachfolgender Minderung des Wohlstands sei man bestrebt, den bereits erreichten Status zu halten – dies führe zum „Dominieren von Traditionsprozessen" [G. WIEGELMANN, Theorien und Methoden, in: Ders./M. Zender/G. Heilfurth, Volkskunde. Eine Einführung. Berlin 1977, 39–86, hier 59–61]. Die Implikationen sind vielfältig, gerade wenn man sie mit Fragestellungen anderer Fächer verbindet. Läßt sich das Vordringen (nicht die Entstehung) neuer Kunststile mit Hilfe des angedeuteten Modells erklären? Was macht ein Leitbild zum Leitbild (außer, daß es aus dem Ambiente einer „höheren Schicht" kommt)?

Die Theorie vom „gesunkenen Kulturgut"

Kulturfixierungstheorie

Zeitweilig – dies scheint besonders für die bürgerliche Kultur am Ausgang des 18. Jahrhunderts zu gelten – definieren sich kulturelle Standards *negativ*. Einerseits wird ein „gehobener" Stil gepflegt, der gegenüber dem Dasein der Unterschichten abgrenzt; es geht um „standesgemäßes" Leben. Andererseits setzt man sich bewußt vom Luxus- und Rentiersdasein des Adels ab. Aus der Not – dem Fehlen der Mittel für eine adelige Aufwandswirtschaft – wurde wohl eine Tugend gemacht, doch ist zugleich unübersehbar, daß eine ökonomisch erfolgreiche Schicht zusehends selbstbewußt einen eigenen kulturellen Anspruch erhebt. Die Entfaltung der literarischen Hofkritik, die Entwicklung eines dezidiert bürgerlichen Tugendkanons von Ordnung, Fleiß und Sparsamkeit [38: MÜNCH] illustriert dies, ebenso eine neue Einstellung zur Bildung und zu den Künsten. Die Zunahme von Büchern in bürgerlichen Inventaren, von Kunstwerken mit immer häufiger profaner Thematik, architek-

Abgrenzung durch kulturelle Standards

tonische Wandlungen und die breite Rezeption erst neoklassischen, dann biedermeierlichen Formenguts schließen eine lange Entwicklung ab. Das Biedermeier ist der letzte einheitliche Stil: „... einfach, gediegen und dauerhaft, praktisch und zweckmäßig, bequem, material- und funktionsgerecht, belebt und einfallsreich im Detail" [T. Nipperdey, Deutsche Geschichte 1800–1866, 132].

4. Die bürgerliche Familie

Der Geschichte der *Familie* als dem wichtigsten die bürgerliche Lebenswelt strukturierenden Sozialverband kommen Forschungen auf verschiedenen Gebieten zugute: Neben der klassischen, oft von Dilettanten gepflegten Genealogie, welche die Schicksale einzelner Familien über die Generationenfolgen hinweg zu rekonstruieren bestrebt ist, ist die in Deutschland noch recht junge Disziplin der *historischen Demographie* zu nennen. Von den Arbeiten Riehls und vor allem Otto Brunners können Versuche ausgehen, sich weiteren qualitativen Aspekten, darunter auch der „Geistesgeschichte der Familie", zu nähern. Eine methodische Antwort auf die großen Schwierigkeiten, die sich immer noch einer Geschichte des deutschen Bürgertums insgesamt entgegenstellen – einer sozialen Schicht mit selbst lokal höchst divergierenden Zügen –, sind „Familiengeschichten in allgemeiner Absicht". Zwei überragende Beispiele bieten Percy Ernst Schramms „Neun Generationen" [162] und die großangelegte Darstellung „Bürgertum in Deutschland" von Lothar Gall [27].

Genealogie

Historische Demographie

Für den deutschen Kulturbereich: Bisher kaum Studien zu städtischen Gesellschaften

Untersuchungen zu demographischen Strukturen städtischer Populationen liegen für Deutschland – im Unterschied etwa zu Frankreich, England und Italien – bisher nur in geringer Zahl vor [vgl. etwa A. E. Imhof, Demographische Stadtstrukturen der frühen Neuzeit. Gießen in seiner Umgebung im 17. und 18. Jahrhundert als Fallstudie, in: Zeitschr. f. Stadtgesch. 2 (1975), 190–227; E. François, Koblenz im 18. Jahrhundert. Zur Sozial- und Bevölkerungsstruktur einer deutschen Residenzstadt. Göttingen 1982; 160: Rödel, Mainz]. Das hat zunächst praktische Gründe: Demographiegeschichtliche Untersuchungen erfordern großen Aufwand an Zeit und Hilfsmitteln [eine vorzügliche Orientierung gibt: A. E. Imhof, Einführung in die historische Demographie, München 1977]. Außerdem wurden entsprechende Ansätze der internationalen Forschung, so der „annales"-Historiker und der „Cambridge Group

Großer Forschungsaufwand

for the History of Population and Social Structure", in Deutschland erst relativ spät rezipiert [Forschungsbericht: L. STONE, Family History in the 1980s. Past Achievements and Future Trends, in: Journal of Interdisciplinary History XII, 1 (1981), 51–87]. Noch lassen sich daher zahlreiche der „klassischen" Fragen der Demographiegeschichte für die Lebenswelt des städtischen Bürgertums nicht oder nur unzureichend beantworten: In welchem Alter heiratete man, wann und in welcher Zahl kamen die Kinder zur Welt? Wie alt waren die Bürgerfrauen bei der jeweils letzten Geburt? Wie sahen Geburtenfolgen aus, wie verhielt es sich mit kontrazeptiven Praktiken? Wie viele illegitime Kinder wurden gezeugt, wie entwickelten sich die Illegitimitätsraten über die Jahrhunderte? Welche unterschiedlichen demographischen Strukturen ergeben sich bei sozialhistorischer und topographischer Differenzierung?

Die „klassischen" Fragen der Demographiegeschichte

Gerade für große Städte weiß man über solche Fragen so gut wie nichts. Ihre eigentliche Relevanz können entsprechende Forschungsergebnisse erst entfalten, wenn zwei Bedingungen erfüllt sind: einmal die Beobachtung einer möglichst großen Zahl von Fällen, zum anderen die Analyse über einen langen Zeitraum hinweg. Dann werden sich möglicherweise Zusammenhänge zwischen Städtetypen und demographischen Strukturen, die Bedeutung von Faktoren wie Konfession, Sozialstruktur und Urbanisierungsgrad aufdecken lassen; wird sich schließlich zeigen, ob sich vor der Industrialisierung bedeutendere Veränderungen ergaben und welcher Art sie waren.

Fallbeispiel Mainz

WALTER G. RÖDELS Untersuchung der *Mainzer Verhältnisse* im 17. und 18. Jahrhundert läßt Strukturen erkennen, die für kleinere katholische Städte in mancher Hinsicht typisch sein dürften, wenngleich der Vergleich mit anderen Ergebnissen zeigt, daß hier eine besonders traditionelle Situation bestand. In Mainz dominierte die Familie „alten Typs": Kein Wandel im prokreativen Verhalten, es gab kaum illegitime Geburten, die Natalität weist Intervalle auf, die weitgehend vom Rhythmus der natürlichen Fruchtbarkeit bestimmt wurden. So wurde in Mainzer Familien die Zeit der Gebärfähigkeit anscheinend so lange wie möglich genutzt. Das Durchschnittsalter der Frauen bei der jeweils letzten Geburt lag um 39 Jahre, pro Ehe wurden im Schnitt 7,84 Geburten gezählt. Die Zahl der kinderreichen Familien nahm also auch im 18. Jahrhundert nicht ab. Trotz der wie üblich hohen Säuglings- und Kindersterblichkeit war die Mainzer Familie im Normalfall nicht dem besonders im Protestantismus verbreiteten „Zwei-Kinder-Typus" (Eltern mit zwei überlebenden Kindern) zuzuordnen [160: Rödel, Mainzer Bevölkerung, 296f.].

Das falsche Bild der vorindustriellen Großfamilie

Insgesamt freilich dürfte das populäre Bild der vorindustriellen Großfamilie *falsch* sein, ein „Mythos". Auch in wohlhabenden Bürgerfamilien gab es vielleicht ein bis zwei, auch einmal drei Kinder; es scheint eine gewisse Korrelation zwischen Wohlstand und Kinderzahl gegeben zu haben, die aber nicht spezifisch für die bürgerliche Familie gewesen sein dürfte [45: Roeck, Krieg und Frieden, 56f.].

Die Debatte um Haushaltsgrößen, um die Frage des Übergangs von der Struktur des „ganzen Hauses" zur „Kleinfamilie" kann hier nicht nachgezeichnet werden. In jedem Fall muß geklärt werden, welche Personen jeweils zur „Familie" gerechnet werden sollen: Gehören Dienstboten, Lehrlinge, Gesellen dazu? Sind „Hausarme", die im „Eck" ihr Dasein fristeten, keinen „eigenen Rauch" hatten, indessen am Haushalt partizipierten, einzubeziehen? Michael Mitterauer stellt sicherlich zu Recht fest: „Die historische Analyse ergibt, daß ein allein an Verwandtschaftskriterien entwickelter Familienbegriff historischen Verhältnissen vielfach nicht gerecht wird" [Einleitung zu: M. Mitterauer/R. Sieder, Historische Familienforschung, Frankfurt a. M. 1982, 18].

Der Begriff „Familie"

Natürlich kann die Untersuchung des „ganzen Hauses" im Sinne Otto Brunners, der „großen Haushaltsfamilie", nicht bei der Ermittlung statistischer Daten verharren. So hat sich die neuere Forschung beispielsweise damit befaßt, die Bedeutung familialer Strukturen für Alltagsbewältigung, für Lebensbewältigung in einem sehr umfassenden Sinn zu ermitteln [155: Imhof, Verlorene Welten]; ein weiterer wichtiger Forschungsansatz kreist um die Frage, welche Werte dem Zusammenleben in der Familie der frühneuzeitlichen Gesellschaft das Maß setzten.

Haushalt, Familie und Alltag

Mit der Erforschung der deutschen Verhältnisse hat sich vor allem Paul Münch beschäftigt [38: Münch, Ordnung, Fleiß und Sparsamkeit, auch 37: Möller, Fürstenstaat oder Bürgernation, 174–178]: Es geht um bürgerliche Tugenden in der Inkubationszeit der Moderne, um die Frage nach Kontinuitäten im Bereich des menschlichen Verhaltens: „Dieses Fortleben alter …, oft nur noch unbewußt tradierter Phänomene läßt sich in der gegenwärtigen Alltagskultur vielfach belegen, scheint aber ganz zentral das kaum erforschte Terrain individueller und gesellschaftlicher Mentalität zu prägen, also jenen zur „Grundebene der ‚longue durée' gehörenden ‚immobilsten Teil der Gesellschaftsgeschichte'" [15]. Paul Münchs

Werteforschung

Die Entstehung der bürgerlichen Tugenden

Studie deutet an, wie sich zwischen dem 16. und 18. Jahrhundert jener Komplex als *bürgerlich* begriffener Tugenden herausbildet, der Fremdbild und Selbstverständnis des „Nationalcharakters" lange bestimmen sollte: Galten die Deutschen um 1600 noch als Trunkenbolde, als exzessiv und maßlos lebende Leute, begegneten um 1800 Ordnungsliebe, Reinlichkeit, Sparsamkeit und Fleiß als Kennzeichen [vgl. auch P. MÜNCH, Grundwerte der frühneuzeitlichen Ständegesellschaft? (...), in: W. Schulze (Hrsg.), Ständische Gesellschaft und soziale Mobilität. München 1988, 53–72].

Wichtige Quellen für die Leitbilder, welche das Dasein in der „großen Haushaltsfamilie" bestimmten und zugleich allgemein bürgerliche Werte konstituierten, sind jene „Sachbücher", die als *Hausväterliteratur* bezeichnet werden [106: HOFFMANN, Hausväterliteratur]. Es ging darin um das Zusammenleben der Eheleute, um das Haushalten und Wirtschaften, um Kindererziehung, Behandlung von Krankheiten und anderes. Die Forschung wird die hier gezeigten Ideale und deren Transformationen mit den tatsächlichen Verhältnissen zu konfrontieren haben. So bedarf etwa die Ansicht, *Emotionen* hätten im Leben der bürgerlichen Familie nur eine geringe Rolle gespielt, der Diskussion [R. LENZ, Emotion und Affektion in der Familie der frühen Neuzeit. Leichenpredigten ..., in: P.-J. Schuler (Hrsg.), Die Familie als sozialer und historischer Verband. Sigmaringen 1987, 121–146]. Die Anregung LUÇIEN FEBVRES, sich mit einer Geschichte von Gefühlen, Sensibilitäten zu beschäftigen, wurde bisher kaum aufgenommen [La sensibilité et l'histoire. Comment reconstituer la vie affective d'autrefois?, in: Annales d'histoire sociale 3 (1941), 5–20]. Bekannte Beispiele aus der französischen Forschung wären die berühmten Studien des Historikers PHILIPPE ARIÈS zur „Geschichte der Kindheit" [dt.: 5. Aufl. München 1982], zur Geschichte der Sexualität [P. ARIÈS/A. BEJIN, Sexualités occidentales. 1982, dt. Frankfurt 1984] und zur Geschichte des Todes [Paris 1977, dt. München 1980].

Hausväterliteratur

Geschichte der Sensibilität

Geschichte der Kindheit, der Sexualität

Ein Pendant zu ARIÈS' „Geschichte der Kindheit liegt mit der vorwiegend (nicht ausschließlich) an Material aus dem Heiligen Römischen Reich entwickelten „Geschichte des Alters" von PETER BORSCHEID vor [152: zit. nach TB-Ausg. München 1989]. Es geht differenziert um das Alter der Bauern, Bürger, Aristokraten, der Armen und Reichen, um die Stellung der Witwen; um Leitbilder, welche die Einschätzung des Alters erkennen lassen – eines Alters, das oft innerhalb des stützenden Familienverbandes stattfand, das häufig aber auch einsam war und bis ins 18. Jahrhundert vielfach im

Geschichte des Alters

Spital durchlebt werden mußte. Die wenigsten hatten, so BORSCHEID, regelmäßige Hilfen zu erwarten: Obwohl seit dem 17. Jahrhundert eine veränderte, zunehmend positive Einstellung gegenüber dem Alter erkennbar werde – dies ist eine zentrale These –, habe diese Situation fortbestanden [262]. Arbeit bis ins Grab war auch für den Bürger normal – nur im Adel und in den städtischen Oberschichten war ein Rentnerdasein, das Ideal eines geruhsamen Lebensabends, zu verwirklichen, das für die ganz große Mehrheit nichts blieb als ein „ferner Traum" [99].

Frauengeschichte

Die sogenannte *Frauengeschichte* hat – das gilt jedenfalls für die deutsche Frühneuzeit – kaum den Blickwinkel der *Familie* gewählt. Die amerikanische Historikerin NATALIE ZEMON DAVIS hebt in einem programmatischen Aufsatz hervor, daß die Forschung über die Geschlechter zentrale Themen wie Macht, Sozialstruktur, Eigentum, Symbole und Periodisierung reflektieren solle [Gesellschaft und Geschlechter. Vorschläge zu einer neuen Frauengeschichte, in: dies., Frauen und Gesellschaft am Beginn der Neuzeit. Berlin 1986, 127]. Männer als Familienoberhäupter, argumentiert DAVIS, würden in einer Art ein- oder zweidimensionalem Koordinatensystem lokalisiert: „Der Beitrag von Frauen zu dieser Position, wenn man ihn überhaupt berücksichtigt, wird normalerweise auf die Vor- und Nachteile beschränkt, die Mitgiften und Familienverbindungen bringen könnten. Aber wer sich auf Frauen konzentriert, wird wahrscheinlich eher als jeder andere dazu gebracht zu fragen, in welchem Maß selbst in Gesellschaften, die alles Prestige männlichen Beschäftigungen zuzuschreiben scheinen, einige Attribute der Frauen in der Familie (Bildung, Beschäftigungen, ihr Ansehen unter den Frauen usw.) die ökonomische und soziale Position der Familie beeinflußt haben mögen" [127 f.].

Nur profitieren von den Fragen, welche die Frauengeschichte stellt, könnten Forschungen etwa zum Problem der langfristigen ökonomischen Überlebensstrategien von Familienverbänden – ein zentrales Thema der Geschichte der bürgerlichen Familie – oder zur kulturellen und wirtschaftlichen Leistung der „Hausfrau" in der vorindustriellen Gesellschaft [vgl. bisher etwa: K. WESOLY, Der weibliche Bevölkerungsanteil in spätmittelalterlichen und frühneuzeitlichen Städten und die Betätigung von Frauen im zünftigen Handwerk (insbesondere an Mittel- und Oberrhein), in: ZGO 128 (1980), 69–117; M. WENSKY, Die Frau in Handel und Gewerbe vom Mittelalter bis zur frühen Neuzeit, in: H. Pohl (Hrsg.), Die Frau in der deutschen Wirtschaft, Wiesbaden 1985, 30–44]. Auch Untersuchungen dieser Art erfordern es, Idealbilder mit der Wirklichkeit zu konfrontieren. Was, zum Beispiel, wissen wir über die lesende Bürgersfrau, über die soziale Wirklichkeit von Künstlerinnen (besonders solcher, die nicht so berühmt waren wie Maria Sibylla Merian oder Angelika Kaufmann)? Was über die Autorinnen von Chroniken oder Tagebüchern des 16. und 17. Jahrhunderts? Welche präzisen Einsichten sind bisher über die ökonomischen Leistungen der im Familienverband lebenden Frauen der frühen Neuzeit gewonnen? Und wie stellt sich die Situation der Frauen in einer Epoche des tiefgreifenden Umbruchs der Familienstruktur, der Auflösung des „ganzen Hauses" seit der zweiten Hälfte des 18. Jahrhunderts, dar? [vgl. 145: SIEDER, Sozialgeschichte der Familie, besonders 125–145].

Ein eigenes Kapitel in der Geschichte der Emanzipation der Frau stellt ihre Rolle in der Salonkultur des ausgehenden 18. Jahrhunderts dar [vgl. S. 66, vgl. zuletzt auch: H. BRANDES, Der Wandel des Frauenbildes in den deutschen Moralischen Wochenschriften, in: W. Frühwald/A. Martino (Hrsg.), Sozialer Wandel in der deutschen Literatur (1700–1848). 1989, 49–64; M. W. GRAY, Prescriptions for Female Domesticity in a Transitional Era: Germany's 'Hausmütterliteratur', 1780–1840, in: Hist. of European Ideas 8 (1987), 413–426].

5. Lebensformen und der Prozeß der Zivilisation

Norbert Elias' Zivilisationstheorie

Einige der in diesem Buch geschilderten kulturellen Entwicklungen scheinen auf einen Vorgang zu verweisen, den NORBERT ELIAS beschrieben und analysiert hat: auf den *„Prozeß der Zivilisation"*. In einer Studie von 1939 sprach er erstmals von einem langfristigen Prozeß, in dessen Verlauf sich die Verhaltensnormen verfeinert hätten; es sei zu beoachten, wie Affekte zunehmend reguliert und kanalisiert würden und wie sich Kontrollstrukturen im Sinne einer Straffung und Differenzierung der Kontrollen entwickelten. Zum Beleg führt ELIAS etwa die Anhebung von Scham- und Peinlichkeitsschwellen an, die Verlagerung bestimmter Handlungen und Verhaltensweisen „hinter die Kulissen" ins Private. Der Zivilisationsprozeß wird als gesellschaftlicher *und* als individuell-psychischer Vorgang aufgefaßt. Im zweiten Band seiner „soziogenetische(n) und psychogenetische(n) Untersuchungen" (Untertitel) geht es ELIAS darum, zu klären, wie sich dieser Vorgang auf der Ebene gesellschaftlicher Figurationen darstellt: Das Individuelle und das Gesellschaftliche, dies ist seine methodische Grundannahme, sind nicht zwei voneinander zu isolierende Sphären; „Gesellschaft" ist das von den Individuen gebildete Interdependenzgeflecht selbst. Aus diesen Überlegungen wird die Entstehung des absolutistischen Staates gedeutet, in ELIAS' Terminologie: Die Wandlung einer Figuration, die aus zahlreichen kleineren Gesellschaftseinheiten gebildet wurde, zu einer anderen, in der eine soziale Position – die des Königs – zu einer dominierenden Machtstellung gelangt. Diese Veränderungen werden aus der endogenen Dynamik der Figuration selbst, „aus der immanenten Tendenz einer Figuration frei konkurrierender Einheiten zur Monopolbildung" erklärt [23: ELIAS, Zivilisation, LXIX]. Dadurch hätten sich die Persönlichkeitsstrukturen der Beteiligten geändert.

Viele von den Themen, die im Zusammenhang mit einer Kultur- und Alltagsgeschichte des frühneuzeitlichen Bürgertums begegnen, sind nicht ohne eine Auseinandersetzung mit ELIAS' Zivilisationstheorie zu erörtern. Der Wandel von Tisch- und Kleidersitten, das Verhältnis zum Körper und seinen „niederen Funktionen", zur Sexualität, die Differenzierung von Innenraumdispositionen in Häusern oder die Individualisierung des Sitzens durch Stühle und Schemel – für solche und andere Einzelbeobachtungen bietet das Konzept einen plausiblen Begründungszusammenhang.

ELIAS versucht, die spezifische Struktur der deutschen bürgerlichen Intelligenzschicht gegenüber der geistigen Elite Frankreichs aus der politischen Zerrissenheit des Reiches zu erklären. Damit werden verschiedene Stufen von Zivilisiertheit angenommen, indem das Fortschreiten der Affektregulierung mit der Entfaltung frühmoderner Staatlichkeit korreliert wird.

Resonanz auf Elias' Werk

Obwohl ELIAS' Werk erst in den 70er Jahren breitere Resonanz fand, gewann sein soziologisches Modell rasch Bedeutung auch für die historische Forschung [J. GOUDSBLOUM, Aufnahme und Kritik der Arbeiten von Norbert Elias in England, Deutschland, den Niederlanden und Frankreich, in: P. Gleichmann u.a. (Hrsg.), Materialien zu Norbert Elias' Zivilisationstheorie, Frankfurt 1979, 17–100]. Die Kritik der Historiker betraf vorwiegend Einzelaspekte, die Bedeutung des Gesamtentwurfs wurde nicht in Zweifel gezogen. Eine Besprechung der „Historischen Zeitschrift" würdigte „Über den Prozeß der Zivilisation" als paradigmatisch für die historische Untersuchung von Verhalten [D. BLASIUS in HZ 212 (1971), 666–668].

Hans Peter Duerrs fundamentale Kritik

Ist dieses Urteil überholt? – 1988 legte der Ethnologe HANS PE-

TER DUERR den ersten Band eines auf vier Bände konzipierten Werkes vor, das einen frontalen Angriff auf das Konzept des Zivilisationsprozesses darstellt [131: DUERR, Nacktheit und Scham]. Der Autor will – wie er sich ausdrückt – einen „Mythos" zerstören: Das „Zerrbild vergangener und fremder Kulturen", das „zwanglos zur Rechtfertigung des Kolonialismus verwendet werden konnte, indem man darauf hinwies, es gehe darum, die ‚kulturarmen' zu gesitteten und mithin zu *wahren* Menschen zu machen" [Vorwort]. Sein Anliegen ist politischer Art: In der von ELIAS und anderen vertretenen Zivilisationstheorie, so glaubt er, sei die Grundlage einer imperialistisch-kolonialistischen Ideologie geliefert worden, was es zu entlarven gelte – in dieselbe Richtung zielte schon HENNING EICHBERGS Kritik an der Vorstellung einer erfreulichen und linearen Fortschrittsentwicklung, die mit der Komplexität und kolonialisierenden Gewalttätigkeit des Prozesses kaum übereinstimme [H. EICHBERG, Leistung, Spannung, Geschwindigkeit ..., Stuttgart 1978, 290–297]. Zur Debatte stehen grundsätzliche Fragen der soziologischen und der historischen Methode, mehr noch: ein Konzept der historischen Anthropologie. Letztlich wird es um die Frage gehen, was *Zivilisiertheit* bedeutet, ob es „zivilisierte" und „unzivilisierte" Völker gibt und wie die sogenannten Hochkulturen in diesem Kontext zu bewerten sind.

Zur Debatte steht ein Konzept historischer Anthropologie

Seit wann gibt es Scham?

DUERR unterzieht die von NORBERT ELIAS zitierten Belege für die These, Nacktheit, Sexualität und Körperfunktionen seien seit dem Mittelalter zusehends in einen Bereich des Privaten gedrängt worden, die Schamschwellen seien niedriger gewesen, einer erneuten Analyse und ergänzt seine Befunde um weitere Belege und um Vergleiche mit Verhaltensweisen in anderen, „primitiven" Gesellschaften.

Elias' irrige Interpretation Guarinoni's

Ein Beispiel: ELIAS zitiert in seinem Buch eine Quelle, die nach seiner Auffassung zeigt, es sei „wenigstens in den Städten häufig gewesen ..., daß man sich zu Hause auszog, bevor man ins Badhaus ging" [223]: „Wieviel mal laufft der Vater bloß von Hauß mit einem einzigen Niederwad über die Gassen, samt seinem entblößten Weib und bloßen Kindern dem Bad zu ... wieviel mal sehe ich die Mägdlein von 10, 12, 14, 16 und 18 Jaren gantz entblößt und allein mit einem kurtzen Leinen ... bedeckt." Er knüpft daran die Bemerkung, daß eine solche Unbefangenheit langsam im 16., entschiedener im 17., 18. und 19. Jahrhundert verschwunden sei [224]. DUERR kann demgegenüber darauf verweisen, daß das Zitat – das ELIAS über die Sekundärliteratur kannte – aus einer Quelle des frühen

17. Jahrhunderts stammt: dem Buch „Die Grewel der Verwüstung menschlichen Geschlechts" des Hippolithus Guarinoni von 1610 [131: DUERR, Nacktheit und Scham, 62f.; vgl. 19: BÜCKING, Kultur und Gesellschaft] – dem Werk eines etwas sauertöpfischen katholischen Zeitkritikers, dem es darum ging, die vermeintliche Sittenlosigkeit seiner Epoche zu brandmarken. DUERR schließt daraus, „daß man praktisch aus allen Zeiten derartige Augenzeugenberichte heranziehen kann, um die eine, aber auch die andere These zu stützen, zumal wenn deren Verfasser zeitkritische Motive hatten oder die Sitten einer anderen Gegend auf- oder abwerten wollten" [65].

In ähnlicher Weise versucht er, weitere Argumente zu entkräften. Die Auffassung, eine speziellere Nachtbekleidung sei erst etwa zur gleichen Zeit aufgekommen wie Gabel und Schnupftuch, wird ebenso zurückgewiesen, wie die Vorstellung, schlafen zu mehreren im gleichen Bett sei im Mittelalter üblich gewesen, erst im Laufe der frühen Neuzeit sei die Sensibilität der Menschen gegenüber allem, was mit ihrem Körper in Berührung gekommen sei, gewachsen [23: ELIAS, Zivilisation, 224; 131: DUERR, Nacktheit und Scham, 177]. In Frage gestellt wird auch die verbreitete Vorstellung, Männer und Frauen hätten sich bis ins 16. Jahrhundert gemeinsam und nackt in öffentlichen Badstuben – die eigentlich Bordelle gewesen seien – vergnügt [Nacktheit und Scham, 38–58].

Ethnologische Einwände

Ein zweiter Angriff gegen ELIAS' Theoriegebäude wird aus der ethnologischen Position heraus vorgetragen: Scham, Befangenheit gegenüber dem eigenen Körper und den Körpern anderer, so DUERR, sei auch bei zahlreichen „unzivilisierten" Völkern nachzuweisen.

Ist der Zivilisationsprozeß positiv zu werten?

Nun galt die Aufmerksamkeit von ELIAS nicht den außereuropäischen Kulturen; sein Buch enthält keine erkennbare Wertung des „Zivilisationsprozesses" etwa in dem Sinne, daß eine Überlegenheit des „zivilisierten" Menschen über die „Wilden" behauptet würde [23: ELIAS, Zivilisation, LXXX]. Weiterhin stellt die Frage des Verhältnisses zum Körper und seinen Funktionen nur den Teil einer längeren Indizienkette dar, und man darf gespannt sein, welche Argumente DUERR in seinen Folgebänden gegen weitere Belege anführen wird – etwa zur Verfeinerung der Tischsitten, zum Wandel der Angriffslust oder zur Einstellung zu öffentlichen Spektakeln.

„Unzivilisiertes" Verhalten

Was heute als „grausam" oder „unzivilisiert" empfunden wird, war in der frühen Neuzeit häufig zu sehen: Unvorstellbar rohe Hinrichtungen, das Hetzen und Töten von Tieren zur allgemeinen Unterhaltung [23: ELIAS, Zivilisation, 281 f.; P. BURKE, The Historical Anthropology in Early Modern Italy, Cambridge 1987]. Der Widerwille, der sich heute gegen dergleichen regt, kann in ELIAS' Terminologie für den gegenwärtigen Stand der Affektregelung als *normal* gelten – und zugleich deutet er auf eine geschichtliche Wandlung des Affekthaushaltes. Hätte ein Zeitgenosse der Moderne Gelegenheit, das öffentliche Leben einer frühneuzeitlichen Stadt zu beobachten – ihm würde zeitweilig das Blut in den Adern gefrieren.

Das Problem eines kausalen Interpretationsmodells

Wenn man hier Veränderungen *konstatiert*, ist damit noch nichts über ihre *Ursachen* gesagt (oder über die noch grundsätzlichere Frage, ob Kausalerklärungen für den Wandel von Figurationen im eliasschen Sinne überhaupt möglich sind [Zivilisation, LXIX]. So hat JOHAN GOUDSBLOUM darauf hingewiesen, daß bestimmte Regeln für „zivilisiertes“ Verhalten auf hygienischen Erwägungen beruhten und nicht Folgen einer endogenen Dynamik der gesellschaftlichen Konfiguration seien [Aufnahme und Kritik, ..., 216]. Diese Sicht wird durch eine Studie von GEORGE VIGARELLO [150: Wasser und Seife] bestätigt, wo etwa plausibel gemacht wird, daß die sparsame Verwendung von Wasser bei der Reinigung des Körpers durch zeitgenössische medizinische Anschauungen bedingt war – und neue Formen der Körperkultur durch einen Wandel dieser Anschauungen [118–120, 159–171]. NORBERT ELIAS würde demgegenüber wohl auf die von ihm angenommene innere Dialektik des Zivilisationsprozesses verweisen: Zuerst, meint er, rücke die Peinlichkeitsschwelle vor, Affektlage und Verhalten der Menschen änderten sich, bis an einem bestimmten Punkt dieses Verhalten als „hygienisch richtig“ erkannt, durch klarere Einsichten in die kausalen Zusammenhänge gerechtfertigt und weiter in der gleichen Richtung vorangetrieben werde [23: ELIAS, Zivilisation, 155].

Einwände Goudsbloms

Die innere Dialektik des Zivilisationsprozesses

Weiterhin ist nach ELIAS die im Verlauf des Zivilisationsprozesses erfolgende und durch die Macht des absolutistischen Staates gesicherte Fähigkeit zur Selbstdistanzierung Voraussetzung wissenschaftlicher Erkenntnis. Folgt man hier dem Soziologen, legt der Nachweis bestimmter hygienischer Anschauungen nur vordergründig „Ursachen“ zivilisierten Verhaltens frei; die „eigentlichen“ Voraussetzungen liegen im Strukturwandel des spätmittelalterlichen Staates.

Der absolutistische Staat als Garant der Selbstdistanzierung

DUERRS Kritik berührt diese theoretischen Implikationen der Zivilisationstheorie bisher nicht; seine Kritik an einigen Quelleninterpretationen ist zweifellos berechtigt. Andererseits ist die Zahl der Indizien für Entwicklungen im Laufe der frühen Neuzeit, die als „Zivilisationsprozeß“ bezeichnet werden könnten, immer noch

Problem: Eklektischer Umgang mit den Quellen

erdrückend. Ein Schwachpunkt der Argumentation DUERRS liegt darin, daß er sich seiner Quellen in ähnlich eklektischer Weise bedient, wie sein wissenschaftlicher Gegner. Schließlich geht es darum, *Mentalitäten* – also kollektive Einstellungen, „attitudes secrètes" im Sinne LUCIEN FEBVRES – zu ermitteln und zu beschreiben. Dazu bedarf es aber massenhafter, serieller Quellen, die über einen möglichst langen Zeitraum strukturell vergleichbar bleiben. So wie MICHEL VOVELLE lange Reihen von Testamenten verglich, um religiösen Einstellungen und deren Wandel auf die Spur zu kommen [Pieté baroque et déchristianisation en Provence au XVIIIe siècle. Paris 1973], müßte auf quantitativer Basis nach dem Fehlen oder Vorhandensein von Indikatoren für den von ELIAS beschriebenen Prozeß geforscht werden. Zum Beispiel wäre zu fragen, wann und in welcher Menge Taschen- und Tischtücher oder Unterwäsche in Inventaren nachweisbar werden; die gelegentlich über lange Zeiträume vorliegenden, strukturell vergleichbaren Akten von Justizbehörden könnten Aufschlüsse über Einstellungen zu Nacktheit und Sexualität vermitteln. Die Analyse von Wohnungsinventaren hat bereits Befunde erbracht, die ELIAS' Theorie zu bestätigen scheinen (vgl. oben, S. 18).

Notwendigkeit eines quantitativen Ansatzes

Die quantitative Quellenauswertung ist der Interpretation einzelner Quellenstellen in jedem Fall weit überlegen. Die zitierte Kritik des GUARINONIUS an leichtbekleideten Leuten ließe sich ja durchaus auch im Sinne der Zivilisationstheorie interpretieren: Haben wir hier nicht Belege vor uns, daß gewisse, möglicherweise gewohnte Verhaltensweisen nun auf Widerspruch stoßen, eben auf gewandelte Affektlagen? In dieselbe Richtung weisen Verordnungen des Ulmer Rates aus der Zeit kurz vor dem Dreißigjährigen Krieg, welche das Nacktbaden in der Donau verbieten und es untersagen, die Kleidung schon zu Hause abzulegen [Diskussionsbeitrag P. T. LANG, in: 51: SPECKER, Stadt und Kultur, 153].

Wichtig wäre es schließlich, sich weiteren, verwandten Forschungsansätzen zuzuwenden, die in der Debatte um die Zivilisationstheorie bisher nicht berücksichtigt worden sind. Auch Elias scheint das monumentale Theoriegebäude WARBURGS (vgl. S. 82f.) nicht gekannt zu haben, das um ganz ähnliche Fragen kreist wie seine Überlegungen: An vorwiegend kunsthistorischem Quellenmaterial wird die Entwicklung eines „Denkraums der Besonnenheit" in der Geschichte untersucht, es geht um die Entfaltung psychischer Mechanismen, um die Möglichkeit der Weltbewältigung durch Distanzierung.

Keinen Zweifel lassen die Befunde DUERRS und anderer Kritiker der Zivilisationstheorie daran, daß erstens die von ELIAS angenommene Periodisierung überdacht werden muß, und daß es zweitens höchst fraglich ist, ob die Entwicklung in der Tat unilinear verlief [vgl. auch J. C. BOLOGNE, Histoire de la pudeur. 1986; F. BORKENAU, in: The Sociological Review 30 (1938), 308–311].

Trifft Elias' Periodisierung zu?

Fraglich ist auch, ob der Zivilisationsprozeß primär auf den Strukturwandel des Staates zurückzuführen ist. Elias' eigener Ansatz legt kompliziertere Modelle nahe: Nicht nur die Entwicklung des Staatlichen, sondern auch individuelle Interpretationen von Lebensaussichten oder die Arbeitsverfassung sind Faktoren für Verhaltens- und Mentalitätswandel. Bedarf es – andererseits – angesichts der „Moralisierung" der Gesellschaft im Zeitalter von Reformation und Gegenreformation überhaupt der Konstruktion der aus einer inneren Dynamik gesellschaftlicher Konfigurationen erfolgenden Verhaltensmodellierung?

Erklärungsmodell Gegenreformation?

Außerdem ist nach der *Sozialgeschichte* des Prozesses zu fragen. WOLFGANG KASCHUBA spricht dies im Zusammenhang mit der *Hygienegeschichte* an: Diese sei „stets zunächst eine Abhängige, eine Variable der allgemeinen Geschichte materieller und sozialer Reproduktion, bevor sie sich zu einer Zivilisationsgeschichte im Sinne ethisch-ästhetischer Wertordnungen und Peinlichkeitsschwellen ‚verfeinern'" könne [136: Sauberkeit, 301]: „Ohne demographisch stabilisierte Überlebenschancen, ohne ausreichenden Nahrungsspielraum, ohne entsprechende Wasserversorgung, Wohnung, Kleidung fehlen einfach die lebensweltlichen Voraussetzungen, um herkömmliche Standards der Reinlichkeit oder der Gesundheitsvorsorge zu besonderen kulturellen Werten auszuformen." Man müsse daher von unterschiedlichen Traditionslinien der Körperkultur ausgehen, die ihre Ausformung je nach Lebenswelten oder Erfahrungshorizonten erhielten. Hygienestandards und andere Indikatoren für „Zivilisiertheit" sind also tendenziell schichtspezifisch, und sie differieren regional oder national [BOLOGNE, Pudeur]. Noch dominieren Studien über regionale Verhältnisse [z. B. B. KIRCHGÄSSNER/ J. SYDOW, Stadt und Gesundheitspflege, Sigmaringen 1982].

Sozialgeschichte des Zivilisationsprozesses: Das Beispiel Hygienegeschichte

Traditionslinien der Körperkultur

Methodisches Neuland erschließen Untersuchungen, welche demographie- und mentalitätsgeschichtliche Ansätze verbinden [z. B. A. E. IMHOF (Hrsg.), Der Mensch und sein Körper. München 1983]. Naturgemäß macht die frühneuzeitliche „Zivilisationsgeschichte" des deutschen Bürgertums in solchen Forschungszusammenhängen nur einen Teilaspekt aus. Die Vermutung, manche Ent-

„Verspätung“ der Entwicklung in Deutschland?

wicklungen seien hier „verspätet“ erfolgt, kann sich vor allem auf die spezifischen Verhältnisse des deutschen Kulturraumes beziehen – auf das Fehlen eines eindeutig Trends signalisierenden Zentrums, auf die geistige Energien absorbierende Glaubensspaltung, welche der Akzeptanz neuer medizinischer und hygienischer Erkenntnisse gewiß nicht förderlich war. Dazu kamen die wirtschaftlich und kulturell einschneidenden Folgen des Dreißigjährigen Krieges. Auffällig ist, daß die „neue Hygiene“, die in Deutschland in der zweiten Hälfte des 18. Jahrhunderts zusehends vorzudringen scheint, hier vom gehobenen Bürgertum und nicht – wie in Frankreich – von den Salons des Adels ausging. Hier begegnen neue Formen „subjektiver Sauberkeit“ – weiße Wäsche, Wasser – offenbar häufig zuerst im aufgeklärten bürgerlichen Milieu; die kulturelle Sphäre im weitesten Sinne, so hat man dies interpretiert, bleibt neben der wirtschaftlichen einziges Emanzipationsfeld des Bürgertums in der engen Welt spätabsolutistischer Kleinstaaterei [136: KASCHUBA, Sauberkeit, 311 f.].

Daneben wird die Säuberung des öffentlichen Raumes vorangetrieben. Pflasterung, Entwässerung, Abfallbeseitigung und Straßenbeleuchtung sind die Embleme dieses Vorganges, der in der zweiten Hälfte des 18. Jahrhunderts theoretisch durchdrungen, systematisiert und perfektioniert wird. Sauberkeit wird Bürgertugend und Untertanenpflicht, von oben verordnet – Resultat sozialer Kontrolle und internalisierten Bürgerbewußtseins. KASCHUBA meint darin einen mentalitätsgeschichtlichen Disziplinierungsvorgang zu erkennen, bei dem das Thema „Hygiene“ ambivalente Aspekte aufweise – sie sei Moment kultureller Sozialisationsvorgänge ebenso wie zentrales Exerzierfeld spätabsolutistischer Verstaatlichungsprozesse: „Daß sich diese beiden Entwicklungsschübe zeitlich wie inhaltlich so dicht überlagern, macht wohl in der Tat besondere Akzente einer deutschen Hygienegeschichte aus“ [136: Sauberkeit, 320].

6. Zur Kulturfunktion der deutschen Stadt nach dem Dreißigjährigen Krieg

Hatte sich die Stadt der Renaissance als geordnetes Kunstwerk inmitten einer ungeordneten, in Veduten wenig relevanten Umwelt präsentiert, so erscheinen am Ende des Alten Reiches zusehends die Stadt und die sie umgebende Natur als ästhetischer Zusammenhang.

Gegenüber dem Land beginnen die Konturen der Stadt an Schärfe zu verlieren. Signalisiert diese neue Ästhetik des architektonischen Gebildes – in der sich fast unmerklich die Verstädterung des Umlandes anzudeuten scheint – mit dem Verlust an Identität zugleich einen weiteren Bedeutungsverlust der Stadt? Daß der Dreißigjährige Krieg für viele – wenngleich nicht alle – Städte des Reiches nicht weniger einen ökonomischen und politischen, als einen kulturellen Bedeutungsverlust bewirkt, einen bis über die Schwelle des 18. Jahrhunderts hinaus anhaltenden Abstieg eingeleitet habe – diese Ansicht war lange Allgemeingut der Forschung. In letzter Zeit sind, parallel zu einer wieder positiveren Einschätzung des Heiligen Römischen Reiches, Tendenzen auch zu einer *Neubewertung der Reichsstädte* im letzten Säkulum ihrer Geschichte zu registrieren [vgl. zuletzt V. PRESS, Die Reichsstadt in der altständischen Gesellschaft, in: J. Kunisch (Hrsg.), Neue Studien zur frühneuzeitlichen Reichsgeschichte. Berlin 1987, 9–42]. Vor allem die *kulturellen Leistungen* des deutschen Bürgertums werden neu gewürdigt [17: BORST, Kulturfunktion; 16: DERS., Kulturbedeutung]. BORST hebt eine wichtige Ursache für die traditionelle Vernachlässigung der Stadt des 18. (und der zweiten Hälfte des 17.) Jahrhunderts hervor, wenn er resümiert: „Es sei zur Diskussion gestellt, ob die durchaus unterrepräsentierte wissenschaftliche Beschäftigung mit ihr, die nicht im entferntesten den Vergleich mit den Bemühungen um die mittelalterliche oder moderne Stadt aushalten kann, nicht ebenso mit (der) politischen Zweitrangigkeit zusammenhängt wie die eigentümlich ‚unpolitische' Thematik, unter der man sich in den letzten Jahrzehnten ‚der Stadt des 18. Jahrhunderts' genähert hat" [364 f.]. Damit ist der vorwiegend kultur- und geistesgeschichtliche Zugriff gemeint. Dies habe damit zu tun, so BORST weiter, daß die Stadt nun keiner ihrer originären Funktionen mehr nachkommen konnte: Die Rechtsfunktion sei durch den modernen Staat unterlaufen, die Schutzfunktion obsolet geworden; die Wirtschaftsfunktion erweise sich als modifiziert, wenn nicht abgelöst, da neue Wirtschaftsordnungen zur Auflösung dessen, was unter Stadtwirtschaft verstanden worden sei, geführt hätten [365 f.]. Der Stellenwert der politischen Geschichte ist überhaupt geringer geworden. Die in den Städten oft reiche Überlieferung ermöglicht Studien gerade zu Themenkomplexen, denen sich die internationale Forschung auch jenseits der Stadtgeschichte mit besonderem Interesse zugewandt hat: zu langfristigem wirtschaftlichem und sozialem Wandel, zur Geschichte von Alltag, Mentalitäten, zu den Interdependenzen historischer

Neubewertung der Reichsstädte

und der kulturellen Leistung des Bürgertums

18. Jahrhundert: Die genuinen Stadtfunktionen werden obsolet

Paradigmenwechsel der Forschung

Städte als „Fälle"

Teilbereiche. Beispiele für gelungene Studien dieser Art wären die Arbeiten von PETER ZSCHUNKE über „Konfession und Alltag in Oppenheim" [1984], von ETIENNE FRANÇOIS über „Koblenz im 18. Jahrhundert" [1982] und eine Studie desselben Autors zur religionsgeschichtlichen Entwicklung in Augsburg [Die unsichtbare Grenze ..., Sigmaringen 1991].

Lokalstudien

Der Strom oft faktenreicher, aus lokalhistorischer Perspektive geschriebener Studien ist nie ganz abgerissen [vgl. 17: BORST, Kulturfunktionen, 573 f., Anm. 46]. Neuere Abhandlungen beschäftigen sich etwa mit dem geistigen Leben *Regensburgs* zwischen 1750 und 1806 [E. NEUBAUER, München 1979], mit Kultur und Baukunst *Leipzigs* [K. CZOK, in: 44: RAUSCH, Städtische Kultur, 87–104], *Dresdens* [S. HOYER, ebd. 105–116], *Schwäbisch Gmünds* [K. J. HERRMANN, Barock in Schwäbisch Gmünd. Schwäbisch Gmünd 1981], *Hannovers* [S. MÜLLER, Leben im alten Hannover. Hannover 1986] oder mit dem bürgerlichen Alltag eines österreichischen Marktes [F. O. ROTH, Bürgerlicher Alltag im Markte Schwanberg im 18. Jahrhundert, in: Mitt. d. steiermärk. Landesarchivs 35/36 (1986), 71–104]. Neuere Stadtgeschichten, die der Kultur- und Geistesgeschichte des 18. Jahrhunderts zunehmend Raum gewähren, sind z. B. W. EGER (Hrsg.), Geschichte der Stadt Speyer, 2 Bde., Stuttgart 1983, oder W. RIBBE, Geschichte Berlins, [2]München 1988.

Facettenreiches Bild bürgerlicher Kultur

Wir finden ein facettenreiches Bild bürgerlicher Kultur der Zeit nach dem Westfälischen Frieden; die Städte erscheinen als Zentren der Bildung und Erziehung [17: BORST, Kulturfunktionen, 380 ff.; 16: DERS., Kulturbedeutung, 218 ff.]; öffentliche Bibliotheken prägten das kulturelle Leben selbst kleinerer Orte nicht weniger als Theater oder ein manchmal erstaunlich reiches Musikleben [P. KARSTEDT, Studien zur Soziologie der Bibliotheken, Wiesbaden 1954; W. SENN (Hrsg.), Aus dem Kulturleben einer süddeutschen Kleinstadt, Innsbruck 1938]. BORST hebt hervor, daß sich leicht eine mehrbändige „städtisch-bürgerliche Kulturgeschichte des Sammelns" schreiben ließe – jener botanischen, entomologischen oder paläontologischen Kabinette, die viele Bürger anlegten [17: Kulturfunktionen, 385; auch CZOK in 44: RAUSCH, Städtische Kultur, 93; über Berlin: F. NICOLAI, Beschreibung der königlichen Residenzstädte Berlin und Potsdam, aller daselbst befindlichen Merkwürdigkeiten und der umliegenden Gegend, 3 Bde., [3]Berlin 1786, ND Berlin 1968]. Schließlich wäre an die reiche, noch kaum im Zusammenhang erforschte stadtbürgerliche Historiographie des 18. Jahrhunderts zu erinnern. Summiert man die Einzelbeobachtungen, werden

Bürgerlich-aufgeklärter Stil

die Konturen eines bürgerlich-aufgeklärten kulturellen „Stils" sichtbar.

Dem rationalen Sammeln und Ordnen, dem wissenschaftlichen Dilettieren und der Lektüre scheinen Prinzipien der Stadtgestaltung zu entsprechen; eine neue Hygiene, ein verändertes Naturgefühl und kühles neoklassisches Mobiliar reflektieren ein gewandeltes Wertesystem. Vieles davon war freilich nicht direkt bürgerlichen Ursprungs, und gerade im kleinstädtischen Bereich erfreuten sich zahlreiche Neuerungen dieser Art zunächst keineswegs breiter Akzeptanz. Eine Aufgabe der Forschung ist es daher, Wege der Diffusion zu untersuchen, sich mit der Sozialstruktur der kulturtragenden Schichten besonders in der Provinz auseinanderzusetzen. Besondere Bedeutung dürfte dabei den kulturellen Interessen und Leistungen des frühneuzeitlichen *Beamtentums* beizumessen sein, neben Pfarrern und Lehrern einer wichtigen Gruppe in der Bildungsschicht der städtischen Gesellschaft des ausgehenden Alten Reiches [vgl. etwa H. HATTENHAUER, Beamtentum und Literatur im Barockzeitalter. Aus dem Leben Georg Neumarks, in: Der Staat 20 (1981), 31–53].

Kulturleistung des städtischen Beamtentums

Ein weiterer Bereich wären *Leserforschung* und die Geschichte bürgerlicher Bibliotheken, über die im Ganzen noch recht wenig bekannt ist. Einige Grundlinien hat ROLF ENGELSING gezogen [243: Analphabetentum; 280: Perioden]. So führt er das am Bremer Beispiel entfaltete Modell der Gelehrtenbibliothek vor, die noch bis ins zweite Drittel des 18. Jahrhunderts von lateinischen Werken theologischen und historischen Inhalts geprägt bleibt; er beschreibt die sich durch das Vordringen belletristischer Werke ankündigende „Leserevolution", die zugleich in einem Wandel des Lesestils bestand: Hatte man bisher wenige Bücher – darunter vor allem die Bibel – wieder und wieder gelesen – so ENGELSING –, sei in der zweiten Hälfte des 18. Jahrhunderts der Übergang zur „extensiven" Lektüre *vieler* Werke erfolgt [280: Perioden, 141–144], Kaffeehaus und vor allem die zahlreichen Lesegesellschaften waren Orte des Diskurses darüber [Übersicht: 305: PRÜSENER]. Damit einher ging die Zunahme schöner Literatur in den Verlagskatalogen, die Entstehung eines literarischen Marktes und des sozialen Typus des Berufsschriftstellers [B. ZIMMERMANN, Lesepublikum, Markt und soziale Stellung des Schriftstellers in der Entstehungsphase der bürgerlichen Gesellschaft, in: Propyläen Geschichte der Literatur Bd. IV, 542–549].

Leserforschung

„Leserevolution"

Forschungsaufgabe: Lokale und regionale Differenzierung

Wie diese Vorgänge sich konkret darstellten, wie etwa die „Leserevolution" in kleinen Städten ablief, was und wieviel hier gelesen wurde, können nur Detailstudien klären. Trifft beispielsweise allgemeiner zu, was HILDEGARD NEUMANN über *Tübingen* herausgefunden hat? Noch um 1800 waren hier fast ausschließlich Bücher geistlichen Inhalts verbreitet; Gellerts Gedichte waren die einzige Poesie, die in diesen Schichten konsumiert wurde, Schiller und Goethe tauchen in ganz wenigen Exemplaren erst um die Mitte des 19. Jahrhunderts auf [Der Bücherbesitz Tübinger Bürger zwischen 1750 und 1850. Ein Beitrag zur Bildungsgeschichte des Kleinbürgertums, masch. Diss. Tübingen 1955, 197].

Städte als Kommunikationszentren

Die Städte waren – eine ihrer wichtigsten kulturellen Funktionen – Kommunikationszentren, Inkubationsräume der Massenpresse; in der zweiten Hälfte des 18. Jahrhunderts steigt die Zahl der neugegründeten Periodika sprunghaft an. Von etwa 2000 Blättern waren etwa zehn Prozent literarisch ausgerichtet – der Strukturwandel der Freizeit ließ das Bedürfnis nach Unterhaltung wachsen [302: MÖLLER, Vernunft und Kritik, 268–280; 299: MARTENS, Botschaft der Tugend]. Neben zahllosen unbedeutenden Schriftchen fanden sich aber auch Lessings mit Friedrich Nicolai und Moses Mendelssohn herausgegebene „Briefe, die neueste Literatur betreffend“, der „Teutsche Merkur“ Wielands, Schillers „Thalia“ oder die von Goethe und Schiller gemeinsam redigierten „Horen“.

Der Struktur dieses wachsenden literarischen Marktes, etwa der Organisation des Buchhandels in regionaler Differenzierung nachzugehen, ist nach wie vor eine wichtige Aufgabe der Forschung. Eine bedeutende, paradigmatische Studie mit interdisziplinärem Ansatz hat dazu unlängst HAZEL ROSENSTRAUCH vorgelegt [308: Buchhandelsmanufaktur].

Das Bild der Kulturfunktion der deutschen Stadt im 18. Jahrhundert ist indessen trotz zahlreicher Einzeluntersuchungen noch unscharf: Welche Bücher gerade auch in kleineren Städten gelesen wurden, welche Musik oder welche Theaterstücke man dort aufführte – darüber ist insgesamt noch wenig bekannt. Daß in europäischem Maßstab bedeutende, „große“ Werke der Architektur, der Musik und der bildenden Kunst so gut wie ausschließlich im höfisch-adeligen Kulturkreis entstanden, reduziert die „Kulturfunktion“ der Städte des späten Heiligen Römischen Reiches ohnehin (vgl. oben, S. 50–52).

7. Bürgertum und ländliche Welt

Stadt und Land umschreiben ein Spannungsfeld, ein Geflecht wechselseitiger Beeinflussungen und Abhängigkeiten, wirtschaftlicher Beziehungen und kultureller Kontakte. Das Verhältnis zur ländlichen Welt konstituiert nicht weniger, wenngleich negativ, ein Stück bürgerlichen Selbstverständnisses. Man fühlte sich den Bauern an Kultur und Lebensart überlegen; so galt es als „bäurisch", sich an Hut oder Rock zu schneuzen, einen Gruß nicht zu erwidern oder ohne Pause zu essen und zu trinken [128: BÖMER, Anstand und Etikette, 339, 344, 362]. Auf burgundischen Teppichen des 15. und frühen 16. Jahrhunderts spielten Bauern dieselben Rollen – das hat ABY WARBURG gezeigt – wie später die Satyrn der italienischen Renaissance. Wild, hinterlistig, ungezähmt nannte der Bürger Sebastian Franck die Bauern; man sah in ihnen Menschen, die „wie das dumme Vieh in Unwissenheit" erzogen wurden [Überblick: Das Bild vom Bauern. Vorstellungen und Wirklichkeit vom 16. Jahrhundert bis zur Gegenwart, Berlin 1978; N. JØRGENSEN, Bauer, Narr und Pfaffe und ihre Funktion in der Reformationszeit, Leiden 1988]. Umgekehrt brachten die Landleute den Städtern mitunter wenig Sympathie entgegen [W. KATZINGER, ‚Die Bürger in Stetten sein Diep, Schelm, Morder ...'. Zu den sozialen Konflikten in den Städten Oberösterreichs unter Kaiser Maximilian I., in: Hist. Jb. d. Stadt Linz 83 (1985), 21 ff.]. Doch wenn man sich auch über die Bauern lustig machte, so hatte man doch Angst vor ihnen. Der Bauernkrieg blieb eine traumatische Erfahrung der Oberschichten, die Furcht vor einer Erhebung des gemeinen Mannes ein Signum der Epoche.

„Bäuerische" Verhaltensweisen

Spannungen zwischen Bürgern und Bauern

Überhaupt war man schließlich weitgehend vom Land – wo bis zum Ende der frühen Neuzeit etwa 80 Prozent der Bevölkerung lebten – abhängig, von den Lebensmitteln und Rohstoffen, die es lieferte. Zugleich boten die Städte handwerkliche Erzeugnisse und Arbeitsmöglichkeiten. So müssen die Zentren des europäischen Textilgewerbes Abertausende von Landbewohnern mit Arbeit versorgt haben [H. K. SCHULZE, Städtisches Um- und Hinterland in vorindustrieller Zeit. Köln/Wien 1985; Fallstudien: W. HELD, Zwischen Markplatz und Anger. Stadt-Land-Beziehungen im 16. Jahrhundert in Thüringen. Weimar 1988; F. ESCHER, Berlin und sein Umland: Zur Genese der Berliner Stadtlandschaft bis zum Beginn des 20. Jahrhunderts. Berlin 1985].

Die Stadt versorgt das Land mit Arbeit

Die *Diffusion städtisch-bürgerlicher Kulturformen* aufs Land folgte auch solchen ökonomischen Verbindungslinien. Diese Fragen einer horizontalen Verbreitung von Kultur sind verschiedentlich erforscht worden.

Ansätze der Volkskunde

Schon aus Quellengründen steht die Frage nach der Verbreitung bestimmter Möbeltypen im Vordergrund, doch wird – wenn die Überlieferung entsprechende Befunde ermöglicht – auch beispielsweise untersucht, wann bestimmte Eß- und Trinksitten städtischer Provenienz auf dem Land nachweisbar werden. Am Trinkgeschirr ist so das Vordringen von Tee oder Kaffee zu erkennen, sie werden zuerst in ländlichen Oberschichten oder Honoratiorenkreisen getrunken und verbreiten sich dann „nach unten", ein Vorgang, der für das letzte Drittel des 18. Jahrhunderts beobachtet wurde [151: Wiegelmann, Alltags- und Festspeisen, 170ff.]. Ähnliche Wege von den bürgerlichen Haushalten aufs Land scheint die Uhr genommen zu haben.

Verbreitung von Innovationen

Klaus Roth nennt in seinen Untersuchungen zur „Eingliederung neuen Mobiliars und Hausrats im südlichen Münsterland im 17. bis 19. Jahrhundert" [in 57: Wiegelmann, Stadt-Land-Beziehungen, 249–295] zwei möglicherweise generalisierbare Regeln für die Verbreitung von Innovationen. Erstens nehme die Innovationsbereitschaft mit wachsender Entfernung von der Stadt (in diesem Fall: Münster) ab; Münster tritt zudem als Zentrum mit stärkerer Ausstrahlungskraft hervor als andere Städte des Untersuchungsgebietes. Zweitens meint Roth, eine Korrelation zwischen der wirtschaftlichen Lage der Kirchspiele und dem jeweiligen innovativen Verhalten aufdecken zu können [275].

Bürgerliche Inventare

Ein methodisches Problem stellt das Fehlen genauer Untersuchungen über bürgerliche Wohnungseinrichtungen dar [57: Wiegelmann, Stadt-Land-Beziehungen, 23]. Die Kunstgeschichte, meint Günter Wiegelmann, habe sich auf Spitzenstücke konzentriert, die Volkskunde ihr Augenmerk vor allem auf ländliche Verhältnisse gerichtet. Ein Forschungsproblem ist daher die Frage, „welche bürgerlichen Schichten für welche Gruppen der Landbevölkerung kulturelle Vorbilder waren" [Ebd.].

Differenzierung durch Regionalforschung

Regionalstudien erbringen divergierende Befunde. So hat Karl-S. Kramer gezeigt, daß sich in Unterfranken kaum Unterschiede zwischen Städten, Märkten und kleinen Dörfern identifizieren lassen, während in Mittelfranken eindeutig vom städtischen verschiedenes ländliches Brauchtum begegne [Volksleben im Hochstift Bamberg und im Fürstentum Coburg (1500–1800). Würzburg 1967, 293f.]. Bedal vertritt aufgrund in Ostbayern gesammelten Materials die Anschauung, hier sei für das 16. und 17. Jahrhundert eine Diffusion bürgerlicher Wohnkultur aufs Land allenfalls in Einzelfällen nachweisbar [97: Wohnkultur, 206–208]. Norddeutsche Befunde ergeben ein völlig anderes Bild. WIEGELMANN versucht dies mit der Überlegung zu erklären, daß es im Norden – im Gegensatz zu den Verhältnissen Süddeutschlands – „keine tiefgreifenden Impulse zur *Verbürgerlichung* des Landes" gegeben habe, vielmehr gegenteilige Tendenzen zu registrieren seien [57: Stadt-Land-Beziehungen, 9]: „Weil die Sachkultur der süddeutschen Dörfer bereits im Spätmittelalter so weitgehend an die der Bürger angeglichen war, konnte K. Bedal in den Inventaren ... nur so entmutigend geringe Unterschiede ausmachen" [Ebd.]. Und er weist darauf hin, daß in der Nähe einer Großstadt wie Nürnberg zweifellos ein anderes Bild zu gewinnen wäre. Dies verweist auf eine grundsätzlichere Problematik: Wo soll die Grenze zwischen Stadt und Land gezogen werden?

Unterschiedliche „Verbürgerlichung des Landes"

Ist dieser Gegensatz überhaupt analytisch fruchtbar zu machen? Nach GERNDT fordere *Land* unmittelbar keine Begriffsbestimmung: „Man kann dem ‚Land' nicht gegenübertreten, weil man es weder als Ganzes überschauen noch in repräsentierende Teilbereiche zergliedern kann. Denn es gibt zwar viele Städte, aber immer nur ein ‚Land', und das ist überall, wo nicht Stadt ist ... ‚Land' bleibt immer Land als ideale Gesamtheit" [63: GERNDT, Kultur als Forschungsfeld, 53].

Ist der Gegensatz „Stadt–Land" analytisch fruchtbar zu machen?

Ist andererseits die bürgerliche Lebenswelt einfach als „nichtländlich" zu fassen? Ja und nein. Es wurde schon erwähnt, daß die frühe Neuzeit eine Vielzahl von Stadttypen kennt; so gibt es eine große Zahl eindeutiger Städte außerhalb der Gesamtheit „Land", aber auch Orte, die – ungeachtet etwa rechtlicher Kriterien – sozial, ökonomisch und kulturell im Land aufgehen. Als wichtiges Kriterium wurde der flexibel zu fassende Grad der demographischen Verdichtung eingeführt (S. 3).

Weiterhin sind Stadt und Land in der Frühneuzeit insgesamt *eindeutiger* voneinander abgrenzbar als im 19. und 20. Jahrhundert, wo durch Verstädterung immer weitere Bereiche des einstigen Umlands ihren hergebrachten Charakter verlieren. Dennoch sind die traditionell von der Forschung benutzten Antithesen (etwa „ländliche" Traditionalität – „städtische" Dynamik und Rationalität) vor allem analytische Hilfen [vgl. schon W. H. RIEHL, Land und Leute. 6. Aufl. Stuttgart 1867, 81–122] – ganz abgesehen davon, daß sich „Rationalität" immer nur aus der Perspektive bestimmter Kulturen und historisch-teleologisch definiert. Mit diesen Vorbehalten führt es weiter, der vergleichsweise intensiver christianisierten, technisier-

Städtische Rationalität – Ländliche Traditionalität

ten und mit einem dichteren und weiter ausgreifenden Kommunikationsnetz ausgestatteten städtischen Welt mehr „Rationalität" zuzugestehen als dem Land. In der kleinräumigen, dichtbesiedelten Welt der Stadt war schließlich herrschaftliche Durchdringung, waren Ordnungsmaßnahmen eher zu realisieren als auf dem Land: Ein Staatswesen mit „christlicher Policey" konnte hier am ehesten Wirklichkeit werden. Das bedeutete, daß „irrationale" Elemente nach Kräften von den Mauern der Stadt ferngehalten wurden – so steckte man Magier, „weise Frauen" oder Hellseher, wenn möglich, ins Gefängnis oder verwies sie der Stadt [45: ROECK, Krieg und Frieden].

Seltenheit städtischer Hexenprozesse

Auffällig ist freilich, daß es in den größeren Städten Deutschlands ungleich weniger Hinrichtungen von *Hexen* gegeben hat als auf dem Land. Dieser Aussage scheinbar entgegenstehende Befunde wurden im kleinstädtischen Milieu gewonnen [G. SCHORMANN, Städtische Gesellschaft und Hexenprozeß, in: 36: Stadt im Wandel, 175–187]. Dies hängt auch mit spezifischen Besonderheiten der städtischen Lebenswelt zusammen. Die Stadt bietet eine „künstliche Umwelt": Das Erlebnis von Naturerscheinungen war im gebauten Raum der Stadt seltener. So erfuhr der Städter etwa die Auswirkungen eines Hagelsturmes weniger „direkt" als indirekt, nämlich über steigende Brotpreise. Er wird also unter Umständen nicht den „Wetterzauber" der Hexen, sondern Bäcker oder Getreidehändler als „Schuldige" finden. Die „natürliche" – ländliche – Umwelt bietet überhaupt eine größere Vielfalt an Phänomenen, die metaphysische Erklärungen nahelegen, der Phantasie jene Anregungen bieten, die zur „Konstruktion" von Hexen und Geistern unabdingbar sind [45: ROECK, Krieg und Frieden, 366–369]. Je entwickelter die Verhältnisse von Kommunikation, Technik und Ökonomie sind – so die These –, desto geringer ist die Chance dieser Art „metaphysischer" Weltdeutung.

Die „künstliche Umwelt" der Stadt

Reizüberflutung

Dazu kam, daß in den Städten dichtere kirchliche Strukturen bestanden; das engere Kommunikationssystem dürfte eine vergleichsweise intensivere „Christianisierung" bewirkt haben. Das verhinderte an sich noch keine Hexenprozesse, bewirkte aber, daß der Nährboden für Denunziationen schwand – welch entscheidende Bedeutung der „populäre " Hexen- und Geisterglauben für die großen Verfolgungswellen hatte, zeigt gerade die neuere Forschung [Übersicht: W. BEHRINGER, Erträge und Perspektiven der Hexenforschung, in: HZ 249 (1989), 619–640]. Schließlich gab es in den Städten ein vergleichsweise dichteres Netz der Armen- und Krankenfür-

Intensivere „Christianisierung"

sorge als auf dem Land. Dies mußte zur Linderung vieler der Übel beitragen, die sonst zur Suche nach „Schuldigen“ anhielten oder zur „Alltagsbewältigung“ durch Magie [H. DIENST, Lebensbewältigung durch Magie, in: 31: KOHLER, Alltag, 80–116].

Das soziale Netz der Stadt

Auch wenn sich die Fragmente eines magischen, archaischen Weltbildes außerhalb der Städte länger halten konnten, ist doch nicht von einer strengen Dichotomie „Volkskultur“/„Elitekultur“ auszugehen. Bekanntlich war selbst unter den Gebildeten jene seltsame Mischung religiöser, konfessioneller Überzeugungen mit dem Glauben an die Wirkungen der Magie oder Nekromantie verbreitet [vgl. etwa E. W. ZEEDEN, Katholische Überlieferungen in den lutherischen Kirchenordnungen des 16. Jahrhunderts, in: Ders., Konfessionsbildung, 179–182; G. SCHWERHOFF, Rationalität im Wahn. Zum gelehrten Diskurs über die Hexen der frühen Neuzeit, in: Saeculum 37 (1986), 45–82]. Möglicherweise hat die Dialektik von Reformation und Gegenreformation – indem sie die Auseinandersetzung mit Glaubensdingen förderte – zu einer allmählichen Trennung dieser Denkformen beigetragen. Der französische Historiker ROBERT MUCHEMBLED interpretierte diese Entwicklung als gewaltsame Auseinandersetzung der *Elitekultur* mit der *Volkskultur* [Culture populaire et culture des élites dans la France moderne – XVe–XVIIIe siècles. Paris 1978]; andere sprechen zurückhaltender von einer Reform der Volkskultur zwischen 1500 und 1650 [W. SCHULZE, Deutsche Geschichte im 16. Jahrhundert. Frankfurt 1987, 265]. Auch wenn der Macht akkumulierende Fürstenstaat meist als eigentlicher Kontrahent der Kultur des Volkes identifiziert wird, bedarf doch die Rolle des Bürgertums in diesen säkularen Vorgängen der Präzisierung. Bürgerliche Beamte und Juristen formulierten die Normen, die zusehends differenziert das Alltagsleben der „Untertanen“ regeln sollten, bürgerliche Rationalität scheint mancherorts Hexenverfolgungen *entgegengewirkt* zu haben [W. BEHRINGER, Hexenverfolgung in Bayern. (...) München 1987, 251, 257]. Die Infiltration der ländlichen Welt mit Empirie, Ökonomie und Technik, die verstärkt seit dem 18. Jahrhundert erfolgte, ist kaum einfach als „Überfremdung“ oder „Unterdrückung“ auf den Begriff zu bringen.

Das Problemfeld „Volkskultur – Elitekultur“

Muchembled: Gewaltsamer Konflikt Volkskultur – Elitekultur

Reform der Volkskultur

Rationalität im Wahn

Nicht alles, was von den „patriotischen“ oder „ökonomischen“ Gesellschaften der Aufklärung diskutiert und publiziert wurde, blieb allein theoretisch; die Bestrebungen zur „Hebung“ der Landwirtschaft waren oft Ausdruck pädagogischer und philanthropischer Ambitionen, die zugleich eine neue Einstellung der Bürger

Wandel bürgerlicher Einstellungen zum Land

zum Bauernstand inaugurierten. Und sie waren Ausdruck eines zusehends sachlicheren Umgangs mit der Natur, die erforscht und effizient genutzt werden sollte. Dies bedeutete Entzauberung und Entfremdung; die Erklärbarkeit der Naturphänomene bedingte ihren Sinnverlust. Die andere Seite dieses Prozesses – die „Wiederkehr des Verdrängten" in der Dialektik der Aufklärung – war, daß man sich in Kunst und Philosophie des Gegenbildes versicherte: Bürgerliche Künstler und Intellektuelle haben bedeutenden Anteil daran. Der Mythos von Arkadien, vom „Goldenen Zeitalter", kommt aus einer „zivilisierten", häufig städtischen Welt, nicht weniger die philosophische Reaktion gegen bestimmte Tendenzen aufgeklärten Natur- und Geschichtsverständnisses.

Dialektik der Aufklärung

Schluß: Wege nach Arkadien

Ist es Zufall, daß das 18. Jahrhundert, das Jahrhundert des aufsteigenden und sich seiner selbst bewußt werdenden Bürgertums, zugleich die literarische Gattung der Utopie zu einem Höhepunkt ihrer Entfaltung bringt? 1719 erscheint eine der Inkunabeln des Genres, Daniel Defoes „Robinson Crusoe", ein Buch, das schon im Jahr darauf auf deutsch vorliegt und rasch von weiteren utopischen Romanen gefolgt wird. Das bekannteste Beispiel stellt wohl Johann Gottfried Schnabels „Insel Felsenburg" von 1731 dar: Vier Schiffbrüchige stranden auf dem fernen Eiland. Dort entsteht nach mannigfachen Auseinandersetzungen ein ideales Gemeinwesen, wo bürgerliche Tugenden und wahres (protestantisch gefärbtes) Christentum die menschlichen Beziehungen prägen. Redlichkeit, Gottvertrauen, Tüchtigkeit und Durchsetzungsvermögen, ökonomisches Geschick – das sind Eigenschaften der Helden dieser und anderer Robinsonaden; bürgerliche Eigenschaften also, die sich bei der Kultivierung der Natur und der Begründung vernünftig organisierter Gemeinwesen bewähren.

„Zurück zur Natur" hieß im 18. Jahrhundert immer auch „zurück zur Vernunft", Reinigung der Kultur von allem „Unnatürlichen", das zugleich als unvernünftig interpretiert wird [295: Kondylis, Aufklärung, 355]. Diese Auffassung konstituiert die Utopie vom harmonisch funktionierenden Gemeinwesen des exotischen „edlen Wilden" oder der einfältigen Bauern [O. v. Hippel, Die pädagogische Dorf-Utopie der Aufklärung. 1939] – Idealbilder, damit Gegenbilder zur Wirklichkeit der Gesellschaft des 18. Jahrhunderts. Das bedingt den politischen, zeitkritischen Charakter vieler utopischer Texte – Heinses „Ardinghello oder die glückseligen Inseln", zwei Jahre vor Ausbruch der Französischen Revolution erschienen, bietet das bekannteste und schon damals als „gefährlich" empfundene Beispiel [37: MÖLLER, Fürstenstaat oder Bürgernation, 456f.].

Andererseits kannte das 18. Jahrhundert auch Annäherungen an das ferne Ideal einer ständelosen, vernünftigen, natürlichen Gesellschaft; wir haben sie in den Orden und Clubs der Aufklärung kennengelernt. In Klopstocks „Deutscher Gelehrtenrepublik" von 1774 wird die Konvergenz von literarischem Genre und gesellschaftlicher Wirklichkeit einmal besonders gut nachvollziehbar: Der hier entfaltete ideale Staat der original schaffenden Literaten scheint geradezu Präludium des exklusiven literarischen Zirkels zu sein, den Klopstock selbst ein halbes Jahrzehnt später begründen wird.

Andere versuchten sich auch räumlich von ihrer bürgerlichen Wirklichkeit, ihrem „denaturierten" gesellschaftlichen Dasein zu entfernen; den Weg nach Arkadien wenigstens ein Stück weit zu gehen. Die Geschichte der idyllischen Landpartie gehört in diesen Zusammenhang, auch die des Gartens vor der Stadt oder des Landhauses, in dem so mancher – in humanistischer Tradition – sein *tusculum* findet. Und werden nicht die idealen Landschaften Philipp Hackerts, Salomon Geßners, Ferdinand Kobells und anderer, die nun auch die Wohnungen der Bürger schmücken, zum Landschaftsersatz, indem sie die Aneigung von Natur gewährleisten, wiederum Gegenbilder zur zivilisierten städtischen Umwelt bietend? Jedenfalls sind sie Kristallisationen einer Sehnsucht, die ein Ziel gefunden zu haben scheint: Das Licht Claude Lorrains, das durch viele der Landschaftsdarstellungen Hackerts und seiner Zeitgenossen schimmert, ist das Licht *Italiens*.

Einen neuen Zugang zur Kunst der Halbinsel hatten vor allem zwei Bücher eröffnet: JOHANN JOACHIM WINCKELMANNS 1755 erschienene „Gedancken über die Nachahmung der Griechischen Wercke in der Mahlerey und Bildhauer Kunst" und die „Geschichte der Kunst des Altertums" desselben Autors (1764) – es ging darin um die Errichtung eines kunsttheoretischen Systems, das zwar Werke der griechischen Kunst zum Zentrum hatte, aber aus der Anschauung in Italien befindlicher Funde konzipiert worden war [vgl. 300: MILLER, Philhellenismus]. Auch Winckelmann ging eigentlich von einer Utopie aus: von der Vorstellung eines Goldenen Zeitalters am Morgen der Menschheit, wo in den paradiesischen Gefilden

Griechenlands die Götter den Menschen noch nahe waren. Unter dem „sanften und reinen Himmel" der ägäischen Welt, in einer natürlichen, freien Gesellschaft sei jene Kunst entstanden, in der sich aus der Vielfalt des Wirklichen ein Ideal formte. Winckelmann sprach vom „Unbezeichneten", von rational nicht mehr begreifbarer Schönheit. Sie lag in jener „edlen Einfalt und stillen Größe", die in seinen Augen mit der Freiheit und Natürlichkeit ihrer Schöpfer korrespondierte. Mit dem Ende dieser Freiheit habe auch der Verfall der griechischen Kultur eingesetzt.

Folgenreicher als die politischen Implikationen der klassizistischen Kunsttheorie blieb für seine deutschen Leser, daß der Apologet griechischer Klassik die enthusiastische Kunstanschauung geradezu zu einer Religion machte. Wenn viele Deutsche die Welt der Schönheit für ihr eigentliches Vaterland hielten, dann hat daran Winckelmann einen nicht unerheblichen Anteil.

Die Funktionen des wirklichen Griechenland – dessen Kenntnis weder Winckelmann, noch Schiller oder Hölderlin den Flug der Phantasie hemmte – übernahm in einem seltsamen Amalgamierungsprozeß Italien. Das Land, „wo die Zitronen blühn", etablierte sich als ideale Gegenwelt zu den deutschen Kleinstaaten: unter einem südlichen Himmel fand man zu sich selbst; führte – so man die Mittel dazu hatte – ein bohèmehaftes, freies Leben in Anschauung des Schönen, wie die Bewohner der utopischen Republiken auf den „Glückseligen Inseln".

Wenige (zu denen Herder zählte) ließ Italien unberührt, kaum einer sah auch die Probleme des Landes, wie Johann Gottfried Seume auf seinem berühmten „Spaziergang nach Syrakus" (1803). Die Tradition der Verehrer reicht über Heinse und Moritz bis zu Jacob Burckhardt, dessen Denken vielleicht ein letztes Mal die Sublimationsfunktionen ahnen läßt, die eine von Winckelmann geprägte Ästhethik in der untergehenden Welt Alteuropas gewinnen konnte.

8. Nachtrag: Tendenzen der Forschung seit 1991

8.1 Einleitung. Die Geschichte des frühneuzeitlichen Bürgertums im Zeichen der Kulturgeschichte

Die Auseinandersetzung mit der Geschichte des Bürgertums und seiner Kultur hat in den zwei Jahrzehnten seit Erscheinen der ersten Auflage dieses Buches – der in der Zwischenzeit auch eine stark modifizierte englische Ausgabe gefolgt ist [410: ROECK, Culture] – nichts von ihrer Aktualität eingebüßt. Das liegt zum einen an den theoretischen Neuorientierungen der Geschichtswissenschaft, die vor allem durch eine deutliche Fokussierung auf die Kulturgeschichte charakterisierbar ist; Fanal dieser Orientierung ist die „Enzyklopädie der Neuzeit", ein verlegerisches Großunternehmen, das zahlreiche für das Thema dieses Buches einschlägige Lemmata enthält [373: JÄGER U. A., Enzyklopädie]. Das vermehrte Interesse der Forschung für weltgeschichtliche Zusammenhänge zeigt weiterhin, welch herausragende Bedeutung das Bürgertum für die Sonderwege der westlichen Gesellschaften hatte und noch hat. Von der Existenz einer solchen Mittelschicht, die nicht nur ökonomisch, sondern auch kulturell definiert ist, hing Wesentliches ab. Jedenfalls hatte das Bürgertum an den großen geistigen und kulturellen Entwicklungen der frühen Neuzeit – die Stichworte Renaissance, Humanismus und Reformation und Aufklärung mögen genügen – überragenden Anteil. Bürger waren die entscheidenden Akteure der Revolutionen des 18. Jahrhunderts, zu deren wichtigsten Vordenkern ebenfalls Bürger zählten. Die demokratischen Zivilgesellschaften unserer Zeit sind, was der Begriff andeutet, ihr Werk [429: SCHRADER, Formierung]. Die frühneuzeitlichen Verhältnisse zeigen zugleich die Anfänge einer Formation, die im 19. Jahrhundert als „Bildungsbürgertum" Kontur gewinnen wird.

Dass sich ihre Geschichte nicht einfach „auch", sondern primär als Kulturgeschichte erschließt, ließe sich mit Bezug auf die Symboltheorie Pierre Bourdieus, namentlich mit dessen Habitus-Konzept begründen [329: BOURDIEU, Soziologie, 125-158]. Tatsächlich lassen sich Accessoires der Bürgerinnen und Bürger, die Dinge, mit denen sie sich umgaben, ihre Dispositionen und Handlungsweisen als Vermittler zwischen Struktur und Praxis, zwischen Individuum und Gesellschaft auffassen [337: DANIEL, Kompendium, 190f.]. Kleider, Möbel, Kunstwerke und Gesten treten in Bourdieus Sicht als Ausdruck gesellschaftlicher Realität keineswegs in Gegensatz zu „harten" ökonomischen Daten und über Schriftquellen rekonstruierbare Netzwerke. Sie sind

Ausdruck spezifischer Lebensführung, prägnanter Lebensformen [401: MÜNCH, Lebensformen] und einer bestimmten Werthaltung [363: HAHN/HEIN, Bürgerliche Werte; 347: FREY, Der reinliche Bürger], die sich, was das Thema dieses Buches betrifft, als „Bürgerlichkeit" auf den Begriff bringen lassen [320: ALBRECHT, Bürgerlichkeit; 441: UMBACH, Bürgerlichkeit; 348: FRIEDRICH, Bürgerlichkeit]. Der Begriff „Bürgertum", so wurde argumentiert, könne nur dann mehr bedeuten als die Umschreibung von Mittelklasselagen, wenn spezifische Vergesellschaftungen von Mittelklassen erfolgten, die sich einerseits zu sozialen Einheiten formierten, andererseits als Träger bestimmter ökonomischer, sozialer, politischer und kultureller Prozesse hervorträten [371: HETTLING, Kleinstadt, 281]. Wie schon in der ersten Auflage (2f.), folgt der Verf. hier einem pragmatischen Verständnis des Begriffes. Als maßgebliches Kriterium geht dieser Überblick vom städtischen Raum als Ort des Bürgertums aus.

8.2 Der weitere Kontext. Neuere Gesamtdarstellungen, übergreifende Ansätze

Dass neuere Gesamtdarstellungen zur frühneuzeitlichen Stadtgeschichte [349: FRIEDRICHS, Early Modern City; 381: KNITTLER, Europäische Stadt; 419 ROSSEAUX, Städte], Ausstellungskataloge [z. B. 334: BUSSMANN/SCHILLING, 1648; 405: OTTOMEYER, Heiliges Römisches Reich] oder auch Veröffentlichungen zu einzelnen Städten [374: JAHN U. A., Bürgerfleiß] und Stadtgeschichten für die Thematik dieses Buches einschlägiges Material enthalten, versteht sich. Dasselbe gilt für kulturhistorische bzw. kulturanthropologische Synthesen [vgl. etwa 408: REINHARD, Lebensformen] oder neuere Gesamtdarstellungen einzelner Epochen [423: SCHILLING, Neue Zeit; 365: HAMM, Bürgertum; 330: BURKHARDT, Reformationsjahrhundert; 427: SCHMIDT, Wandel durch Vernunft; 443: WENDEHORST/WESTPHAL. Lesebuch Altes Reich]. Wenn Bürgerinnen und Bürger in solchen und anderen Kontexten – etwa der Kommunikationsgeschichte [407: RAU/SCHWERHOFF, Zwischen Gotteshaus und Taverne] – hervortreten, hat dies nicht zuletzt Quellengründe, ist doch die Überlieferung für städtische Lebenswelten meist wesentlich dichter als für das Land. Auch Analysen kleinerer Städte verdienen Berücksichtigung [439: TREFFEISEN/ANDERMANN, Landesherrliche Städte; 377: KELLER, Kleinstädte]. Natürlich impliziert Handwerksgeschichte die Geschichte bürgerlicher und städtischer Kultur- und Lebenswelten [neuere Lit. bei R. REITH in 373: Enzyklopädie, Bd. 5, Sp. 171-173; 432: SENNET, Handwerk] ebenso wie die Geschichte von Handel und Kaufmannschaft [Lit. H. SCHULTZ in 373: Enzyklopädie, Bd. 6, Sp. 482f.].

Die städtischen Archive ermöglichen ferner geschlechtergeschichtliche Zugriffe [392: MERK, Weibliche Lebenszusammenhänge; 406: PILS, Raum schichten, 440: TREPP, Sanfte Männlichkeit; 397: MOMMERTZ/OPITZ-BELAKHAL, Geschlecht des Glaubens; 446: WUNDER, Er ist die Sonn'; 435: TATLOCK, Graph]. Zum Beispiel lassen sich Befunde zur Literalität frühneuzeitlicher Städterinnen erheben [361: HACKE, Frauen in der Stadt].

Körpergeschichte hat auch die Leiber von Bürgerinnen und Bürgern zum Gegenstand [351: FRIELING, Ausdruck; 422: SARASIN, Reizbare Maschinen; 430: SCHREINER/SCHNITZLER, Symbolik und Sozialbezug des Körpers; zuletzt 387: MALLINCKRODT, Körpertechniken] oder auch die Untersuchung der Konzeptualisierung von Männlichkeit [391: MENTGES, Fashion]. Von Michel Foucaults Archäologie ausgehende Studien transzendieren die ohnedies weiten Grenzen einer Kulturgeschichte des frühneuzeitlichen deutschen Bürgertums. Theatergeschichte lässt sich auch für körpergeschichtliche Fragen und für die Geschichte der Emotionen fruchtbar machen [442: WEISS-SCHLETTERER, Laster des Lachens].

Auch die frühneuzeitliche Geschichte der Familie [354: GESTRICH, Neuzeit; 360: HABERMAS, Frauen und Männer; 331: BURGHARTZ, Zeiten der Reinheit; 421: SABEAN, Kinship], überhaupt die „Geschichte des privaten Lebens“ hat sehr häufig die Stadt als Bühne. Die Frage nach der Entstehung einer Auseinandersetzung mit dem Selbst zählt seit Jacob Burckhardts Behauptung, das Individuum werde zum ersten Mal in der italienischen Renaissance fassbar, zu den Themen der Frühneuzeitforschung [341: VAN DÜLMEN, Entdeckung des Ich; 358: VON GREYERZ, Selbstzeugnisse; 388: MAURER, Biographie; 322: AMELANG, Flight of Icarus; 385: KORMANN, Ich, Welt und Gott]. Weibliche Selbstreflexionen wurden auf der Grundlage pietistischer Texte diskutiert [357: GLEIXNER, Pietismus und Bürgertum, 119-165]. Mit bürgerlichen Porträts und Künstlerselbstporträts – das berühmteste Beispiel bietet Albrecht Dürer [383: KOERNER, Moment of Self Portraiture] – liegen bedeutende nicht-schriftliche Quellen für die Genese und die Ausbreitung des autobiographischen Diskurses vor.

Eine von dem französischen Historiker Pierre Nora initiierte Forschungsrichtung hat „Erinnerungsorte“ zum Gegenstand. Der Begriff meint nicht allein die klassischen „Stützen“ des kollektiven Gedächtnisses wie Denkmäler oder Jubiläumsschriften, vielmehr sollte er alle möglichen, „weichen“ Elemente von Erinnerung umgreifen, die bisher kaum Gegenstand der Forschung waren. Nora hat vor allem das französische Nationalgedächtnis zum Thema. Ein monumentales deutsches Unternehmen griff die mit Noras Buch gegebene Anregung auf und wandte die Methode auf das deutsche Nationalgedächtnis an [345: François/Schulze, Deutsche Erinnerungsorte]. Das dreibändige Werk enthält zahlreiche Kapitel, die für die Kulturgeschichte des deutschen Bürgertums relevant sind, von „Reichstag“ über „Weihnachten“ bis zum „'goldenen' Handwerk“. Die Beschäftigung mit den „lieux de mémoire“ führt zugleich auf das weite Feld bürgerlicher Identitätsbildung [364: Hahn, Städtische Traditionen], das auch Feste und Jubiläumsfeiern umfasst [z. B. 353: Gantet, Paix de Westphalie; 400: Müller, Jubiläum; 420: Rosseaux/Flügel/ Damm, Zeitrhythmen].

8.3 Kultur als Resultat von Transfer- und Austauschprozessen

Fragwürdiger denn je ist, ob sich noch eine national orientierte Geschichte der bürgerlichen Kultur überhaupt schreiben lässt. „Kultur“ entsteht immer – auch – über Transfer- und Austauschprozesse. Die in der ersten Auflage dieses Buches gelegentlich thematisierte Problematik des Kulturtransfers und kulturellen Austauschs (vgl. S. 5, 90-92) ist inzwischen zu Gegenstand intensiver Forschung avanciert [411: Roeck, Introduction; 447: Zimmermann, Höfe - Salons - Akademien]. Das frühneuzeitliche Bürgertum war in diesen Vorgängen Akteur und Objekt. Kaufleute und Handwerker zum Beispiel hatten für den Austausch von Kunstwerken, Luxusgütern oder Literatur herausragende Bedeutung. Drucker aus Köln und Augsburg ließen sich im ausgehenden 15. Jahrhundert in Venedig nieder und importierten moderne Renaissance-Typographie in ihre Heimat [444: Wirtz, Köln und Venedig, 186f.]. Deutsches Kapital und italienisches Design gingen hier fruchtbare Symbiosen ein.

8.4 Das frühneuzeitliche Stadtbild; Stadtplanung und Stadtdarstellungen

Die Parallelität ökonomischer Kontakte und kultureller Beziehungen wird auch an der Übermittlung von Bildmustern deutlich, die sich zum Beispiel an Stadtveduten beobachten lassen; neuere Darstellungen bieten umfassende Typologien und Funktionsanalysen [325: Behringer/Roeck, Bild der Stadt]. Besondere Aufmerksamkeit verdienen spektakuläre Neufunde oder Wiederentdeckungen frühneuzeitlicher Stadtdarstellungen. Neu ist in diesem Zusammenhang die mediengeschichtliche Perspektive [vgl. auch 445: Würgler, Medien], die sich auch mit den Übergängen zwischen gemalter oder druckgrafischer Vedute und Fotografie auseinandersetzt [415: Roeck, Stadtbilder]. Damit würde der zeitliche Rahmen der ersten Ausgabe dieses Buches transzendiert. In weiterem Kontext erscheint die Genese der autonomen Stadtdarstellung als Aspekt neuzeitlicher Säkularisierung. Die Geschichte der frühneuzeitlichen Stadtplanung wurde inzwischen durch Krufts Studie über Idealstädte – als deutscher Fall wird Freudenstadt erörtert – und Eva-Maria Sengs Untersuchung neu erschlossen [385: Kruft, Städte; 431: Seng, Stadtplanung]; die letztgenannte Arbeit erinnert daran, dass das Bürgertum des Reiches kein wirkliches Verhältnis zur urbanistischen Theorie gewann. In Bezug auf das äußere Bild der frühneuzeitlichen Städte sind auch Studien zu ephemeren Phänomenen wie der Fassadenmalerei des 18. Jahrhunderts [362: Hafner, Fassadenmalerei], zur Bautechnik [324: Bedal, Fachwerk] oder zu den Orten der Handwerkskorporationen mit ihrer spezifischen Öffentlichkeit zu nennen [344: Fouquet/Steinbrink/Zeilinger, Geschlechtergesellschaften]. Auch zu Stadthäusern des Adels liegen neuere Untersuchungen vor [ebd. 536f.], ebenso zum Bürgerhaus, das vor der Folie eines differenzierten Konzepts von Öffentlichkeit analysiert wird [342: Eibach, Haus]. Das Rathaus als Zentrum bürgerlicher Identität und Bühne politischer Aushandlungsprozesse war Gegenstand zahlreicher Studien [416: Roeck, Rathaus und Reichsstadt].

Versuche, die Semantik der Stadt und ihre Funktion als Bühne ritueller Inszenierungen zu analysieren, wurden bisher vor allem am Fall italienischer Städte wie Verona und Venedig unternommen [vgl. aber auch 372: Jachmann/Schilling, Repräsentation; 340: Dörk, Der verwilderte Raum]. Die (Wieder-) Entdeckung des Raumes als historische Kategorie [375: Jöchner, Politische Räume] hatte auch für die Geschichte der bürgerlichen Kultur Folgen. Am Beispiel der Errichtung eines Prachtbrunnens in der Reichsstadt Augsburg lässt sich prägnant zeigen, wie sich im Lauf des 16. Jahrhunderts ein bürgerlicher, weltlicher Raum vom sakralen Bereich der bürgerlichen „Heilsgemeinschaft" abzugrenzen beginnt [409: Roeck, Brunnen der Macht].

8.5 Wohnen, Alltagsleben

Die Geschichte des Wohnens, des Hausbaus und der bürgerlichen Sachkultur hat durch eine handbuchartige Darstellung ein festeres Fundament gewonnen [338: Dirlmeier, Geschichte]; Beachtung verdienen in diesem Zusammenhang auch Spezialstudien, die etwa Aufschlüsse zu Heizsystemen – oder deren Mängeln [394: MICHELS, Entwicklung, 33] – vermitteln. Verstärkt sind dabei umwelt- und technikgeschichtliche Fragestellungen ins Blickfeld geraten.

Die Alltagsgeschichte, immer in Gefahr, kompilatorisch zu sein und beliebig, kann in bestimmten Kontexten – etwa im Zusammenhang der Lutherforschung [390: MELLER/RHEIN/STEPHAN, Luthers Lebenswelten] – durchaus Relevanz gewinnen. Intensives Interesse hat nach wie vor das „Buch Weinsberg", eine einzigartige Quelle zur Lebenswelt eines Bürgers im Köln des 16. Jahrhunderts, auf sich gezogen [338: DIRLMEIER, Geschichte, 484-494; 434: STUDT, Haus und Gedächtnis]. Eine Mikrogeschichte bürgerlichen Lebens bietet Le Roy Laduries Lebensgeschichte Felix Platters [386: LADURIE, Platter]. Das zivilisationstheoretische Paradigma hat weitere Modifikationen erfahren [424: SCHINDLER, Prozess der Zivilisation]. Dass der eliassche Zugriff, nimmt man ihn als generelles Interpretament der „westlichen" Geschichte, überstrapaziert wird, ist inzwischen unbestritten. Doch bietet er bei reflektierter Verwendung nach wie vor plausible Deutungsansätze für bestimmte Phänomene der Kulturgeschichte des Bürgertums – so zum Beispiel Prozesse der Individualisierung, die sich am Vordringen von Stühlen im Lauf des 17. Jahrhunderts oder an der Ausdifferenzierung von Rückzugsräumen in Innendispositionen bürgerlicher Wohnhäusern ablesen lassen. Auch die Anstandsliteratur, an der das Bürgertum in vielfacher Hinsicht partizipierte, ist der Deutung mit zivilisationsgeschichtlichen Mustern zugänglich [W. TILL in 373: Enzyklopädie der Neuzeit, 1, Sp. 410-420.].

8.6 Bürgertum und Humanismus

Die Städte insbesondere im Süden des Heiligen Römischen Reiches – die Schweizer Eidgenossenschaft mit Basel und Zürich [335: CHRIST-VON WEDEL/LEU, Erasmus] eingeschlossen – waren Zentren humanistischer Studien. Neuere Arbeiten beschäftigen sich mit einzelnen Humanisten [Literaturhinweise: 366: Hammerstein, Bildung, 137-139; 428: SCHMIDT, Humanismus; 438: TRAUTNER, Pirckheimer; 352: FUCHS, Pirckheimer; 416: ROECK/HACKE, Welt im Augenspiegel], mit Verlagen und Druckereien [355: GIER/JANOTA, Augsburger Buchdruck] und ganz allgemein mit der Bildungsgeschichte der Epoche [367: HAMMERSTEIN, Handbuch]. Zentrale Texte des europäischen Humanismus sind durch eine Sammlung Nicolette Mouts erschlossen [398: MOUT, Kultur des Humanismus]; die europäische Ausstrahlung der italienischen Renaissancekultur, vielfältiger kultureller Austausch also, ist Thema einer umfangreichen Aufsatzsammlung [376: Kauffmann, Renaissance].

Der Humanismus hat auch im Heiligen Römischen Reich begonnen, nationale und städtische Vergangenheit zu konstruieren. Die „invention of tradition“, Versuche, durch Geschichte Identität zu gewinnen, führte zur Bildung von Mythen und Gründungslegenden [378: Kirchgässner/Becht, Städtische Mythen]. In denselben Zusammenhang gehört die frühe archäologische Forschung, die von den Höfen und Reichsstädten – die Augsburger Conrad Peutinger und Marx Welser sind neben dem bayerischen Historiker Aventin die prägnantesten Vertreter – ausging. [404: Ott, Antikensehnsucht]. Über die Forschungslage zum späten Humanismus informiert ein materialreicher Bericht, der sich auch mit Periodisierungsfragen auseinandersetzt [323: Asche, Kontinuität; vgl. auch 368: Hammerstein/Walther, Späthumanismus und 402: Niefanger, Barock].

8.7 Tagesläufe und Freizeit im 17. und 18. Jahrhundert

Der bürgerliche Tageslauf und die Herausbildung von Freizeitstrukturen war auch in den vergangenen zwei Jahrzehnten Gegenstand intensiver Forschungen [vgl. schon 37: Möller; 356: Gilomen/Schuhmacher/Tissot, Freizeit; [418: Rosseaux, Freiräume; 332: Burke, Invention; 343: Esser/Fuchs, Bäder und Kuren]. Selbst der Spaziergang als bürgerliche Praktik des ausgehenden 18. Jahrhunderts hat inzwischen das Interesse der Forschung auf sich gezogen [382: König, Spaziergang]. In diesen Zusammenhang gehören ferner Studien zur frühneuzeitlichen Vorgeschichte des Theaters [379: Kirchgässner/Becht, Stadt und Theater; 396: Möller, Theater], des Konzerts [327: Bödeker/Veit/Werner, Le concert et son public] oder des öffentlichen Museums [433: Sheehan, Geschichte]. Auch musizierende Dilettanten und Musikgesellschaften, typische Formen bürgerlicher Soziabilität, haben Aufmerksamkeit gefunden [328: Bödeker/Veit, Les sociétés de musique; 333: Busch-Salmen, Häusliches Musizieren]. Besonderes Interesse galt hier den Entwicklungen während der „Sattelzeit“, der Epoche zwischen 1750 und 1850 [vgl. auch 321: Albrecht/Bödeker/Hinrichs, Formen der Geselligkeit]. Dass Vergesellschaftungsformen aller Art zentrale Themen der Bürgertumsforschung waren und sind, hat mit ihrer prägenden Bedeutung für die bürgerliche Welt der Moderne zu tun. Sodalitäten, gelehrte Gesellschaften und Clubs erscheinen gelegentlich als Laboratorien der Egalität. [369: Hardtwig,

Genossenschaft; grundlegend 336: Clark, British Clubs]. Die Kulturgeschichte der Barockzeit stellt etwa die Frage nach Vergesellschaftungsformen in Akademien [389: Meighörner, Heiß] oder gelehrten Gesellschaften [339: Döring/Nowak, Gelehrte Gesellschaften].

8.8 Bürgertum und Kunst

Die Geschichte der Beziehung des Bürgertums zur Kunst [vgl. z. B. 437: Thamer, Bürgertum und Kunst; [413: Roeck, Kunst und Öffentlichkeit; 410: Roeck, Civic Culture, 170-193; [436: Teibler, Zwei Künstler] steht im Zeichen eines gewachsenen Interesses, Kunstwerke und im Besonderen Bilder als historische Quellen zu nutzen [412: Roeck, Historisches Auge] und auch mit der eminenten Bedeutung des Bürgertums als Reservoir der kreativen Eliten. Für die Reformationsgeschichte, die sich schon immer mit der Bilderfrage zu beschäftigen hatte, ist die Bedeutung der Thematik evident; da die Auseinandersetzung mit den Bildern die Stadt zur Bühne hat, sind Studien zu diesem Thema auch für die Kulturgeschichte des Bürgertums einschlägig [393: Michalski, Reformation].

Neuere Forschungen beschäftigen sich mit der Ökonomie der Kunst [359: Grimm, Cranach] und mit der Rolle von Bürgerinnen und Bürgern als Sammlern von Kunst [403: North, Kunstsammeln; 425: Schlögl, Bildbesitz], als Auftraggebern bzw. Auftraggeberinnen [378: Kirchgässner/Becht, Stadt und Mäzenatentum; 326: Bergdolt/Brüning, Kunst] oder auch als Mäzene; das späte 18. und das 19. Jahrhundert rückt verstärkt ins Zentrum der Aufmerksamkeit [346: Frey, Macht und Moral des Schenkens]. Die Sozialgeschichte von Musik, Literatur und bildender Kunst in der Frühen Neuzeit ist, alles in allem, immer zu einem guten Teil zugleich ein Stück Sozialgeschichte des Bürgertums, ungeachtet der noch über das 18. Jahrhundert hinaus ungebrochenen kulturellen Leitbildfunktion der Höfe [370: Held/Schneider, Sozialgeschichte].

III. Quellen und Literatur

A. Quellen

Aufgeführt werden weitgehend mehrfach im Text zitierte Quellen. Eine Quellenkunde zur Geschichte der Kultur und Lebenswelt des frühneuzeitlichen Bürgertums gibt es nicht; angesichts der Heterogenität und Breite der Thematik ist es ausgeschlossen, auf knappem Raum eine auch nur annähernd präzise Übersicht zu geben. Deshalb sei auf die umfassenden Zusammenstellungen der Handbücher verwiesen.

1. M. Beyer-Fröhlich, Deutsche Selbstzeugnisse, Leipzig 1931/32.
2. H. Rupprich (Hrsg.), Albrecht Dürer, Schriftlicher Nachlaß. 3 Bde. Berlin 1965, 1966, 1969.
3. H. Liebmann, Deutsches Land und Volk nach italienischen Reiseberichterstattern der Reformationszeit, Berlin 1910.
4. O. Flake (Hrsg.), Michel de Montaigne, Tagebuch einer Badereise. Stuttgart 1963.
5. H. Rott, Quellen und Forschungen zur südwestdeutschen und schweizerischen Kunstgeschichte im XV. und XVI. Jahrhundert. I. Bodenseegebiet, II. Alt-Schwaben und die Reichsstädte, III. Der Oberrhein, Stuttgart 1933/34/38.
6. J. v. Sandrart, Academy der Bau-, Bild- und Mahlerey-Künste, Nürnberg 1625 [ND hrsg. v. A. R. Peltzer, München 1925]
7. M. Senn, Die Wickiana. Johann Jakob Wicks Nachrichtensammlung aus dem 16. Jahrhundert. Zürich 1975.
8. G. K. Schmelzeisen u. a. (Hrsg.), Polizei- und Landesordnungen. 2 Bde., Köln 1968.

B. Literatur

Wenn möglich, wurden neuere Publikationen bevorzugt berücksichtigt. Außerdem sei auf die im Text genannten Titel verwiesen. – Die verwendeten Abkürzungen entsprechen denen der „Historischen Zeitschrift".

0. Bibliographische Hilfsmittel, allgemeine Darstellungen

0.1 Bibliographische Hilfsmittel

9. W. BAUMGART (Hrsg.), Quellenkunde zur deutschen Geschichte der Neuzeit von 1500 bis zur Gegenwart. Bde. 1–3, Darmstadt 1987, 1982.
10. H. MANNHEIMS/K. ROTH, Nachlaßverzeichnisse – Probate Inventories. Internationale Bibliographie – International Bibliography, Münster 1984.
11. W. RAUSCH (Hrsg.), Bibliographie zur Geschichte der Städte Österreichs, Linz 1984.
12. B. SCHRÖDER/H. STOOB, Bibliographie zur deutschen historischen Städteforschung. Bd. 1, Köln 1986 [Bd. 2 in Vorbereitung].
13. R. WILDHABER (Hrsg.), Internationale volkskundliche Bibliographie, Basel 1954.

0.2 Allgemeine Darstellungen

14. P. ARIÈS (Hrsg.), Histoire de la vie privée. Bd. 3: De la Renaissance aux Lumières. Paris 1986.
15. O. BORST, Babel oder Jersusalem? Sechs Kapitel Stadtgeschichte. Stuttgart 1984.
16. O. BORST, Die Kulturbedeutung der oberdeutschen Reichsstadt am Ende des Alten Reiches, in 15: 201–303, 468–508 [auch in BlldtLG 100 (1964), 159–246].
17. O. BORST, Kulturfunktionen der deutschen Stadt im 18. Jahrhundert, in 15: 355–392, 567–592 [auch in 44: 1–34].
18. F. BRAUDEL, Sozialgeschichte des 15.–18. Jahrhunderts. Der Alltag. München 1985 [frz.: Paris 1979].
19. J. BÜCKING, Kultur und Gesellschaft in Tirol um 1600. Des Hippolytus Guarinonius ‚Grewel der Verwüstung Menschlichen Geschlechts' (1610) als kulturgeschichtliche Quelle des frühen 17. Jahrhunderts. Lübeck/Hamburg 1968.
20. P. CHAUNU, Europäische Kultur im Zeitalter des Barock. 2. Aufl. Frankfurt a.M./Wien/Zürich 1970.

21. P. Chaunu, La civilisation de l'Europe des Lumières. Paris 1971.
22. R. van Dülmen, Entstehung des frühneuzeitlichen Europa 1550–1648. Frankfurt a. M. 1982.
23. N. Elias, Über den Prozeß der Zivilisation. Soziogenetische und psychogenetische Untersuchungen, 2 Bde., 8. Aufl. Frankfurt 1981.
24. E. Ermatinger, Deutsche Kultur im Zeitalter der Aufklärung. Potsdam 1934/35, 2. Aufl. Frankfurt 1969.
25. W. Flemming, Deutsche Kultur im Zeitalter des Barocks. Potsdam 1937/40. 2. Aufl., Konstanz 1960.
26. G. Freytag, Bilder aus der deutschen Vergangenheit, 3 Bde. München 1987 [ND. Zitate nach den Gesammelten Werken II, 3–7, Leipzig/Berlin o. J.].
27. L. Gall, Bürgertum in Deutschland. Berlin 1989.
28. K. Gerteis, Die deutschen Städte in der frühen Neuzeit. Zur Vorgeschichte der ‚bürgerlichen Welt'. Darmstadt 1986.
29. S. Jacobeit/W. Jacobeit, Illustrierte Alltagsgeschichte des deutschen Volkes. 1550–1810. Köln 1986.
30. J. Janssen, Geschichte des deutschen Volkes seit dem Ausgang des Mittelalters. 8 Bde. Freiburg 1876/94 [Bde. 7 u. 8. Hrsg. v. L. v. Pastor].
31. A. Kohler/H. Lutz, Alltag im 16. Jahrhundert. Studien zu Lebensformen in mitteleuropäischen Städten. Wien 1987.
32. K. Krüger (Hrsg.), Europäische Städte im Zeitalter des Barock. Gestalt – Kultur – Sozialgefüge. Köln/Wien 1988.
33. J. Kuczynski, Geschichte des Alltags des deutschen Volkes. 5 Bde. 2. Aufl. Köln 1981/82.
34. H. Kühnel, Realienkunde des Mittelalters und der frühen Neuzeit. Versuch einer Darstellung – Erfordernis der Gegenwart, in: Jb. f. Landeskunde von Niederösterreich NF 37 (1967), 215–247.
35. H. Kühnel (Hrsg.), Europäische Sachkultur, Wien 1980.
36. C. Meckseper (Hrsg.), Stadt im Wandel. Kunst und Kultur des Bürgertums in Norddeutschland 1150–1650 [Ausstellungskatalog]. 4 Bde. Stuttgart-Bad Cannstatt 1985.
37. H. Möller, Fürstenstaat oder Bürgernation. Deutschland 1763–1815, Berlin 1989.
38. P. Münch (Hrsg.), Ordnung, Fleiß und Sparsamkeit. Texte und Dokumente zur Entstehung der bürgerlichen Tugenden. München 1984.
39. L. Mumford, Die Stadt. Geschichte und Ausblick. 2 Bde. 2. Aufl. München 1980 [The City in History, 1961].
40. R. Newald, Die deutsche Literatur vom Späthumanismus zur Empfindsamkeit 1570–1750. 6. Aufl. München 1973.
41. R. Newald, Von Klopstock bis zu Goethes Tod 1750–1832. 5. Aufl. München 1967.
42. O. D. Potthoff, Kulturgeschichte des deutschen Handwerks mit besonderer Berücksichtigung seiner Blütezeit. Hamburg 1938.
43. Propyläen-Geschichte der Literatur, Bd. 3: Renaissance und Barock (1400–1700); Bd. 4: Aufklärung und Romantik (1700–1830). Berlin 1983.
44. W. Rausch (Hrsg.), Städtische Kultur in der Barockzeit. Linz/Donau 1982.

45. B. Roeck, Eine Stadt in Krieg und Frieden. Studien zur Geschichte der Reichsstadt Augsburg zwischen Kalenderstreit und Parität. 2 Bde. Göttingen 1989.
46. H. Rupprich, Die deutsche Literatur vom späten Mittelalter bis zum Barock. 2 Bde. München 1970/73.
47. H. Schilling, Aufbruch und Krise. Deutschland 1517–1648. Berlin 1987.
48. H. Schilling, Höfe und Allianzen. Deutschland 1648–1763. Berlin 1989.
49. A. Schultz, Das häusliche Leben der europäischen Kulturvölker vom Mittelalter bis zur zweiten Hälte des 18. Jahrhunderts. München/Berlin 1903 [Osnabrück 1968].
50. D. Schwarz, Sachgüter und Lebensformen. Einführung in die materielle Kultur des Mittelalters und der Neuzeit. Berlin 1970.
51. H.-E. Specker (Hrsg.), Stadt und Kultur. Sigmaringen 1983.
52. Stadt und Natur. Frankfurt um 1780 [Ausstellungskatalog]. Frankfurt a.M. 1982.
53. G. Steinhausen, Geschichte der Deutschen Kultur. 2 Bde. 2. Aufl. Leipzig/Wien 1932 [Zitate nach der 1. Aufl. 1904].
54. G. Steinhausen (Hrsg.), Monographien zur deutschen Kulturgeschichte. Die deutschen Stände in Einzeldarstellungen. 12 Bde.
55. R. Vierhaus, Staaten und Stände: vom Westfälischen bis zum Hubertusburger Frieden 1648–1763. Berlin 1984.
56. E. Weis, Der Durchbruch des Bürgertums 1776–1847. Berlin 1978.
57. G. Wiegelmann (Hrsg.), Kulturelle Stadt-Land-Beziehungen in der Neuzeit. Münster 1978.
58. G. Wiegelmann (Hrsg.), Nord-Süd-Unterschiede in der städtischen und ländlichen Kultur Mitteleuropas. Münster 1985.
59. G. Wiegelmann (Hrsg.), Wandel der Alltagskultur seit dem Mittelalter. Münster 1987.
60. R. Wissell, Des alten Handwerks Recht und Gewohnheit. 2 Bde. Berlin 1929/31 [2. Aufl. hrsg. v. E. Schraepler, 3 Bde. Berlin 1971–81].
61. E. W. Zeeden, Deutsche Kultur in der frühen Neuzeit. Frankfurt a.M. 1968.

1. Einleitung

62. J. Baur, Geschichte des Worten ‚Kultur‘ und seiner Zusammensetzungen. Diss. München 1951.
63. H. Gerndt, Kultur als Forschungsfeld. Über volkskundliches Denken und Arbeiten. München 1981.
64. E. Schaumkell, Geschichte der deutschen Kulturgeschichtsschreibung von der Mitte des 18. Jahrhunderts bis zur Romantik im Zusammenhang mit der allgemeinen geistigen Entwicklung. Leipzig 1905.
65. H. Stoob, Über frühneuzeitliche Städtetypen, in: Ders., Forschungen zum Städtewesen in Europa. Bd. 1. Köln/Wien 1970, 246–284.

2. Das Bild der frühneuzeitlichen Stadt

66. K. BEDAL, Historische Hausforschung. Eine Einführung in Arbeitsweise, Begriffe und Literatur. Münster 1978.
67. K. BEDAL, Zeitmarken in der traditionellen Baukultur. Ein gewagter Versuch an Hand nord- und süddeutscher Beispiele, in: 59: WIEGELMANN, Wandel, 139–159.
68. G. BINDING (Hrsg.), Das Deutsche Bürgerhaus, Bd. 1 [zuletzt Bd. 35], Tübingen 1959–[1986].
69. G. BINDING/U. MAINZER/A. WIEDENAU, Kleine Kunstgeschichte des deutschen Fachwerkbaus. 4. Aufl. Darmstadt 1989.
70. W. BRAUNFELS, Die Kunst im Heiligen Römischen Reich Deutscher Nation. 5 Bde. München 1979/85.
71. W. BRAUNFELS, Abendländische Stadtbaukunst. Herrschaftsform und Baugestalt. Köln 1976.
72. A. E. BRINCKMANN, Deutsche Stadtbaukunst in der Vergangenheit, ND der 2. Aufl. v. 1921 (eingel. v. W. Oechslin, Braunschweig/Wiesbaden 1985.
73. K. CZOK, Zu Kultur und Baukunst in Stadt und Vorstädten im 18. Jahrhundert – dargestellt am Beispiel der Stadt Leipzig, in 44: RAUSCH, Städtische Kultur, 87–104.
74. E. EGLI, Geschichte des Städtebaus. Bd. 3: Die Neue Zeit. Erlenbach – Zürich/Stuttgart 1967.
75. G. EIMER, Die Barockstadt und ihr künstlerisches Erscheinungsbild. Zur Entstehung der frühen Modellsammlung, in: 32: KRÜGER, Europäische Städte, 3–24.
76. R. GÖMMEL, Vorindustrielle Bauwirtschaft in der Reichsstadt Nürnberg und ihrem Umland (16.–18. Jahrhundert). Wiesbaden 1985.
77. H. G. GRIEP, Kleine Kunstgeschichte des deutschen Bürgerhauses. Darmstadt 1985.
78. K. GRUBER, Die Gestalt der deutschen Stadt. Ihr Wandel aus der geistigen Ordnung der Zeiten. 3. Aufl. München 1977.
79. J. HAGEL, Alte Stadtkarten als Quellen, in: Die Alte Stadt 16 (1989), 555–567.
80. B. HEUKEN, Zur Soziologie barocker Stadtplanungen in Süddeutschland. Mannheim, Erlangen, Ludwigsburg, Karlsruhe, in: Zschr. f. Ästhetik und allgemeine Kunstwissenschaft 13 (1968), 146–177.
81. F.-D. JACOB, Historische Stadtansichten. Entwicklungsgeschichtliche und quellenkundliche Momente, Leipzig 1982.
82. H. KELLER, Das alte Europa. Die hohe Kunst der Stadtvedute. Stuttgart 1983.
83. H. KNITTLER, Vorindustrielle bürgerliche Haustypen in den österreichischen Städten, in: Siedlungsforschung 5 (1987), 109–129.
84. E. LICHTENBERGER, Die Wiener Altstadt. Von der Bürgerstadt zur City. Wien 1977.
85. D. J. OLSON, The City as a Work of Art. London, Paris, Wien, New Haven 1985.

86. H. J. Müller/G. Riecken (Hrsg.), Stadtlandschaften in Schleswig-Holstein, Neumünster 1989.
87. Paläste und Bürgerhäuser in Österreich. Notring-Jahrbuch 1970. Wien 1970.
88. A. Frh. v. Reitzenstein, Die alte bairische Stadt in den Modellen des Drechslermeisters Jakob Sandtner, gefertigt in den Jahren 1568–1574 im Auftrag Herzog Albrechts V. von Bayern, München 1967.
89. B. Roeck, Gerusalemme celeste e spirito geometrico. Sull'iconografia e sulla storia sociale delle mura cittadine: Dall'esempio di Augusta, in: J. Le Goff/C. de Seta (Hrsg.), Le mura e le città, Laterza 1989.
90. B. Roeck, Wirtschaftliche und soziale Voraussetzungen der Augsburger Baukunst zur Zeit des Elias Holl, in: architectura 14 (1984), 119–138.
91. A. Scheuerbrandt, Südwestdeutsche Stadttypen und Städtegruppen bis zum frühen 19. Jahrhundert. Ein Beitrag zur kulturräumlichen Gliederung des nördlichen Baden-Württemberg und seiner Nachbargebiete. Heidelberg 1972.
92. J. Schildhauer, Die Hanse. Geschichte und Kultur. Berlin 1984.
93. H. Stoob (Hrsg.), Die Stadt. Gestalt und Wandel bis zum industriellen Zeitalter. Köln 1979.
94. J. Sydow, Städte im deutschen Südwesten. Ihre Geschichte von der Römerzeit bis zur Gegenwart. Stuttgart 1986.
95. G. Theuerkauf, Accipe Germanam pingentia carmina terram. Stadt- und Landesbeschreibung des Mittelalters und der Renaissance als Quellen der Sozialgeschichte, in: AKG 65 (1983), 89–116.
96. E. W. Zeeden, Das Erscheinungsbild der frühneuzeitlichen Stadt, vornehmlich nach Reiseberichten und Autobiographien des 16. und 17. Jahrhunderts, in: 51: Specker, Stadt und Kultur, 70–84.

3. Bürgerliches Wohnen

97. K. Bedal, Bäuerliche und bürgerliche Wohnkultur Nordostbayerns in Inventaren des 16. und 17. Jahrhunderts, in: 57: Wiegelmann, Stadt-Land-Beziehungen, 175–248.
98. G. Benker, Bürgerliches Wohnen. Städtische Wohnkultur in Mitteleuropa von der Gotik bis zum Jugendstil. München 1984.
99. O. Brunner, Das ‚ganze Haus' und die alteuropäische Ökonomik, in: F. Oeter (Hrsg.), Familie und Gesellschaft, Tübingen 1966, 23–56 [Auch in O. Brunner, Neue Wege der Verfassungs- und Sozialgeschichte, 2. Aufl. Göttingen 1968, 103–127].
100. W. Dexel, Deutsches Handwerksgut. Eine Kultur- und Formgeschichte des Hausgeräts, Berlin 1939.
101. G. Frühsorge, Die Begründung der ‚väterlichen Gesellschaft' in der europäischen oeconomia christiana. Zur Rolle des Vaters in der ‚Hausväterliteratur' des 16. bis 18. Jahrhunderts in Deutschland, in: H. Tellenbach (Hrsg.), Das Vaterbild im Abendland I, Stuttgart 1978, 110–123.
102. V. Gläntzer, Nord-Süd-Unterschiede städtischen Wohnens um 1800 im Spiegel der zeitgenössischen Literatur, in: 58: Wiegelmann, Nord-Süd-Unterschiede, 73–88.

103. J. Hähnel, Stube. Wort- und sachgeschichtliche Beiträge zur historischen Wohnungsforschung. Münster 1975.
104. M. Heyne, Fünf Bücher deutscher Hausaltertümer. Bd. 1: Das deutsche Wohnungswesen von den ältesten geschichtlichen Zeiten bis zum 16. Jahrhundert, Leipzig 1899.
105. S. Hinz, Innenraum und Möbel. Von der Antike bis zur Gegenwart. Berlin 1980.
106. J. Hoffmann, Die ‚Hausväterliteratur' und die ‚Predigten über den christlichen Hausstand'. Weinheim/Berlin 1959.
107. F. Kaspar, Bauen und Wohnen in einer alten Hansestadt. Zur Nutzung von Wohnbauten zwischen dem 16. und 19. Jahrhundert, dargestellt am Beispiel der Stadt Lemgo. Münster 1985.
108. H. Kreisel/G. Himmelheber, Die Kunst des deutschen Möbels. Möbel und Vertäfelungen des deutschen Sprachraums von den Anfängen bis zum Jugendstil. 3 Bde. 2. Aufl. München 1974/83.
109. U. Meiners, Stufen des Wandels. Aspekte zur Periodisierung der bürgerlichen und bäuerlichen Kultur im Münsterland (1550–1800), in: 59: Wiegelmann, Wandel, 275–308.
110. U. Meiners, Wohnkultur in süddeutschen Kleinstädten vom 17. bis zum 19. Jahrhundert. Soziale Unterschiede und Wertestrukturen, in: 58: Wiegelmann, Nord-Süd-Unterschiede, 157–221.
111. R.-E. Mohrmann, Leben und Wohnen in der alten Stadt Osnabrück im hansestädtischen Vergleich, in: Hansische Geschichtsblätter 106 (1988), 109–126.
112. R.-E. Mohrmann, Wohnen und Wohnkultur in nordwestdeutschen Städten im Spätmittelalter und in der frühen Neuzeit, in: 36: Meckseper, Stadt im Wandel, 513–530.
113. R.-E. Mohrmann, Städtische Wohnkultur in Nordwestdeutschland vom 17. bis zum 19. Jahrhundert (aufgrund von Inventaren), in: 58: Wiegelmann, Nord-Süd-Unterschiede, 89–155.
114. U. C. Pallach, Materielle Kultur und Mentalität im 18. Jahrhundert. Wirtschaftliche Entwicklung und politisch-sozialer Funktionswandel des Luxus in Frankreich und im Alten Reich am Ende des Ancien Régime. München 1987.
115. M. Praz, La filosofia dell'arredamento, 1964 [dt. München 1965].
116. R. Sandgruber, Alltag und materielle Kultur. Städtischer Lebensstil und bürgerliche Wohnkultur am Beispiel zweier oberösterreichischer Städte des 16. Jahrhunderts, in: 31: Kohler/Lutz, Alltag, 23–44.
117. W. Sombart, Luxus und Kapitalismus. 2. Aufl. Berlin 1922 (TB-Ausgabe unter dem Titel ‚Liebe, Luxus und Kapitalismus'. München 1967).
118. M. Stürmer, Handwerk und höfische Kultur. Europäische Möbelkunst im 18. Jahrhundert. München 1982.
119. H. Vogts, Das Bürgerhaus in der Rheinprovinz, Düsseldorf 1928 [Neudruck Düsseldorf 1986].
120. I. Weber-Kellermann, Die deutsche Familie. Versuch einer Sozialgeschichte. 7. Aufl. Frankfurt a. M. 1982.
121. G. Wiegelmann, Wirtschaftslagen und kulturelles Verhalten. Die schwedische ‚Kulturfixierungstheorie' in der internationalen Diskussion, in: Saga och Sed der Kgl. Gustav Adolf Akademie, Uppsala 1982, 225–251.

4. Aspekte bürgerlichen Alltags

122. W. ABEL, Stufen der Ernährung. Eine historische Skizze. Göttingen 1981.
123. V. BAUR, Kleiderordnungen in Bayern vom 14. bis zum 19. Jahrhundert. München 1975.
124. H. BEGEMANN, Strukturwandel der Familie. Eine sozialethisch-theologische Untersuchung über die Wandlung von der patriarchalischen zur partnerschaftlichen Familie. 2. Aufl. Witten 1966.
125. M. v. BOEHN, Die Mode. Menschen und Moden im sechzehnten Jahrhundert. München 1923.
126. M. v. BOEHN, Die Mode. Menschen und Moden im siebzehnten Jahrhundert. München 1913.
127. M. v. BOEHN, Die Mode. Menschen und Moden im achtzehnten Jahrhundert. München 1909.
128. A. BÖMER, Anstand und Etikette nach den Theorien der Humanisten, in: Neue Jahrbücher für Pädagogik 14 (1904), 223–242, 249–285, 330–355, 361–390.
129. W. BRÜCKNER, Farbe als Zeichen, in: Zschr. f. Volkskunde 78 (1982), 14–27.
130. U. DIRLMEIER, Untersuchungen zu Einkommensverhältnissen und Lebenshaltungskosten in oberdeutschen Städten des Spätmittelalters. Mitte 14. bis Anfang 16. Jahrhundert. Heidelberg 1978.
131. H. P. DUERR, Nacktheit und Scham. Der Mythos vom Zivilisationsprozeß. Frankfurt a. M. 1988.
132. L. C. EISENBART, Kleiderordnungen der deutschen Städte zwischen 1530 und 1700. Göttingen 1962.
133. R. ENGELSING, Hanseatische Lebenshaltungen und Lebenshaltungskosten im 18. und 19. Jahrhundert, in: Ders., Zur Sozialgeschichte deutscher Mittel- und Unterschichten. Göttingen 1978. 26–50.
134. R. ENGELSING, Probleme der Lebenshaltung in Deutschland, in: Ders., Zur Sozialgeschichte deutscher Mittel- und Unterschichten. Göttingen 1978, 11–25.
135. Frankfurt um 1600. Alltagsleben einer Stadt, hrsg. v. Historischen Museum Frankfurt. Frankfurt a. M. 1976 [Ausstellungskatalog].
136. W. KASCHUBA, ‚Deutsche Sauberkeit' – Zivilisierung der Körper und der Köpfe, in: 150: VIGARELLO, Wasser und Seife, 292–326.
137. S. MAURICE/K. MAURICE, Stundenangaben im Gemeinwesen des 16. und 17. Jahrhunderts, in: Welt als Uhr [Ausstellungskatalog], München/Berlin 1980, 146–158.
138. O. MAYR, Uhrwerk und Waage. Autorität, Freiheit und technische Systeme in der frühen Neuzeit. München 1987.
139. H. MÖLLER, Die kleinbürgerliche Familie im 18. Jahrhundert. Berlin 1969.
140. M. E. MÜLLER, Eheglück und Liebesjoch. Bilder von Liebe, Ehe und Familie in der Literatur des 15. und 16. Jahrhunderts. Weinheim 1988.
141. H. NIXDORFF/H. MÜLLER, Weiße Westen – Rote Roben. Von den Farb-

ordnungen des Mittelalters zum individuellen Farbgeschmack. Berlin 1983 [Ausstellungskatalog].
142. H. OTTENJANN (Hrsg.), Mode - Tracht - Regionale Identität. Historische Kleidungsforschung heute. 2. Aufl. Cloppenburg 1988.
143. H. POWELL, Trammels of Tradition. Aspects of German Life in the Seventeenth Century and their Impact on the Contemporary Literature. Tübingen 1987.
144. W. SCHIVELBUSCH, Das Paradies, der Geschmack und die Vernunft. Eine Geschichte der Genußmittel. München/Wien 1980.
145. R. SIEDER, Sozialgeschichte der Familie. Frankfurt a. M. 1987.
146. J. G. STEPHAN, Die häusliche Erziehung in Deutschland während des achtzehnten Jahrhunderts. Wiesbaden 1891.
147. H. J. TEUTEBERG, Die Eingliederung des Kaffees in den täglichen Getränkekonsum, in: 148: TEUTEBERG/WIEGELMANN, Tägliche Kost, 185–201.
148. H. J. TEUTEBERG/G. WIEGELMANN, Unsere tägliche Kost. Geschichte und regionale Prägung. Münster 1986.
149. E. THIEL. Geschichte des Kostüms. Die europäische Mode von den Anfängen bis zur Gegenwart. 3. Aufl. Berlin - DDR 1985.
150. G. VIGARELLO, Wasser und Seife, Puder und Parfüm. Geschichte der Körperhygiene seit dem Mittelalter. Frankfurt a. M./New York 1988 [zuerst Paris 1985].
151. G. WIEGELMANN, Alltags- und Festspeisen. Marburg 1967.

5. Lebensläufe

152. P. BORSCHEID, Geschichte des Alters. Vom Spätmittelalter bis zur Gegenwart. Münster 1987, TB-Ausgabe München 1989.
153. U. BROSTHAUS, Bürgerleben im 16. Jahrhundert. Die Autobiographie des Stralsunder Bürgermeisters B. Sastrow als kulturgeschichtliche Quelle. Köln/Wien 1972.
154. W. HORNSTEIN, Vom ‚jungen Mann‘ zum ‚hoffnungsvollen Jüngling‘. Wandlungen des Jugendlebens im 18. Jahrhundert. Heidelberg 1965.
155. A. E. IMHOF, Die verlorenen Welten. Alltagsbewältigung durch unsere Vorfahren - und warum wir uns heute so schwer damit tun. München 1984.
156. R. LENZ, ‚Ehestand, Wehestand, Süßbittrer Standt'? Betrachtungen zur Familie der Frühen Neuzeit, in: AKG 68 (1968), 371–405.
157. R. LENZ (Hrsg.), Leichenpredigten als Quelle historischer Wissenschaften. Köln/Wien 1975.
158. P. LUNDGREEN, Sozialgeschichte der deutschen Schule im Überblick. T.1: 1770–1918. Göttingen 1980.
159. B. MOELLER/H. PATZE/K. STACKMANN (Hrsg.), Studien zum städtischen Bildungswesen des späten Mittelalters und der frühen Neuzeit. Göttingen 1983.
160. W. G. RÖDEL, Mainz und seine Bevölkerung im 17. und 18. Jahrhundert. Demographische Entwicklung, Lebensverhältnisse und soziale Strukturen einer geistlichen Residenzstadt. Stuttgart 1985.

161. J. SCHLUMBOHM, Kinderstuben. Wie Kinder zu Bauern, Bürgern, Aristokraten wurden. 1700–1850. München 1983.
162. P. E. SCHRAMM, Neun Generationen. Dreihundert Jahre deutscher ‚Kulturgeschichte' im Lichte einer Hamburger Bürgerfamilie (1648–1948). Göttingen 1963.

6. Jenseits des Alltags: Vergnügungen, Musikpflege und Tanz, Spiel und Theater

163. H. BASTIAN, Mummenschanz. Frankfurt a. M. 1983.
164. W. BRUNNER, Städtisches Tanzen und das Tanzhaus, in: 31: KOHLER/LUTZ, Alltag, 45–64.
165. H. BRUNNER/G. HIRSCHMANN/F. SCHNELBÖGL, Hans Sachs und Nürnberg. Bedingungen und Probleme reichsstädtischer Literatur. Hans Sachs zum 400. Todestag am 19. Juli 1976, Nürnberg 1976.
166. H. BRUNNER (Hrsg.), Literatur in der Stadt. Bedingungen und Beispiele städtischer Literatur des 15. bis 17. Jahrhunderts. Göppingen 1982.
167. P. F. CASEY, Paul Rebhun. A Biographical Study. Stuttgart 1986.
168. E. CATHOLY, Fastnachtsspiel. Stuttgart 1966.
169. E. CATHOLY, Das deutsche Lustspiel, Bd. 1: Vom Mittelalter bis zum Ende der Barockzeit. Stuttgart 1968.
170. C. DAHLHAUS, Die Musik des 18. Jahrhunderts. 1985.
171. I. ERLACH, Berner Feste und Umzüge. Bern 1976.
172. E. FEHRLE, Deutsche Feste und Volksbräuche. 3. Aufl. Leipzig 1927.
173. W. FLEMMING (Hrsg.), Das Schauspiel der Wanderbühne. Leipzig 1931.
174. T. GANTNER, Der Festzug. Ein volkskundlicher Beitrag zum Festwesen. Basel 1970.
175. H. GASSNER, Brauch und Glaube im alten Regensburg, in: VHOR 90 (1940), 62–124.
176. W. GREISENEGGER, Szenisches Spiel zu Beginn der Neuzeit, in: 31: KOHLER/LUTZ, Alltag, 65–79.
177. F. HADAMOWSKY, Mittelalterliches geistliches Spiel in Wien 1499–1718. Eine Dokumentation aus den wichtigsten Quellen. Wien 1981.
178. J. HEERS, Vom Mummenschanz zum Machttheater. Europäische Festkultur im Mittelalter. Frankfurt a. M. 1986.
179. G. HIMMELHEBER, Spiele, Gesellschaftsspiele aus einem Jahrtausend. München 1972.
180. E. HINTERMAIR, Bürgerliche Musikkultur des 18. Jahrhunderts am Beispiel der Stadt Salzburg, in: 44: RAUSCH, Städtische Kultur, 151–157.
181. G. JAAKS, Festzüge in Hamburg 1686–1913. Bürgerliche Selbstdarstellung und Geschichtsbewußtsein. Hamburg 1972.
182. J. JANOTA, Stadt und Literatur im Spätmittelalter. Hinweise auf aktuelle Forschungsprobleme, in: 51: SPECKER, Stadt und Kultur, 57–69.
183. H. KINDERMANN, Das Theaterpublikum der Renaissance. 2 Bde. Salzburg 1986.

184. H. Kindermann, Theatergeschichte Europas. Bde. 2–5. Salzburg 1959–1962.
185. E. Kleinschmidt, Stadt und Literatur in der frühen Neuzeit. Köln/Wien 1982.
186. H. Knudsen, Deutsche Theatergeschichte. 2. Aufl. Stuttgart 1970.
187. D. Krickeberg, Zur sozialen Stellung des deutschen Spielmanns im 17. und 18. Jahrhundert, besonders im Nordwesten, in: 200: Salmen, Sozialstatus, 26–42.
188. A. P. Luttenberger, Pracht und Ehre. Gesellschaftliche Repräsentation und Zeremoniell auf dem Reichstag, in: 31: Kohler/Lutz, Alltag, 291–326.
189. S. Maurer-Schmoock, Deutsches Theater im 18. Jahrhundert. Tübingen 1982.
190. A. R. Mohr, Frankfurter Theater von der Wandertruppe zum Komödienhaus. Ein Beitrag zur Theatergeschichte des 18. Jahrhunderts. Frankfurt a. M. 1967.
191. B. Nagel, Meistersang. 2. Aufl. Stuttgart 1971.
192. W. Nahrstedt, Die Entstehung der Freizeit. Dargestellt am Beispiel Hamburgs. Ein Beitrag zur Strukturgeschichte und zur strukturgeschichtlichen Grundlegung der Freizeitpädagogik. Göttingen 1972.
193. K. Nef, Die Collegia musica in der deutschen reformierten Schweiz. St. Gallen 1897.
194. M. Panzer, Tanz und Recht. Frankfurt a. M. 1938.
195. J. A. Parente, Religious Drama and the Humanist Tradition: Christian Theater in Germany and in the Netherlands 1500–1680. Leiden 1987.
196. P. Pfunder, Pfaffen, Ketzer, Totenfresser. Fastnachtskultur der Reformationszeit. Die Berner Spiele von Niklaus Manuel. Zürich 1989 [angekündigt].
197. E. Preussner, Die bürgerliche Musikkultur. Ein Beitrag zur deutschen Musikgeschichte des 18. Jahrhunderts. Hamburg 1935, 2. Aufl. Kassel 1950.
198. H. R. Purschke, Puppenspiel und verwandte Künste in der Freien Reichsstadt Frankfurt am Main. Frankfurt a. M. 1980.
199. W. Salmen, Haus- und Kammermusik. Privates Musizieren im gesellschaftlichen Wandel zwischen 1600 und 1900. Leipzig 1969.
200. W. Salmen, Der Sozialstatus des Berufsmusikers vom 17. bis 19. Jahrhundert. Kassel/Basel u. a. 1971.
201. R. H. Schmid, Raum, Zeit und Publikum des geistlichen Spiels. Aussage und Absicht eines mittelalterlichen Massenmediums. München 1975.
202. L. Schmidt, Das deutsche Volksschauspiel. Ein Handbuch. Berlin 1962.
203. H. W. Schwab, Zur sozialen Stellung der Stadtmusikanten, in: 200: Salmen, Sozialstatus, 9–25.
204. M. Spenle, Die Lebensdarstellung im elsässischen Volksschauspiel des 16. und 17. Jahrhunderts. Diss. Straßburg/Colmar 1916.
205. M. Steinhauser, ‚Sprechende' Architektur. Das französische und deutsche Theater als Institution und monument public (1760–1840), in: J. Kocka (Hrsg.), Bürgertum im 19. Jahrhundert. Deutschland im europäischen Vergleich. Bd. III, München 1988, 287–333.
206. W. Timmermann, Theaterspiel als Medium evangelischer Verkündigung.

Zu Aussage und Funktion der Dramen Paul Rebhuns, in: AKG 66 (1984), 117–158.

207. S. Žak, Musik als ‚Ehr und Zier' im mittelalterlichem Reich. Studien zur Musik im höfischen Leben, Recht und Zeremoniell. Neuss 1979.

7. Bürgertum und bildende Kunst

208. H. C. Ackermann, The Basle Cabinets of Art and Curiosities in the Sixteenth and Seventeenth Centuries, in: O. Impley/A. MacGregor, The Origins of Museums. The Cabinet of Curiosities in Sixteenth- and Seventeenth-Century-Europe. Oxford 1985, 62–68.

209. O. Benesch, The Art of the Renaissance in Northern Europe: Its Relation to the Contemporary Spiritual and Intellectual Movements. Cambridge/Mass. 1945.

210. H. Börsch-Supan, Die deutsche Malerei von Anton Graff bis Hans von Marées 1760–1870. München 1988.

211. T. A. Brady, The Social Place of a German Renaissance Artist: Hans Baldung Grien (1484/85–1545) at Strasbourg, in: Central European History VIII (1975), 295–315.

212. B. Bushart, Deutsche Malerei des 17. und 18. Jahrhunderts. Königstein 1967.

213. C. C. Christensen, The Reformation and the Decline of German Art, in: Central European History 6 (1973), 207–232.

214. W. A. Coupe, Painters, ‚Poets' and Patrons: Some Notes on Making Ends Meet in Sixteenth-Century Germany, in: German Life & Letters 36 (1982/83), 183–197.

215. [Dürer] Albrecht Dürers Umwelt. Festschrift zum 500. Geburtstag Albrecht Dürers. Nürnberg 1971.

216. H. von Einem, Deutsche Malerei des Klassizismus und der Romantik 1760–1840. München 1978.

217. P. H. Feist/E. Ullmann/G. Brendler, Lucas Cranach. Künstler und Gesellschaft. Referate des Colloquiums mit internationaler Beteiligung zum 500. Geburtstag Lucas Cranachs d.Ä.. Wittenberg 1973.

218. W. Fleischhauer, Der Künstler der Renaissance- und Barockzeit in der bürgerlichen Gesellschaft, in: Zeitschrift für Württ. Landesgeschichte 10 (1951), 138–157.

219. G. U. Grossmann, Renaissance entlang der Weser: Kunst und Kultur in Nordwestdeutschland zwischen Reformation und Dreißigjährigem Krieg. Köln 1989.

220. Max Hasse, Maler, Bildschnitzer und Vergolder in den Zünften des späten Mittelalters, in: Jahrbuch der Hamburger Kunstsammlungen 21 (1976), 31–42.

221. P. Hirschfeld, Mäzene. Die Rolle des Auftraggebers in der Kunst. München 1968.

222. H. R. Hitchcock, German Renaissance Architecture. Princeton 1981.

223. W. Hofmann (Hrsg.), Luther und die Folgen für die Kunst, München 1984 [Ausstellungskatalog].

224. H.-J. KADATZ, Deutsche Renaissancebaukunst von der frühbürgerlichen Revolution bis zum Ausgang des Dreißigjährigen Krieges. Berlin 1983.
225. H. KELLER (Hrsg.), Die Kunst des 18. Jahrhunderts. Frankfurt a. M./Berlin/Wien 1971.
226. C. KLEMM, Joachim von Sandrart – Kunstwerke und Lebenslauf. Berlin 1986.
227. G. KLEMM, Geschichte der Sammlungen in Deutschland, in: Graesses Zeitschrift für Museologie 1879.
228. K. LANKHEIT, Revolution und Restauration. 2. Aufl. Baden-Baden 1980.
229. R. S. LOPEZ, Hard Times and Investment in Culture, in: W. K. Ferguson, The Renaissance. A Symposium. New York 1953, 29–54.
230. F. MARTINDALE, The Rise of the Artist, in: J. Evans (Hrsg.), The Flowering of the Middle Ages. London 1966.
231. C. NORBERG-SCHULZ, Architektur des Spätbarock und des Rokoko. Stuttgart 1975.
232. H. E. READ, Art and Society. London 1956.
233. B. SARAN, Der Maler Albrecht Altdorfer als Humanist in seiner reichsstädtischen Umwelt, in: 247: HERDING/STUPPERICH, Humanisten, 131–139.
234. J. v. SCHLOSSER, Die Kunst- und Wunderkammern der Spätrenaissance [...], 3. Aufl. Braunschweig 1985.
235. G. SELLO, Adam Elsheimer (1578–1610). München 1988.
236. P. STRIEDER, Schri. kunst. schri. vnd. klag. dich. ser--- Kunst und Künstler an der Wende vom Mittelalter zur Renaissance, in: Anzeiger des Germanischen Nationalmuseums (1983), 19–26.
237. G. WILBERTZ, Standesehre und Handwerkskunst, in: AKG 58 (1976), 154–177.
238. W. K. ZÜLCH, Frankfurter Künstler 1223–1700. Frankfurt a. M. 1930.

8. Bürgertum und Humanismus

239. E. BERNSTEIN, German Humanism. Boston 1983.
240. G. BÖHME, Bildungsgeschichte des europäischen Humanismus. Darmstadt 1986.
241. A. BUCK (Hrsg.), Erasmus und Europa. Wiesbaden 1988.
242. E. EISENSTEIN, The Printing Press as an Agent of Change. Communication and Transformations in Early Modern Europe. 2 Bde. Cambridge 1979.
243. R. ENGELSING, Analphabetentum und Lektüre. Zur Sozialgeschichte des Lesens in Deutschland zwischen feudaler und industrieller Gesellschaft. Stuttgart 1973.
244. S. FÜSSEL (Hrsg.), Ulrich von Hutten. Akten des internationalen Ulrich von Hutten-Symposions (...) in Schlüchtern. München 1989.
245. B. HAMM, Reichsstädtischer Humanismus in Nürnberg, in: Reformatio et reformationes. FS für Lothar Graf zu Dohna zum 65. Geburtstag, hrsg. v. A. Mehl u. C. Schneider. Darmstadt 1989, 131–193.
246. J. HELMRATH, ‚Humanismus und Scholastik' und die deutschen Univer-

sitäten um 1500. Bemerkungen zu einigen Forschungsproblemen, in: ZHF 15 (1988), 187–203.

247. O. HERDING/O. STUPPERICH (Hrsg.), Die Humanisten in ihrer politischen und sozialen Umwelt. Boppard 1976.

248. P. JOACHIMSEN (JOACHIMSOHN), Der Humanismus und die Entwicklung des deutschen Geistes, in: Ders., Gesammelte Aufsätze, hrsg. v. N. Hammerstein. Aalen 1970, 325–386.

249. P. JOACHIMSEN, Geschichtsauffassung und Geschichtsschreibung in Deutschland unter dem Einfluß des Humanismus. Berlin/Leipzig 1910.

250. H. J. KÖHLER (Hrsg.), Flugschriften als Massenmedien der Reformationszeit. Stuttgart 1981.

251. M. KREBS (Hrsg.), Johannes Reuchlin. Pforzheim 1955.

252. P. O. KRISTELLER, Heidentum und Christentum, in: Ders., Humanismus und Renaissance, hrsg. v. E. Keßler. 2 Bde. München 1976, Bd. I, 69–86.

253. P. O. KRISTELLER, Die Verbreitung des italienischen Humanismus in Europa, in: Ders., Humanismus und Renaissance, hrsg. v. E. Keßler. 2 Bde. München 1976, Bd. II, 85–100.

254. H. KUGLER, Stadt und Land im humanistischen Denken, in: H. Lutz (Hrsg.), Humanismus und Ökonomie. Weinheim 1983, 159–182.

255. E. MEUTHEN, Charakter und Tendenzen des deutschen Humanismus, in: H. Angermeier (Hrsg.), Säkulare Aspekte der Reformationszeit. München 1983, 217–276.

256. B. MOELLER, Die deutschen Humanisten und die Anfänge der Reformation, in: ZKG 70 (1959), 46–61.

257. R. NEWALD, Probleme und Gestalten des deutschen Humanismus. Berlin 1963.

258. S. PRETE, The Humanists and the Discovery of Printing. Krefeld 1982.

259. W. REINHARD (Hrsg.), Humanismus im Bildungswesen des 15. und 16. Jahrhunderts. Weinheim 1984.

260. H. RUPPRICH, Humanismus und Renaissance in den deutschen Städten und an den Universitäten. Leipzig 1935.

261. A. SCHMID, Stadt und Humanismus. Die bayerische Haupt- und Residenzstadt München, in: K. Malettke/J. Voss (Hrsg.), Humanismus und höfisch-städtische Eliten im 16. Jahrhundert. Bonn 1989, 239–278.

262. F. SCHNABEL, Humanismus und bürgerliches Denken, in: Ders., Abhandlungen und Vorträge 1914–1965, hrsg. v. H. Lutz. Freiburg/Basel/Wien 1970, 174–183.

263. A. SCHÖNE (Hrsg.), Stadt – Schule – Universität und die deutsche Literatur im 17. Jahrhundert. München 1976.

264. L. W. SPITZ (Hrsg.), Humanismus und Reformation als kulturelle Kräfte in der deutschen Geschichte. Berlin/New York 1981.

265. G. STRAUSS, Nuremberg in the Sixteenth Century. 2. Aufl. Bloomington/Indiana 1976.

266. R. STUPPERICH, Humanismus und Reformation in ihren gegenseitigen Beziehungen, in: Humanismusforschung seit 1945. Bonn-Bad Godesberg 1975, 41–58.

266a. F. J. WORSTBROCK, Stichwort Humanismus – Deutsches Reich, in: Lexikon des Mittelalters. Bd. 5. München/Zürich 1990, Sp. 193–197 (Lit.!).

267. D. WUTTKE, Dürer und Celtis. Von der Bedeutung des Jahres 1500 für den deutschen Humanismus, in: 264: SPITZ, Humanismus und Reformation, 121–150 [auch in: Journal of Medieval and Renaissance Studies 10 (1980), 73–129].
268. D. WUTTKE, Humanismus als integrative Kraft. Die Philosophia des deutschen ‚Erzhumanisten' Conrad Celtis. Eine ikonologische Studie zu programmatischer Graphik Dürers und Burgkmaiers. Nürnberg 1985.
269. W. ZORN, Die soziale Stellung der Humanisten in Nürnberg und Augsburg, in: 247: HERDING/STUPPERICH, Humanisten, 35–49.

9. Bürgerliche Kultur in Barock und Aufklärung: Phasen und Institutionen

270. M. AGETHEN, Aufklärungsgesellschaften, Freimaurerei, Geheime Gesellschaften. Ein Forschungsbericht (1976–1986), in: ZHF 14 (1987), 439–463.
271. L. BALET/E. GERHARD, Die Verbürgerlichung der deutschen Kunst, Literatur und Musik im 18. Jahrhundert (ND hrsg. v. G. Mattenklott). Frankfurt a. M. u. a. 1974.
272. Z. BATSCHA/J. GARBER (Hrsg.), Von der ständischen zur bürgerlichen Gesellschaft. Politisch-soziale Theorien im Deutschland der zweiten Hälfte des 18. Jahrhunderts. Frankfurt a. M. 1981.
273. W. BIESTERFELD, Die literarische Utopie. 2. Aufl. Stuttgart 1982.
274. M. BIRCHER/F. VAN INGEN (Hrsg.), Sprachgesellschaften, Sozietäten, Dichtergruppen. Hamburg 1978.
275. H. E. BÖDEKER/U. HERRMANN (Hrsg.), Aufklärung als Politisierung – Politisierung der Aufklärung. Hamburg 1987.
276. W. H. BRUFORD, Die gesellschaftlichen Grundlagen der Goethezeit. ND Berlin 1975.
277. E. CASSIRER, Die Philosophie der Aufklärung. 2. Aufl. Tübingen 1932.
278. O. DANN (Hrsg.), Lesegesellschaften und bürgerliche Emanzipation. Ein europäischer Vergleich. München 1981.
279. R. VAN DÜLMEN, Die Gesellschaft der Aufklärer. Zur bürgerlichen Emanzipation und aufklärerischen Kultur in Deutschland. Frankfurt a. M. 1986.
280. R. ENGELSING, Die Perioden der Lesergeschichte in Deutschland, in: Ders., Zur Sozialgeschichte deutscher Mittel- und Unterschichten. 2. Aufl. Göttingen 1978, 112–154.
281. R. ENGELSING, Analphabetentum und Lektüre. Stuttgart 1973.
282. K. EPSTEIN, Die Ursprünge des Konservativismus in Deutschland. Berlin 1973.
283. E. FRANÇOIS (Hrsg.), Sociabilité et société bourgeoise en France, en Allemagne et en Suisse 1750–1850 ...., Paris 1986.
284. H. G. GÖPFERT, Vom Autor zum Leser. Beiträge zur Geschichte des Buchwesens. München/Wien 1977.
285. J. HABERMAS, Strukturwandel der Öffentlichkeit. Neuwied 1962.

286. L. HAMMERMAYER, Akademiebewegung und Wissenschaftsorganisation während der zweiten Hälfte des 18. Jahrhunderts, in: E. Amburger (Hrsg.), Wissenschaftspolitik in Mittel- und Osteuropa. Berlin 1976, 1–84.
287. L. HAMMERMAYER, Illuminaten und Freimaurer zwischen Bayern und Salzburg. Bemerkungen zu Geschichte, Umfeld und Nachwirkung von Geheimgesellschaften im oberdeutschen Raum (ca. 1775–1800), in: A. Kraus (Hrsg.), Land und Reich, Stamm und Nation; Probleme und Perspektiven bayerischer Geschichte, Festgabe für Max Spindler zum 90. Geburtstag. München 1984, 321–355.
288. N. HAMMERSTEIN, Aufklärung und katholisches Reich. Berlin 1972.
289. A. HIRSCH, Bürgertum und Barock im deutschen Roman. Ein Beitrag zur Entstehungsgeschichte des bürgerlichen Weltbildes. 3. Aufl. Köln/Wien 1978.
290. H. HUBRIG, Die patriotischen Gesellschaften des 18. Jahrhunderts. Weinheim 1957.
291. U. IM HOF, Das gesellige Jahrhundert. Gesellschaft und Gesellschaften im Zeitalter der Aufklärung. München 1982.
292. G. KANTHAK, Der Akademiegedanke zwischen utopischem Entwurf und barocker Projektemacherei. Zur Geistesgeschichte der Akademiebewegung des 17. Jahrhunderts. Berlin 1987.
293. H. KIESEL/P. MÜNCH, Gesellschaft und Literatur im 18. Jahrhundert. München 1977.
294. J. KIRCHNER, Das deutsche Zeitschriftenwesen, seine Geschichte und seine Probleme, T. 1: Von den Anfängen bis zum Zeitalter der Romantik. 2. Aufl. Wiesbaden 1958.
295. P. KONDYLIS, Die Aufklärung im Rahmen des neuzeitlichen Rationalismus. Stuttgart 1981 (TB-Ausgabe München 1986).
296. H. A. KORFF, Geist der Goethezeit. 5 Bde. 5./6. Aufl. Leipzig 1962/1966.
297. R. KOSELLECK, Kritik und Krise. Ein Beitrag zur Pathogenese der bürgerlichen Welt. 2. Aufl. Frankfurt a. M. 1976.
298. W. KÜHLMANN, Gelehrtenrepublik und Fürstenstaat. Entwicklung und Kritik des deutschen Späthumanismus in der Literatur des Barockzeitalters. Tübingen 1982.
299. W. MARTENS, Die Botschaft der Tugend. Die Aufklärung im Spiegel der deutschen Moralischen Wochenschriften, Stuttgart 1968, Studienausgabe Stuttgart 1971.
300. N. MILLER, Europäischer Philhellenismus zwischen Winckelmann und Byron, in: 43: Propyläen-Geschichte der Literatur Bd. 4, 315–366.
301. H. MÖLLER, Aufklärung in Preußen. Der Verleger, Publizist und Geschichtsschreiber Friedrich Nicolai. Berlin 1974.
302. H. MÖLLER, Vernunft und Kritik. Deutsche Aufklärung im 17. und 18. Jahrhundert. Frankfurt a. M. 1986.
303. S. NEUMEISTER/C. WIEDEMANN (Hrsg.), Res Publica Litteraria. Die Institutionen der Gelehrsamkeit in der frühen Neuzeit. Wiesbaden 1987.
304. H. J. PIECHOTTA (Hrsg.), Reise und Utopie. Zur Literatur der Spätaufklärung. Frankfurt a. M. 1976.
305. M. PRÜSENER, Lesegesellschaften in Deutschland. Ein Beitrag zur Lesergeschichte, in: Archiv f. Gesch. des Buchwesens XIII (Frankfurt a. M. 1973), 360–594.

306. H. Reinalter (Hrsg.), Aufklärung und Geheimgesellschaften. Zur politischen Funktion und Sozialstruktur der Freimaurerlogen im 18. Jahrhundert. München 1989.
307. H. Reinalter (Hrsg.), Freimaurer und Geheimbünde im 18. Jahrhundert in Mitteleuropa. Frankfurt a. M. 1983.
308. H. Rosenstrauch, Buchhandelsmanufaktur und Aufklärung. Die Reformen des Buchhändlers und Verlegers Ph. E. Reich (1717–1787). Sozialgeschichtliche Studie zur Entwicklung des literarischen Marktes, in: Archiv für Geschichte des Buchwesens XXVI,1 (1985), 1–129.
309. N. Schindler, Freimaurerkultur im 18. Jahrhundert. Zur sozialen Funktion des Geheimnisses in der entstehenden bürgerlichen Gesellschaft, in: R. M. Bergdahl, Klassen und Kultur. Frankfurt a. M. 1982, 205–262.
310. A. Schöne (Hrsg.), Stadt – Schule – Universität. Buchwesen und die deutsche Literatur im 17. Jahrhundert. München 1976.
311. H. Steinhagen (Hrsg.), Zwischen Gegenreformation und Frühaufklärung: Späthumanismus, Barock (1572–1740). Reinbek 1985.
312. C. Stoll, Sprachgesellschaften im Deutschland des 17. Jahrhunderts. München 1973.
313. H. Stuke, Aufklärung, in: O. Brunner u.a. (Hrsg.), Geschichtliche Grundbegriffe. Historisches Lexikon zur politisch-sozialen Sprache in Deutschland. Frankfurt 1977.
314. F. Valjavec, Die Entstehung der politischen Strömungen in Deutschland 1770 bis 1815. ND Kronberg/Taunus 1978.
315. R. Vierhaus (Hrsg.), Deutsche patriotische und gemeinnützige Gesellschaften. München 1980.
316. R. Vierhaus, Deutschland im 18. Jahrhundert. Politische Verfassung, soziales Gefüge, geistige Bewegungen. Ausgewählte Aufsätze. Göttingen 1987.
317. R. Vierhaus (Hrsg.), Bürger und Bürgerlichkeit im Zeitalter der Aufklärung. Heidelberg 1981.
318. E. Weis, Deutschland und Frankreich um 1800. Aufklärung – Revolution – Reform. Gesammelte Aufsätze, hrsg. v. W. Demel u. B. Roeck. München 1990.
319. H. Wenzel, Die Autobiographie des späten Mittelalters und der frühen Neuzeit. München 1980.

C. Nachtrag 2011

320. C. Albrecht, Art „Bürgerlichkeit“, in: 372, Bd. 2, 567–572.
321. P. Albrecht/H. E. Bödeker/E. Hinrichs, Formen der Geselligkeit in Nordwestdeutschland 1750–1820, Tübingen 2003.
322. J. S. Amelang, The Flight of Icarus. Artisan Autobiography in Early Modern Europe, Stanford 1998.
323. M. Asche, Kontinuität des Humanismus. Bildungs- und Lebensentwürfe in gelehrten späthumanistisch-barocken Netzwerken. Erträge und Forschungsperspektiven eines Osnabrücker Editionsprojekts für die frühneuzeitliche Kulturgeschichtsforschung, in: Historisches Jahrbuch 128 (2008), 439–468.
324. K. Bedal, Fachwerk vor 1600. Eine Bestandsaufnahme, Bad Windsheim 2006.
325. W. Behringer/B. Roeck (Hrsg.), Das Bild der Stadt in der Neuzeit, 1400–1800. München 1999.
326. K. Bergdolt/J. Brüning (Hrsg.), Kunst und ihre Auftraggeber im 16. Jahrhundert. Venedig und Augsburg im Vergleich, Berlin 1997.
327. H. E. Bödeker/P. Veit/M. Werner (Hrsg.), Le concert et son public. Mutations de la vie musicale en Europe de 1780 à 1914 (France, Allemagne, Angleterre), Paris 2002.
328. H. E. Bödeker/P. Veit (Hrsg.), Les sociétes de musique en Europe 1700–1920. Structures, pratiques musicales, sociabilités (Musical Life in Europe 1600–1900. Circulation, Institutions, Representation), Berlin 2007.
329. P. Bourdieu, Zur Soziologie der symbolischen Formen (1970). Frankfurt a. M. ^{6}1997.
330. J. Burkhardt, Das Reformationsjahrhundert. Deutsche Geschichte zwischen Medienrevolution und Institutionenbildung, 1517–1617, Stuttgart 2002.
331. S. Burghartz, Zeiten der Reinheit – Orte der Unzucht. Ehe und Sexualität in Basel während der frühen Neuzeit, Zürich 1999.
332. P. Burke, The Invention of Leisure in Early Modern Europe, in: Past & Present 146 (1995), 136–150.
333. G. Busch-Salmen, Häusliches Musizieren einst und jetzt, in: Österreichische Musikzeitschrift 7/8 (1993), 386–392.
334. K. Bussmann/H. Schilling (Hrsg.), 1648. Krieg und Frieden in Europa. o. O. (Münster) 1998.
335. C. Christ-von Wedel/U. B. Leu (Hrsg.), Erasmus in Zürich. Eine verschwiegene Autorität., Zürich 2007.
336. P. Clark, Bristish Clubs and Societies 1580–1800. The Origins of an Associatonal World, Oxford 2000.

337. U. Daniel, Kompendium Kulturgeschichte. Theorien, Praxis, Schlüsselwörter, Frankfurt a. M. 2006.
338. U. Dirlmeier (Hrsg.), Geschichte des Wohnens, 500–1800. Hausen – Wohnen – Residieren, Bd. 2, Stuttgart 1998.
339. D. Döring/K. Nowak (Hrsg.), Gelehrte Gesellschaften im mitteldeutschen Raum (1650–1850), 3 Bde., Leipzig 2000/2002.
340. U. Dörk, Der verwilderte Raum. Zum Strukturwandel von Öffentlichkeit in der frühneuzeitlichen Stadt am Beispiel Berns, in: 407, 119–153.
341. R. van Dülmen (Hrsg.), Entdeckung des Ich. Die Geschichte der Individualisierung vom Mittelalter bis zur Gegenwart. Köln/Weimar/Wien 2001.
342. J. Eibach, Das Haus. Zwischen öffentlicher Zugänglichkeit und geschützter Privatheit (16.–18. Jahrhundert), in: 407, 183–206.
343. R. Esser/T. Fuchs (Hrsg.), Bäder und Kuren in der Aufklärung. Medizinaldiskurs in der Aufklärung, Berlin 2003.
344. G. Fouquet/M. Steinbrink/G. Zeilinger (Hrsg.), Geschlechtergesellschaften, Zunft- Trinkstuben und Bruderschaften in spätmittelalterlichen und frühneuzeitlichen Städten, Stuttgart 2003.
345. E. François/ H. Schulze (Hrsg.), Deutsche Erinnerungsorte, 3 Bde., München 2001.
346. M. Frey, Macht und Moral des Schenkens. Staat und bürgerliche Mäzene vom späten 18. Jahrhundert bis zur Gegenwart (Bürgerlichkeiten – Wertewandel – Mäzenatentum, hrsg. v. Thomas W. Gaehtgens, Jürgen Kocka und Bernd Rürup, Bd. IV), Berlin 1999.
347. M. Frey, Der reinliche Bürger. Entstehung und Verbreitung bürgerlicher Tugenden in Deutschland 1760–1860, Göttingen 1997.
348. H.-E. Friedrich/F. Jannidis/M. Willems, Bürgerlichkeit im 18. Jahrhundert, Tübingen 2006.
349. C. R. Friedrichs, The Early Modern City, 1450–1750, London/New York 1995.
350. C. Friedrichs, Das städtische Rathaus als kommunikativer Raum in europäischer Perspektive, in: J. Burkhardt/C. Werkstetter (Hrsg.), Kommunikation und Medien in der Frühen Neuzeit, München 2005, 159–174.
351. K.O. Frieling, Ausdruck macht Eindruck. Bürgerliche Körperpraktiken in sozialer Kommunikation um 1800, Frankfurt a. M. 2003.
352. F. Fuchs (Hrsg.), Die Pirckheimer. Humanismus in einer Nürnberger Patrizierfamilie, Wiesbaden 2006.
353. C. Gantet, La paix de Westphalie (1648). Une histoire sociale, XVIIe-XVIIIe siècles, Paris 2001.
354. A. Gestrich, Neuzeit, in: Ders./J.-U. Krause/M. Mitterauer (Hrsg.), Geschichte der Familie, Stuttgart 2003, 364ff. .
355. H. Gier/J. Janota (Hrsg.), Augsburger Buchdruck und Verlagswesen, Wiesbaden 1997.
356. H.-J. Gilomen/B. Schumacher/L. Tissot (Hrsg.), Freizeit und Vergnügen vom 14. bis zum 20. Jahrhundert. Temps libre et loisirs du 14e au 20e siècles, Züruch 2005.
357. U. Gleixner, Pietismus und Bürgertum. Eine historische Anthropologie der Frömmigkeit. Württemberg 17.–19. Jahrhundert, Göttingen 2005.

358. K. v. Greyerz u. a. (Hrsg.), Von der dargestellten Person zum erinnerten Ich. Europäische Selbstzeugnisse als historische Quellen (1500–1850), Köln 2001.
359. C. Grimm u. a. (Hrsg.), Lucas Cranach. Ein Maler-Unternehmer aus Franken. Katalog zur Landesausstellung in Kronach 1994, Augsburg 1994.
360. R. Habermas, Frauen und Männer des Bürgertums. Eine Familiengeschichte (1750–1850), Göttingen 2000.
361. D. Hacke, Frauen in der Stadt. Selbstzeugnisse des 16.–18. Jahrhunderts, Ostfildern 2004.
362. D. Hafner, Fassadenmalerei in Augsburg vom 16. bis zum 18. Jahrhundert, Diss. phil. Bonn 1996.
363. H.-W. Hahn/D. Hein, Bürgerliche Werte um 1800. Entwurf – Vermittlung – Rezeption, Köln/Weimar/Wien 2005.
364. H.-W. Hahn, Städtische Tradition und bürgerliche Interessenpolitik. Zum Wandel städtischer Identität zwischen 1770 und 1830 unter besonderer Berücksichtigung des Ereignisraumes Weimar-Jena, in: G.-L. Fink/A. Klinger (Hrsg.), Identitäten. Erfahrungen und Fiktionen um 1800, Frankfurt a. M. u. a. 2004, 371–412.
365. B. Hamm, Bürgertum und Glaube. Konturen der städtischen Reformation, Göttingen 1996.
366. N. Hammerstein, Bildung und Wissenschaft vom 15. bis zum 17. Jahrhundert, München 2003.
367. N. Hammerstein (Hrsg.), Handbuch der deutschen Bildungsgeschichte, Bd. 1. 15–17. Jahrhundert, München 1996.
368. N. Hammerstein/G. Walther (Hrsg.), Späthumanismus. Studien über das Ende einer kulturhistorischen Epoche, Göttingen 2000.
369. W. Hardtwig, Genossenschaft, Sekte, Verein in Deutschland. Bd. 1. Vom Spätmittelalter bis zur Französischen Revolution, München 1997.
370. J. Held/N. Schneider, Sozialgeschichte der Malerei vom Spätmittelalter bis ins 20. Jahrhundert, Köln 1993.
371. M. Hettling, Die Kleinstadt und das Geistesleben. Individuum und Gesellschaft um 1800, in: 363, 273–290.
372. J. Jachmann/R. Schilling, Repräsentation als Teilhabe. Ein interdisziplinärer Vergleich der frühneuzeitlichen Städte Lübeck und Augsburg, in: Frühneuzeit- Info 20 (2009), 147–163.
373. F. Jaeger (Hrsg.), Enzyklopädie der Neuzeit, Stuttgart/Weimar (J. B. Metzler), Bde. 1–8, 2005–2008.
374. W. Jahn/J. Kirmeier/W. Petz/E. Brockhoff (Hrsg.), ‚Bürgerfleiß und Fürstenglanz'. Reichsstadt und Fürstabtei Kempten, Augsburg 1998.
375. C. Jöchner (Hrsg.), Politische Räume. Stadt und Literatur in der Frühneuzeit, Berlin 2003.
376. G. Kauffmann (Hrsg.), Die Renaissance im Blick der Nationen Europas, Wiesbaden 1991.
377 K. Keller, Kleinstädte in Kursachsen. Wandlungen einer Städtelandschaft zwischen Dreißigjährigem Krieg und Industrialisierung, Köln/Weimar/Wien 2001.
378. B. Kirchgässner/H.-P. Becht (Hrsg.), Stadt und Mäzenatentum, Stuttgart 1997.

379. B. Kirchgässner/H.-P. Becht (Hrsg.), Stadt und Theater, Stuttgart 1999
380. B. Kirchgässner/H.-P. Becht (Hrsg.), Städtische Mythen, Stuttgart 2003.
381. H. Knittler, Die europäische Stadt in der frühen Neuzeit, Wien 2000.
382. G. M. König, Eine Kulturgeschichte des Spaziergangs. Spuren einer bürgerlichen Praktik 1780–1850, Wien/Köln/Weimar 1996.
383. J. L. Koerner, The Moment of Self Portraiture in German Renaissance Art, Chicago/London 1993.
384. E. Kormann, Ich, Welt und Gott. Autobiographik im 17. Jahrhundert, Köln 2004.
385. H.-W. Kruft, Städte in Utopia. Die Idealstadt vom 15. bis zum 18. Jahrhundert zwischen Staatsutopie und Wirklichkeit, München 1989.
386. E. Le Roy Ladurie, Eine Welt im Umbruch. Der Aufstieg der Familie Platter im Zeitalter der Renaissance und Reformation. Stuttgart 1998.
387. R. v. Mallinckrodt, Einführung. Körpertechniken in der frühen Neuzeit, in: Dies. (Hrsg.), Bewegtes Leben. Körpertechniken in der Frühen Neuzeit, Wolfenbüttel 2008, 1–14.
388. M. Maurer, Die Biographie des Bürgers. Lebensformen und Denkweisen in der formativen Phase des Bürgertums (1680–1715), Göttingen 1996.
389. W. Meighörner (Hrsg.), Johann Heiß. Schwäbischer Meister barocker Pracht, Friedrichshafen 2002.
390. H. Meller/S. Rhein/H.-G. Stephan, Luthers Lebenswelten, Halle 2008.
391. G. Mentges, Fashion, Time and the Consumption of a Renaissance Man in Germany. The costume Book of Matthäus Schwarz of Augsburg, 1496–1564, in: Gender & History, Vol. 14, No. 3 (2002), 382–402.
392. H. Merk, ‚Von ehrbaren Frauenzimmern, honetten Weibspersonen und liebreizenden Mägden‘. Weibliche Lebenszusammenhänge in Frankfurt 1760–1830, in: V. Schmidt-Linsenhoff (Hrsg.), Sklavin oder Bürgerin? Französische Revolution und neue Weiblichkeit 1760–1830, Frankfurt a. M. 1989.
393. S. Michalski, The Reformation and the Visual Arts. The Protestant Image Question in Western and Eastern Europe, London/New York 1993.
394. H. Michels, Städischer Hausbau am Mittleren Hellweg: die Entwicklung der Wohnbauten in Soest von 1150 bis 1700, Münster 1998.
395. Y.-G. Mix/M. Zenker/S. Zurbuchen (Hrsg.), Deutsch-schweizerischer Kulturtransfer im 18. Jahrhundert, Wolfenbüttel 2002.
396. F. Möller, Das Theater als Vermittlungsinstanz bürgerlicher Werte, in: 363, 193–210.
397. M. Mommertz/C. Opitz-Belakhal (Hrsg.), Das Geschlecht des Glaubens. Religiöse Kulturen Europas zwischen Mittelalter und Moderne, Frankfurt a. M./New York 2008.
398. N. Mout (Hrsg.), Die Kultur des Humanismus. Reden, Briefe, Traktate, Gespräche von Petrarca bis Kepler, München 1998.
399. W. Müller, Die Aufklärung, München 2002.
400. W. Müller (Hrsg.), Das historische Jubiläum. Genese, Ordnungsleistung und Inszenierungsgeschichte eines institutionellen Mechanismus. Münster 2004.

401. P. Münch, Lebensformen in der frühen Neuzeit, 1500–1800, Frankfurt a. M./Berlin 1992.
402. D. Niefanger, Barock. Stuttgart 2000.
403. M. North, Kunstsammeln und Geschmack im 18. Jahrhundert, Berlin 2002.
404. M. Ott, Die Entdeckung des Altertums. Der Umgang mit der römischen Vergangenheit Süddeutschlands im 16. Jahrhundert. Kallmünz 2002.
405. H. Ottomeyer (Hrsg.), Heiliges Römisches Reich Deutscher Nation, 962 bis 1806. Altes Reich und neue Staaten 1495 bis 1806, Berlin 2006.
406. S. C. Pils, Raum schichten. Frauen und Öffentlichkeit in der frühneuzeitlichen Stadt, in: 407, 207–227.
407. S. Rau/G. Schwerhoff, Zwischen Gotteshaus und Taverne. Öffentliche Räume in Spätmittelalter und früher Neuzeit, Köln/Weimar/Wien 2004.
408. W. Reinhard, Lebensformen Europas. Eine historische Kulturanthropologie, München 2004.
409. B. Roeck, Der Brunnen der Macht. Kunst und Mythos im späthumanistischen Augsburg, in: Der Augustusbrunnen in Augsburg, bearb. v. Michael Kühlenthal, München 2003, 13–46.
410. B. Roeck, Civic Culture and Everyday Life in Early Modern Germany, Leiden/Boston 2006.
411. B. Roeck, Introduction, in: 417, 1–29.
412. B. Roeck, Das historische Auge. Kunstwerke als Zeugen ihrer Zeit, Göttingen 2004.
413. B. Roeck, Kunst und Öffentlichkeit in der frühneuzeitlichen Stadt, in: H. Duchardt/W. Reininghaus (Hrsg.), Stadt und Region. Internationale Forschungen und Perspektiven. Kolloquium für Peter Johanek, Münster Köln/Weimar/Wien 2005, 73–82.
414. B. Roeck, Rathaus und Reichsstadt, in: Bernd Kirchgässner/Hans-Peter Becht (Hrsg.), Stadt und Repräsentation, Sigmaringen (1995), 93–114.
415. B. Roeck (Hrsg.), Stadtbilder der Neuzeit. Die europäische Stadtansicht von den Anfängen bis zum Photo, Ostfildern 2006.
416. B. Roeck/D. Hacke, Die Welt im Augenspiegel. Johannes Reuchlin und seine Zeit, Pforzheim 2002.
417. H. Roodenburg, Forging European Identities, 1400–1700, Cambridge u. a. 2007.
418. U. Rosseaux, Freiräume. Unterhaltung, Vergnügen und Erholung in Dresden (1694–1830), Köln/Weimar/Wien 2007.
419. U. Rosseaux, Städte in der Frühen Neuzeit, Darmstadt 2006.
420. U. Rosseaux/W. Flügel/V. Damm (Hrsg.), Zeitrhythmen und performative Akte in der städtischen Erinnerungs- und Repräsentationskultur zwischen Früher Neuzeit und Gegenwart, Dresden 2005.
421. D. W. Sabean, Kinship in Neckarhausen, 1700–1870, Cambridge u. a. 1998.
422. P. Sarasin, Reizbare Maschinen. Eine Geschichte des Körpers 1765–1914, Frankfurt a. M. 2001.
423. H. Schilling, Die neue Zeit. Vom Christenheitseuropa zum Europa der Staaten. 1250 bis 1750, Berlin 1999.
424. N. Schindler, Der Prozeß der Zivilisation in der Kleinstadt. Die Traun-

steiner Kaufmannsfamilie Oberhueber (1600–1800), Wien/Köln/Weimar 2007.

425. R. SCHLÖGL, Geschmack und Interesse. Privater Bildbesitz in rheinisch-westfälischen Städten vom 18. bis zum beginnenden 19. Jahrhundert, in: 432, 125–157.

426. B. SCHMID, Schreiben für Status und Herrschaft. Deutsche Autobiographik in Spätmittelalter und früher Neuzeit, Zürich 2006.

427. G. SCHMIDT, Wandel durch Vernunft. Deutsche Geschichte im 18. Jahrhundert, München 2009.

428. P. G. SCHMIDT, Humanismus im deutschen Südwesten. Biographische Profile, Sigmaringen 1993.

429. F. E. SCHRADER, Die Formierung der bürgerlichen Gesellschaft, Frankfurt a. M. 1996.

430. K. SCHREINER/N. SCHNITZLER (Hrsg.), Gepeinigt, begehrt, vergessen. Symbolik und Sozialbezug des Körpers im späten Mittelalter und in der frühen Neuzeit, München 1992.

431. E.-M. SENG, Stadt – Idee und Planung. Neue Ansätze im Städtebau des 16. und 17. Jahrhunderts, München 2003.

432. R. SENNETT, Handwerk (engl. Ausgabe 2008). Berlin 2008.

433. J. J. SHEEHAN, Geschichte der deutschen Kunstmuseen. Von der fürstlichen Kunstkammer zur modernen Sammlung, München 2002.

434. B. STUDT, Haus und Gedächtnis bei Hermann Weinsberg, in: Rheinische Vierteljahresblätter 61 (1997), 135–160.

435. L. TATLOCK (Hrsg.), The Graph of Sex and the German Text. Gendered Culture in Early Modern Germany, 1500–1700, Amsterdam 1994.

436. C. TEIBLER, Michael Rode und Daniel Chodowiecki. Zwei Künstler als Beispiel für künstlerisches Arbeiten im Spannungsfeld von Hof und aufstrebendem Bürgertum, in: R. Esser/T. Fuchs (Hrsg.), Kulturmetropolen–Metropolenkultur. Die Stadt als Kommunikationsraum im 18. Jahrhundert, Berlin 2002, 89–108.

437, H.-U. THAMER, Bürgertum und Kunst in der Neuzeit, Münster 2002.

438. B. TRAUTNER, WILLIBALD PIRCKHEIMER (1470–1530) und Conrad Peutinger (1465–1547) – zwei reichsstädtische Bürger und Humanisten in Süddeutschland, in: S. Füssel (Hrsg.), Astronomie und Astrologie in der frühen Neuzeit, Nürnberg 1990, 109–139.

439. J. TREFFEISEN/K. ANDERMANN (Hrsg.), Landesherrliche Städte in Südwestdeutschland, Sigmaringen 1994.

440. A.-C. TREPP, Sanfte Männlichkeit und selbständige Weiblichkeit. Frauen und Männer im Hamburger Bürgertum zwischen 1770 und 1840, Göttingen 1996.

441. M. UMBACH, Culture and Bürgerlichkeit in eighteenth- century Germany, in: H. Scott/B. Simms (Hrsg.), Cultures of Power in Europe during the Long Eighteenth Century, Cambridge u.a. 2007, 180–199.

442. D. WEISS-SCHLETTERER, Das Laster des Lachens. Ein Beitrag zur Genese der Ernsthaftigkeit im deutschen Bürgertum des 18. Jahrhunderts, Wien/Köln/Weimar 2005.

443. S. WENDEHORST/S. WESTPHAL (Hrsg.), Lesebuch Altes Reich, München 2006.

444. C. Wirtz, Köln und Venedig. Wirtschaftliche und kulturelle Beziehungen im 15. und 16. Jahrhundert, Köln/Weimar/Wien 2006.
445. A. Würgler, Medien in der Neuzeit, München 2009.
446. H. Wunder, ‚Er ist die Sonn', sie ist der Mond'. Frauen in der frühen Neuzeit, München 1992.
447. M. Zimmermann (Hrsg.), Höfe - Salons - Akademien. Kulturtransfer und Gender im Europa der frühen Neuzeit, Hildesheim u. a. 2007.

Sachregister

Abfall 13, 30, 108
Abseiten 16
Absolutismus 2, 8f., 12, 60f., 68f., 102, 105, 108
Adel 1, 12, 16, 19, 26–29, 31, 35, 37, 43, 50, 52, 54, 60–62, 65, 67, 72f., 84, 91f., 94f., 99f., 108, 112
Ärzte 37, 54, 63
Ästhetik 49, 55–57, 83, 90, 94, 109, 119f.
Affektregulierung 101–105
Agrarkonjunktur 52
Akademien 61, 63f.
- Bayerische Akademie der Wissenschaften 63
- Accademia della Crusca 62
- Accademia del disegno 44
- Académie française 63
- Mannheimer Akademie 63, s. Kunstakademien
Alltag 3, 5, 14, 22–30, 71, 75, 77f., 84, 98, 109f., 117
Alltagsgeschichte 74f., 77f., 80f., 102
Alter: Geschichte des Alters 99f.
Alteuropa 120
annales-Schule 78f., 87, 96f.
Anthropologie, historische 86, 103
Antike 48, 56, 118, 120
Antikenromantik 56
Archäologie 48, 54, 59, 87
Architektur s. Baukunst
Archiv für Kulturgeschichte 76
Ardinghello 119f.
Arkadien 118–120
Armenwesen 4, 117
Aufklärung 2f., 10, 15, 26, 30, 36, 59–69, 80, 108, 110–112, 119f.
- Begriff 60f.
- Institutionen 61–66, 117–119
- A. und Konfessionen 60
- Philosophische Voraussetzungen 61
- Politisierung 66–69
- Publikationen 64f.
- Salons 66
- Soziale Voraussetzungen 60f.
Auftraggeber 1f., 43–50, 83–85
Auftragskunst 46, 48, 50f., 53, 83
Ausbildungszeiten (in Handel und Handwerk) 32
Autobiographie 73

Badereise 30
Badstuben 12, 30, 35, 103f.
Barock 2, 16, 40f., 50–52, 59f., 77, 89
- Begriff 59
Barockdichtung 6, 35, 41, 61–63
Bauern 20, 26f., 73, 82, 89, 92f., 99, 113–118
Bauernkrieg 113
Baukonjunktur 7f., 47f., 52, 90, 93
Baukunst 46–48, 50–55, 86, 92–96, 110, 112
Beamte 60, 63, 67, 111, 117
Berufsschriftsteller 111f.
Bevölkerungsverdichtung 3f., 53, 115
Bibel 39, 57, 65, 111
Bibliotheken 2, 58, 110f.
Der Biedermann 64
Biedermeier 89, 96
Bildersturm 45f., 86
Bildhauerei 44, 48, 51, 55, 84
Bildquellen 76, 82–86
Bildung 1, 3, 36, 39, 53f., 58–60, 63–65, 72, 95, 100, 110, s. Humanismus, Schulwesen
Bildungsbürgertum 72
Blumenorden, Pegnesischer 62
Börse 47

bonum commune 58
Bordelle 30, 104
Branntwein 25, 92
Briefe, die neueste Literatur betreffend 112
Briefkultur 55, 61
Brot 24–26, s. Ernährung, Lebensmittel
Bruderschaften 14
Brunnen, öffentliche 47f., s. Baukunst
Buchdruck, Buchwesen 55f., 59, 62–65, 95, s. Bibliotheken, Lesergeschichte, Leserevolution
Bürgerbegriff 2f.
Bürgerhaus 1, 3, 8–12, 71, 87–96
– Arkadenhöfe 16f.
– Bauweise, Baustil 10–12
– Brunnen 12, 16
– Einrichtung 18–22
– Erker 10, 15
– Fachwerkbau 11f.
– Fassadenmalerei 10–12
– Fenster 15
– Forschungsprobleme 87–96
– Haustüren 10
– Raumaufteilung 16–18
– Stuck 12
Bürgerhumanismus s. Humanismus
Bürgerrecht 3f., 32
Bürgerspiele 39

Cambridge Group for the History of Population and Social Structure 96f.
Cenodoxus 41
Christianisierung 116f.
Collegia Musica 37

Demographie, historische 1, 3, 8, 24, 48, 78, 96–98, 107
– Methode 96f.
Dichtungsreform (Opitz) 62
Dielenhaus 16–19
Dienstboten 29, 98
Diffusionsprozesse 90, 95, 111, 113–115
Diskurs 1f., 4, 26, 36, 49, 55f., 60–66, 111, s. Kommunikation
Distanzierung 38, 105f.
Druckereien 55f., 59
Dunkelmännerbriefe 54

Edler Wilder 118f.
Egalität 62, 66f.
Ehe 32–34, 96–101, s. Familie
Ehrbarkeitshumanismus 55
Ehre s. Werte
Elbschwanenorden 62
Elitekultur 117
Elitenzirkulation 93
Emotionen 14, 20, 32–34, 99f.
Empirie, Empirismus 61, 117
Energiekrise d. 16. Jh. 15
Entzauberung 118
Erbauungsbücher 65
Ernährung 23–26, 78, 107, 114
– Wandel der Ernährungsgewohnheiten 25f.
Eroberung der Nacht 24
Erziehung 21, 30–32, 53, 58–60, 99, 110, 117
Ethnologie 104
Exulantenstädte 9

Fachwerk 11f., 47, 93, s. Bürgerhaus
Falkenbuch 59
Familie 14, 32–34, 74, 78, 96–101
– Begriff 98
– Familiengeschichte 96–101
– Familienporträts 20f., 45, 92
– Frau in der F. 100f.
– Funktionen der F. 98–101
– Großfamilie 98
– Kleinfamilie 98
– Wandel der Familienstruktur 101
– s. Werte, Tugenden, Ehe
Farbsymbolik 27–29
Fastnachtsspiel 38f.
Faust 41
Feste 16, 33, 35f.
Feudalismus 79f.
Feuerwerk 21
Flugschriften 4, 55, 85
Frau, Bürgersfrau 24, 65f.
– F. u. Aufklärung 65f.
– Frauengeschichte 100f.
– Künstlerin 101
– ökonomische Leistung der F. 100f.

- Rolle 14, 21, 100
- Witwe 33f., 99
- s. Salon

Freimauerei 66f.
- Wilhelmsbader Freimaurerkonvent 67

Freizeit 3, 17, 21, 30, 35f., 49, 112
Fresken 10–12, 16, 20, 51
Freundschaft 14
Fruchtbringende Gesellschaft 62
Frühbürgerliche Revolution 80f.
Frühmahl 23f.
Führungsschichten 1, 4, 10–12, 19f., 27f., 31, 43, 52, 58, 65, 88f., 91, 93–95, 108
Fuggerpalast 12

Gabel s. Tischsitten
Gärten 8f., 21, 66, 119
Galgen 13
„Ganzes Haus“ 14, 21, 23, 32, 34, 98f., 101
Gastwirte 19, 33
Geburtenraten 97
Gedancken über die Nachahmung der Griechischen Wercke 119
Gegenreformation 107, 117
Der Geizige 41
Gelehrte 33, 50, 60, 62f., 67f., 111
Deutsche Gelehrtenrepublik 119
Deutschgesinnete Genossenschaft 62
Genealogie 88, 96
Geometrie 8f.
Genremalerei 20, 46
Germania illustrata 54
Geschichte der Kunst des Altertums 119
Geschichtsschreibung 7, 54, 57, 59, 71–81, 110, s. Kulturgeschichtsschreibung
- marxistische 79–81, 84

Gesellschaften:
- Freitagsg. 65
- Fruchtbringende G. 62
- Göttingische Gelehrte G. 63
- Hamburger G. zur Beförderung der Künste und nützlichen Gewerbe 65
- Helvetische G. 65
- Mittwochsg. 65
- Patriotische G. 64
- Patriotisch-gemeinnützige G. 65
- Tanneng., Aufrichtige 62
- Teutschübende G. 64
- s. Sozietäten, Lesegesellschaften

Gesinde 14, 29
Gesundheitspflege 29f., s. Hygiene
Gobelins 20
Gold- oder Rosenkreuzer 67
Goldschmiede 51
Gotik 89
Grabkunst 85f.
Graphik 46, 48f., 51f., 85
Griechenverehrung 119f.
Gymnasien 31f.
Göttinger Hain 65

Häusergeschichte 88f.
Handel s. Kaufleute
Handwerker 17f., 23f., 32f., 35, 37–39, 43–45, 51, 60, 67, 98, 113
Handwerkerumzüge 36
Handwerksgeschichte 76
Handwerksgesellen 18
Hanse, Hansestädte 5
Hanswurst 42
Hausarme 98
Hausforschung, historische 87, s. Bürgerhaus, Wohnkultur
Haushalt 14f., 22f., 98, s. Familie
Hausmusik 36f., 66
Hausmutter 14, 32, 66, 100
Hausväterliteratur 99
Hausvater 14, 23, 32
Heirat 32f., s. Ehe
Henno 40
Hexenverfolgungen 116f.
Himmlisches Jerusalem 6f.
Hinrichtungen 36, 104f., s. Galgen
histoire totale 79
Historienmalerei 45f.
Hochzeitsordnungen 33f.
Hof 2, 4, 6, 19, 21, 28, 38, 40–45, 49–51, 53, 56, 59, 62, 89, 92, 112
- H.kritik 95
- H.theater 41f.

Horen 112
Hosenteufel 28

Humanismus 1–3, 6f., 31, 39, 48, 52–59, 61f., 64, 80, 119
– u. Antike 56
– Begriff 52f.
– u. Bildung 58f.
– u. Buchdruck 55f.
– u. Hl. Röm. Reich 53f.
– Humanistendrama 40
– u. Italien 52–54
– Kontinuität 52f., 58, 61
– Laizismus 56
– u. Naturwissenschaften 53, 58
– u. Philologie 57–59
– u. Platonismus 56
– H. u. Reformation 57
– u. Scholastik 53
– Sozialgeschichte 52f., 55, s. Neuhumanismus, Ehrbarkeitshumanismus
Hygiene 7, 9, 13, 27, 29f., 78, 102, 105, 107f., 111

Ichnographie s. Stadtpläne
Idealstädte 4, 9
Ikonologie 82f., 89
Illuminaten 67
Imperialismus 103
Individualisierung 18, 20f., 91, 102
Industrialisierung 97
Inventare, Inventarforschung 87f., 90f., 106, 114
Innovationen 87–95, 114
Insel Felsenburg 118
Irenik 57–59

Jesuiten 39–41, 58
– J.theater 40f.
Juden 4, 66
Junggesellentum 34
Juristen 37, 54, 62, 117

Kaffee 18, 24, 26, 114
– K.haus 26, 36, 43, 111
Kaiser 53, 57
Kapitalismus 75, 77f., 94
Karneval 36
Kaufleute 14, 16–19, 21, 28, 32, 54, 62, 67, 94
Kinderzahlen 97f.
Kindheit: Geschichte der K. 99
Kirche 1, 3, 36f., 46, 50–52, 57, 61, 116
Kirchenbarock 50–52, 89
– K.bau 46, 50–52
Klassizismus 30, 89f., 96, 111, 119f.
Poetisches Kleeblatt 62
Kleiderordnungen 4, 27–29, 35, 78
Kleidung 4, 19, 27–29, 92, 95, 102, 106
Kleinbürgertum 12, 30, 60, 92, 112
Klerus 50, 52, 60–63, 65, 111
Knochenhaueramtshaus (Hildesheim) 47, s. Zunfthäuser
Körperkultur s. Hygiene, Wasser
Kolonialismus 103
Kommunikation 2, 4, 14, 22, 47, 55f., 58, 60–66, 68f., 78, 112, 116, s. Diskurs
Konfession, Konfessionen 2, 6, 14, 20, 30f., 35, 38, 40f., 45f., 48, 57f., 60, 62f., 74, 97f., 104, 107f., 118
Konfessionalisierung 38f., 57
Konzerte, öffentliche 42f.
Konzertsaal 36, 42f.
Koran 39
Kosmetika 27, 29f.
Der eingebildete Kranke 41
Dreißigjähriger Krieg 7f., 12, 48, 62, 91–93, 108f.
Künstler, Künstlertypus 2, 43–46, 48–52, 55f., 59, 101
– K.mythos 44
Kultur:
– Begriff 2f.
– K., burgundische 28, 113
– englische 5, 41, 66
– französische 5, 28, 62, 66, 90, 102, 108
– italienische 5f., 16, 28, 41, 43–45, 47f., 52–57, 119f.
– niederländische 5f., 20, 41, 46, 48
– spanische 6, 19, 28
Kulturfixierungstheorie 95
Kulturgut: „Gesunkenes K." 95
Kulturgeschichtsschreibung 71–81, 110
– Gesamtdarstellungen 72f., 75f.
– marxistische 79–81

– Politische u. konfessionelle Implikationen 74
– Theorieprobleme 74–78, 82
Kulturraum 5, 69, 108
Kulturtransfer 54f.
Kunst, griechische 119f.
Kunstakademien 44
Kunstauftraggeber s. Auftraggeber
Kunstgeschichte 82–86, 89, 114
– Ikonologie 82f., 89
– Wiener Schule 83, 87
Kunstkammern 45, 48, s. Sammlertum
Kunstmarkt 1f., 20, 48f., 51, s. Auftraggeber, Auftragskunst
Kunstwerke
– im Bürgerhaushalt 20, 95
– als Quellen 82f.

Lamprecht-Streit 75
Land-Begriff 115
Landschaftsmalerei 119
Landstädte 4, 115
Lauben 17
Lebensbewältigung 98
Lebensform 3, 75
Lebenshaltungskosten 24f.
Lebenskreise 14
Lebensmittel 18, 23–26
Lebenswelt 3, 78, 87, 115
Lehrer 111
Lehrlinge 98
Lehrzeit 32
Leichenpredigten 35, 78
Leitbilder 90f., 94f., 99, 114f.
Leopoldina 63
Lesegesellschaften 65, 68, 111f.
– Klopstock-Büschische L. 65
Leserevolution 111f.
Lesergeschichte 78, 101, 111
Liberalismus 69, 72, 74
Literatur 1f., 38–41, 48, 50, 55f., 59–66, 69
Löffel s. Tischsitten
Löhne 24
longue durée 98
ludus Dianae 56
Luxus 3, 11f., 19, 21, 24, 26–29, 33, 43, 49, 75, 82, 92–95

Mäzene s. Auftraggeber
Magie 116f.
Malerei 43–46, 48, 50f., 55f., 85, 89, s. Fresken, Genremalerei, Porträtmalerei, Familienporträt
Manierismus 47, 89
Manufakturarbeiter 21
Manufakturgebäude 12
Markt, literarischer 111f.
Meistergesang 37, 39–41
Mentalitäten, Mentalitätsgeschichte 75, 78, 86, 106–109
Teutscher Merkur 112
Migration 4, 113
Minderheiten 4, s. Juden
Mittelstand 72f.
Mode 10, 27–30, 76, 92, 95
Möbel s. Wohnkultur
Montagsclub 65
Morgensuppe 23f.
Moriskentanz 38
Müll s. Abfall
Museum 49
Musik 1f., 37–39, 42f., 50, 69, 110, 112
Musiker 37, 42f., 50, s. Stadtmusikanten
Muße 35f., 49, 64

Nachbarschaft 14
Nachtbekleidung 104
Nacktheit 103–106
Nahrungsmittelversorgung 4, 113
Narrenschiff 54
Nathan der Weise 60
Nationalcharakter 99
Nationalstaat 71, 73, 80
Nationalismus 69
Nationaltheater 42
Naturgefühl 111, 116–120
Naturrechtslehre 61
„Neues Bürgertum“ 60, 63
Neuhumanismus 52f.

Ökonomie:
– Ö. der Qualität 43
– Ö. der Verschwendung 94
Öffentlichkeit 4, 21f., 25, 31, 33, 36, 38, 40, 49, 56f., 60, 68f., 105
Opernbühne 42

Ornamentstich 51

Pädagogik s. Erziehung
Pallas und Venus 40
Passionsspiel 40
Der Patriot 64
Patriotismus 53, 57
Patriziat 8, 14, 20, 25, 28f., 40
Periodisierung 59–61, 92f., 107
Pest 13, 30, 34
Pfarrhaus 19, 69
Philosophie 49, 52–69
Philanthropie 30, 117f.
Philologie 57–59
Pickelherings-Possen 41
Pietismus 60
Planstädte 8f.
Platonismus 56
Von der deutschen Poeterey 62
Polizei 4, 22, 116
Porträtmalerei 44f.
Porzellan 26
Preise 24f.
Pressefreiheit 69
Prestige 11f., 17, 19f., 22, 26, 40, 93–95, 100, s. Statussymbole
Privatheit 20f., 49, 68, 92, 101
Prozessionen 36
Publikum 4, 83, s. Öffentlichkeit

Randgruppen 4, 37
Rat 22, 45, 48
Rathaus 1, 11, 22, 43–45, 47, 71, 86
Rationalismus 60f.
Rationalität 60, 64, 115–118
ratio studiorum 58
Ratsmahl 25
Rauchen 24, 26
Realienkunde 87, 89
Reformation 38f., 45f., 55, 57, 73f., 80f., 85, 107f.
Reich, Hl. Römisches 1, 5, 10, 43, 45f., 53f., 57, 59–61, 63, 69, 73f., 99, 102, 108f., 112
Reichspatriotismus 62
Reichsstädte 3f., 7–10, 50, 53–55, 58, 60, 86, 109f.
Reichstag 10, 37
Reichsverfassung 10
Reisen 23, 30, 54f., s. Badereisen
Reizüberflutung s. Sensibilität
Religionskriege 61, 85
Renaissance 6, 8, 11, 16, 20, 27, 53–57, 61, 71, 89, 108, 113
Residenzstädte 4, 8f., 64, 91f.
Revolution, Französische 29, 67–69, 73f., 119
Revolution (1848) 72
Robinson Crusoe 118
Rokoko 30, 89f.
Romantik 9f., 72, 74
Royal Society 63

Sachgüter 14–22, 26–29, 75, 82–87, 95, 113–115
Säkularisierung 28
Säuglingssterblichkeit 31, 34, 97
Salons 36, 43, 66, 101, 108
Sammlertum 1, 11, 48–50, 110
Schäfflertanz 38
Scham 101–105
Schembartlaufen 36
Schimpf und Ernst 39
Schmutz s. Abfall
Schneuztuch 27, 104, 106
Schreiner 19f., 51
Schützenfeste 36
Schultheater 38–41
Schulwesen 31f., 55, 57–59, 110
Sensibilität 20, 37, 99, 116
Sexualität 99, 102f., 106
Sittengeschichte 72, 76
Sitzmöbel 18f.
Societas ereunetica 63
Sodalitäten 2, 61, s. Humanismus
Soziale Kontrolle 14, 28f.
Sozialethik 46f.
Sozialgeschichte 77–79, 83–89, 107
Sozialtopographie 88
Sozietäten 2, 36, 61–64
Spätbarock 52, s. Rokoko
Spätgotik 46f., 84, 89
Spaziergang nach Syrakus 120
The Spectator 66
Spiele 35f.
Geistliches Spiel 40, s. Passionsspiel
Spielleute s. Musiker
Spital 100
Sprachgesellschaften 61f., s. Deutschgesinnete Genossen-

schaft, Fruchtbringende Gesellschaft, Elbschwanenorden, Pegnesischer Blumenorden, Poetisches Kleeblatt, Tannengesellschaft („Aufrichtige T.“)
Sprachunterricht 31 f.
Stadt:
- S.funktionen 1, 3, 109
- S.glocke 22
- S.-Land-Beziehungen 26, 108, 113–118
- S.mauer 4, 8, 109
- S.musikanten 37
- S.patrone 7
- S.pläne 7
- S.planung 7 f., 111
- S.staaten, italienische 1, 3, 7
- S.tore 13
- S.veduten 6–8, 108 f.
- S.wirtschaft 109
- Städtelandschaften 6
- Städtelob 7
- Städtetypen 3 f., 115
Ständegesellschaft 12, 20, 28 f., 35 f., 38, 60 f., 66–69
Statussymbole 19 f., 26, 93–95, s. Prestige
Stilgeschichte 85, 87, 89 f., 93–96
Stilwandel 89 f., 93–96
Straßenbeleuchtung 24, 108
Straßenpflaster 13, 30, 108
Stube 16 f., 91 f.
Stuck 30, 93
studia humanitatis 53, s. Humanismus
Stukkateure 51 f.
Sturm und Drang 64
Sublimation 74, 120
Syphilis 30

Tabula Peutingeriana 59
Vernünftige Tadlerinnen 64
Tageslauf 23 f.
Tannengesellschaft, Aufrichtige 62
Tanz 37 f., 66, 77
Tanzhaus 11, 38
Taschentuch s. Schneuztuch
The Tatler 66
Taufe 31
Territorialstaat 2 f., 60, 68 f., 91, 109, 117, 120, s. Absolutismus
Testamente 107
Textilgewerbe 113
Thalia 112
Theater 36, 38–42, 56 f., 110, 112
Theaterreform 42
Theologen 63
Till Eulenspiegel 39
Tischsitten 26 f., 92, 102 f., 106, 114
Tobias 39
Tod 34 f., 85 f., 99
Toleranz 60, 62
Trauerriten 34 f.
Trinkgewohnheiten 25 f.
Trivium 31 f.
Tugenden, bürgerliche 21 f., 64, 68 f., 75, 95, 98 f., 108, 118, s. Werte
Turniere 36

Umland 113–115
Union, Deutsche 68
Universitäten 1, 32, 40, 53–58, 61, 63 f.
Universitätsstädte 64
Unterkleidung 29 f.
Unterschichten 20 f., 25 f., 29, 77, 81 f., 90, 95
Urbanisierung 3 f., 115
Urbanistik 7 f., 10
Utopien 118–120

Verbürgerlichung des Landes 115
Verhaltenswandel 101–108
Verwissenschaftlichung des Handwerks 44
Villenkultur, venezianische 93
Volkskultur 117
Volkskunde 73, 86, 88, 90–93, 114 f.

Wanderbühnen 41 f.
Wasser 30, 107 f.
Weltbild 28, 35, 117
Weltsystem 78
Werte 21–23, 28, 35, 37, 54, 58, 68 f., 95, 98 f., 111
Weserrenaissance 47
Wirtschaftsethik 21
Witwen 33 f., 99 f.

Moralische Wochenschriften 64–66
Wörterbücher 62
Wohnkultur 5, 14–22, 33, 36, 59, 76, 82, 107, 111
- Ausgliederung des Arbeitsbereichs 17f., 20f.
- Bankpfuhl 91
- Beleuchtung 15, 91
- Betten 17f.
- Bodenbelag 20
- Decken 20
- Eßzimmer 26
- Fenster 15
- Glas, venezianisches 91
- Heizung 15f.
- Kommode 19, 30, 92f.
- Küche 18
- Möbel 15, 18–22, 30, 71, 89f., 92f., 102, 114f.
- Multifunktionalität der Wohnräume 18, 20f.
- Neuerungsschübe 90
- Tapeten 20
- Teppiche 113
- Uhren 22–24, 92
- Wohnatmosphäre 20
- Wohnraumaufteilung 16–18, 20–22, 90–92, 102
- s. Bürgerhaus, Kunstwerke im Bürgerhaus, Stube
Wunderkammern 48–50

Zechsingen 37
Zeit 22–24, 78
Zeitschriften 64–69, 112
Zensur 4, 69
Zivilisationsprozeß 13, 38, 101–108
Zivilisationstheorie 18, 86, 101–108
Zünfte 4, 14, 32, 36–38, 43–45, 47f., 50, 60, 94, s. Handwerker
Zunfthäuser 11

Ortsregister

Alsfeld 40
Augsburg 8, 12, 32, 40–41, 44, 46–47, 51, 110

Bamberg 7
Basel 40, 45, 48, 56
Bayern 28, 40, 68, 114
Bayreuth 66
Berlin 9–10, 30, 64–66, 110
Bern 17, 64
Biberach 50
Böhmen 24
Bozen 40
Braunschweig 47, 91
Bremen 30, 47
Breslau 6, 38
Bretten 33
Burgheim 39
Burgund 28

Chemnitz 47

Danzig 39, 51
Dinkelsbühl 12
Donauwörth 47
Dresden 2, 47, 64, 66, 110

Eilenburg 47
England 5, 45, 49, 66, 96
Emmerich 31

Florenz 32, 53
Franken 11, 114
Frankfurt a. M. 20, 30, 40, 45, 50, 74
Frankfurt a. d. O. 38
Frankreich 6, 16, 62, 66, 96, 102
Freudenstadt 9
Friedrichsstadt 9

Gera 47
Gießen 34
Glogau 6
Göttingen 64
Griechenland 120

Halle 41, 48, 63–64, 66
Hamburg 2, 5, 23, 26, 37, 42, 47, 64–66, 90, 94
Hannover 64, 110
Heidelberg 11
Hessen 11

Indien 25
Innsbruck 6
Italien 5–7, 11, 16, 28, 43, 45, 48, 53–56, 96, 119–120

Karlsruhe 9
Koblenz 34, 66, 110
Köln 6, 8, 11, 16, 26, 31, 47, 90
Königsberg 39, 42, 69
Krakau 32
Krems 87

Landsberg a. L. 50
Leipzig 10, 42–43, 47, 64, 66, 110
Lemgo 16, 47, 91–92
Leyden 6
London 50
Lübeck 37, 44–45, 47
Lyon 32

Mähren 37
Mainz 34, 37, 97
Mannheim 2, 8, 42
Michelstadt/Odenwald 47
Mittelfranken 114
München 2, 38, 50
Münster 86, 88, 91–92, 114

Neubreisach 9
Neustadt 47

Neuwied 51
Niederlande 5, 48
Niedersachsen 11
Nördlingen 12, 38, 46
Nürnberg 2, 6–8, 10, 25–26, 37, 47–48, 51, 53, 62, 90, 115
Nürtingen 19

Odenwald 47
Österreich 65
Oppenheim 110
Osnabrück 92
Ostbayern 114

Paris 50, 90
Pirna 47
Prag 37, 50, 53
Regensburg 10, 26, 110
Rheinlande 65
Rom 57
Rostock 63
Rothenburg o.T. 12

Saalfeld 47
Sachsen 37, 65
Schlesien 6, 24, 37
Schwaz 35
Schwäbisch Gmünd 110
Schweiz 17
Spanien 6, 28
Speyer 110
Stralsund 17
Straßburg 12, 37, 40, 46, 51, 54, 58, 62
Straubing 40

Tirol 17, 24
Thüringen 65
Torgau 47
Tübingen 112

Ulm 12, 35, 41
Unterfranken 114

Venedig 44, 53, 93
Versailles 28

Weida 37
Weimar 2, 50, 62, 66, 69
Wien 26, 30, 40, 42–43, 50, 69
Wittenberg 47
Wolfenbüttel 91
Worms 37
Württemberg 26
Würzburg 51

Xanten 74

Zürich 50, 64
Zwickau 40

Namensregister

Aachen, Hans von 43
ABEL, W. 24, 26
Ackermann, Hans 40
ACKERMANN, H. C. 48
Ackermann, Konrad Ernst 42
Agricola, Georg 54
Albertinus, Aegidius 23
Albrecht, Balthasar Augustin 51
Altdorfer, Albrecht 45, 48
Amerbach, Basilius 48, 56
Andreae, J. V. 9
Andresen, Jan 47
Anhalt-Köthen, Ludwig von 61–62
ANTAL, F. 80, 85, 93
Arbeau, Thoinot 38
ARIÈS, PH. 85, 99
Asam, Egid Quirin 51
AULINGER, R. 37

Bach, Carl Philipp Emanuel 42
Bach, Johann Sebastian 2, 43
Bacon, Francis 61
BÄUML, E. 44
Bahrdt, Carl Friedrich 33, 68
Baldung gen. Grien, Hans 15, 46
Barbari, Jacopo de 7
Bassermann, Johann Christoph 33
BASTIAN, H. 39
Bauch, Johann Lorenz 63
BAUER, B. 72
BAUMEISTER, S. 88
BAUR, V. 28, 29
BAXANDALL, M. 84, 85
BEDAL, K. 12, 17, 87, 88, 92, 93, 114f.
Behaim, Paulus 32
BEHR, H. J. 91
BEHRINGER, W. 117
BEJIN, A. 99
BELOW, G. von 76
BEZOLD, FRIEDRICH von 53, 75
BIAŁOSTOCKI, J. 5
Bidermann, Jakob 41
BIE, O. 77
BIEDERMANN, K. 72
BINDING, G. 10–11, 17, 47, 87
BING, G. 83
Biondo, Flavio 54
BIRCHER, M. 61
Birck, Sixt 40
BLASIUS, D. 102
BLUMENBERG, H. 28
Boccaccio, Giovanni 39
BÖHME, G. 58
BOEHN, M. v. 76
BÖMER, A. 27, 113
BOGUCKA, M. 5
BOHNERT, C. 54
BORKENAU, F. 107
BORSCHEID, P. 34, 86, 99, 100
BORST, A. 3, 109, 110
BORST, O. 7
BRADY, T. A. 46
BRANDES, H. 101
Brant, Sebastian 54
BRAUDEL, F. 20, 27, 77, 78, 86
BRAUNFELS, W. 5, 9
Breu, Jörg, d. Ä. 46
Breu, Jörg, d. J. 11
Breytenbach, Bernhard von 6
Brockes, Barthold Hinrich 23, 64
BROSTHAUS, V. 33
BRÜCKNER, W. 27, 29
Bruni, Leonardo 54
BRUNNER, H. 37
BRUNNER, O. 14, 23, 96, 98
BRUNNER, W. 38
BUCK, A. 57
BÜCKING, J. 6, 13, 15, 23–24, 35, 104
Burckhardt, Jakob 13, 52, 71, 72, 82, 120

Burgkmair, Hans 55
BURKE, P. 104

Calderon, Pedro 41
Campe, Joachim Heinrich 23
Cappel, Notar in Osnabrück 18
CASSIRER, E. 60
Celtis, Konrad 53, 54, 56
CHASTEL, A. 84
CHAUNU, P. 79
Chelidonius 40
Chodowiecki, Daniel 51
CONERMANN, K. 62
CORBIN, A. 13
Cranach, Lukas 44
Cuvilliès, François 51
CZOK, K. 8, 110

DANN, O. 65
DAVIS, N. Z. 100
De Beatis, Antonio 10–11, 13
Dedekind, Friedrich 27
Defoe, Daniel 118
DE VRIES, J. 3
Descartes, René 61
DIENST, H. 117
DIRLMEIER, U. 25, 78
VAN DÜLMEN, R. 36, 63, 67, 79
Dürer, Albrecht 6, 33, 43, 44, 46, 48, 55, 56, 72, 80, 84
DÜRR, E. 71
DUERR, H. P. 30, 86, 102–107

Effner, Josef 51
EGER, W. 110
EHBRECHT, W. 5
EICHBERG, H. 8, 103
EIMER, G. 6, 8
EINSTEIN, A. 43
EISENBART, L. C. 27, 28, 78
EISENSTEIN, E. 55
ELIAS, NORBERT 18, 86, 101–107
Elsheimer, Adam 44, 45
ENGELSING, R. 55, 65, 78, 94, 111
Erasmus von Rotterdam 56, 57
ERBE, M. 78
ERIXON, S. 95
ERMATINGER, E. 24, 35
ESCHER, F. 113
Eyb, Albrecht von 7

FEBVRE, L. 9, 106
FEHRING, G. P. 87
FEIST, P. H. 84
FENTON, A. 23
Fielding, Henry 66
Fischer, Johann Michael 50
Fischer von Erlach, Johann Bernhard 43
Flemming, Paul 6
FLEMMING, W. 6, 41, 77
FLÖRKE, H. 48
Flötner, Peter 48
Folz, Hans 37
Franck, Sebastian 57, 113
Francke, August Hermann 30
FRANÇOIS, E. 34, 96, 110
Franck, Hans Ulrich 51
FREY, D. 83
Frey, Hans 33
FREYTAG, G. 21, 33, 72, 73, 76
Friedrich I., Herzog von Württemberg 9
Friedrich II., röm.-dt. Kaiser 59
Friedrich II., der Große, Kg. v. Preußen 42
Friedrich III., röm.-dt. Kaiser 53
Friedrich der Weise, Kurfürst v. Sachsen 44
Froben, Johannes 56
FRÜHSORGE, G. 14
FUCHS, E. 76
Fugger, schwäb. Geschlecht 54, 84
Furttenbach, Joseph 41

GALL, L. 3, 33, 96
GARBER, K. 59
GEBAUER, K. 76
Geiler von Kaysersberg, Johann 12
Geisenhamer, Paul 17
Gellert, Christian Fürchtegott 112
Gerhardt, Hubert 47
GERNDT, H. 89, 115
GERTEIS, K. 3, 8
Gesner, Konrad 50
Geßner, Salomon 119
Geyger, Johann 22
Giorgione (Giorgio da Castelfranco) 11
GLÄNTZER, V. 18
Glarean(us), Henricus 32

Gluck, Christoph Willibald 50
GÖMMEL, R. 8, 88
GÖPFERT, H. G. 65
GOETTERS, J. F. G. 57
Goethe, Johann Caspar 20
Goethe, Johann Wolfgang von 10, 48, 50, 65, 72, 112
GOMBRICH, E. 82–83
GOOCH, G. P. 73
GOTHEIN, E. 74
Gottsched, Johann Christoph 42, 64
GOUDSBLOUM, J. 102, 105
Greff, Joachim 39, 40
GREISENEGGER, W. 40
GRESCHAT, M. 57
Grimmelshausen, Hans Jakob Christoffel von 23
Groff, Wilhelm de 51
GROSSMANN, G. U. 11
GROTE, L. 44
Grotius, Hugo 61
GRUBER, K. 9
GRUNDMANN, G. 5
Gryphius, Andreas 6, 41
Guarinoni, Hippolithus 14, 104, 106
GÜNTHER, H. 76
Günther, Ignaz 51
Günther, Matthäus 51
Gunetzrhainer, Ignaz 51
GUT, A. 9
Gutenberg, Johannes 55

Hackert, Philipp 119
HÄHNEL, J. 17
Händel, Georg Friedrich 42, 50
Hallmann, Christian 41
HAMM, B. 55, 58
HAMMEL, R. 88
HAMMERMAYER, L. 63, 67
HAMMERSTEIN, N. 60
HARMS, W. 85
Harsdörffer, Georg Philipp 62
HASKELL, F. 84
HASSE, M. 44, 45
HATTENHAUER, H. 111
HAUSER, A. 51, 80
Haupt, Ernst Friedrich 21
Haydn, Joseph 50
Heinse, Wilhelm 119, 120
HELD, W. 113
Heller, Jakob 84
HENNE AM RHYN, O. 76
Herder, Johann Gottfried 120
HERZ, E. 41
Herz, Henriette 66
HETTNER, H. 73
HEYNE, M. 17, 76
Hildebrand, Johann Lukas von 43
HIMMELFARB, G. 79
HIMMELHEBER, G. 19
HINRICHS, C. 60
HINRICHS, E. 79
HINTERMAIR, E. 43
HIPPEL, O. v. 118
HIRSCHFELD, P. 84
HIRSCHMANN, G. 37
HIRTH, G. 76
HITCHCOCK, H. R. 9, 47
HOCKERTS, H. G. 81
Hölderlin, Friedrich 120
Hoeschel, David 59
HÖSEL, G. 13
HOFMANN, J. 14, 99
Hoffmann, Lorenz 48
HOFFMANN, W. 45
Hofmannswaldau, Christian Hofmann von 6
Hohberg, Wolf Helmhard von 23
Holbein, Hans d.J. 45, 48
HOLZBERG, N. 54
Holzer, Johann Evangelist 51
HOYER, S. 110
HUBRIG, H. 65
HUCH, R. 76
HUTH, H. 84

IMHOF, A. E. 31, 34, 86, 96, 98, 107
IM HOF, U. 65
Imhoff, Nürnberger Patrizierfamilie. 49
INGEN, F. VAN 61

JACOBEIT, S, 81
JACOBEIT, W. 81
JANSSEN, J. 11, 28, 74
JOACHIMSEN, P. 75
JØRGENSEN, N. 113
Jorhan, Christian 51
Jorhan, Wenzel 51

Jung-Stilling, Johann Heinrich 34
Jungius, Joachim 63

Kadatz, H.-J. 47, 84
Kaegi, W. 58
Kant, Immanuel 60, 64
Karl V., röm.-dt. Kaiser 38
Karstedt, P. 110
Kaschuba, W. 29, 30, 78, 107, 108
Kaspar, F. 16, 88, 89, 91
Katzinger, W. 113
Kaufmann, Angelika 101
Keller, H. 6
Kent, F. W. 84
Kiesel, H. 65
Kindermann, H. 40
Kirchgässner, B. 107
Kirchner, J. 65
Kisban, E. 23
Kleinschmidt, E. 59
Klaj, Johann 62
Klopstock, Friedrich Gottlieb 34, 119
Knittler, H. 17
Knudsen, H. 40
Kobell, Ferdinand 119
Köhler, H. J. 55
Könneker, B. 54
Kohler, A. 82, 87, 117
Kondylis, P. 118
Koselleck, R. 68
Kraft, Ulrich 32
Kramer, K.-S. 114
Kreisel, H. 19
Krickeberg, D. 37
Kris, E. 44
Kristeller, P. O. 54, 56
Krüger, K. 86, 88
Krünitz, Johann Georg 30
Kruft, H.-W. 9
Kuczynski, J. 81
Kühlmann, W. 62
Kühnel, H. 87
Kuhnert, R. P. 30
Kultermann, U. 83
Kurz, O. 44

Lamprecht, K. 75
Landes, D. S. 78
Lang, P. T. 106
Langer, H. 80
La Roche, Sophie von 66
Lehmann, M. 74
Leibniz, Gottfried Wilhelm 63
Lenz, R. 34, 35, 78, 99
Lessing, Gotthold Ephraim 42, 60, 112
Letus, Pomponius 56
Levin, Rahel 65
Levinger, H. 40
Lichtenberger, E. 16, 88
Lieb, N. 12
Liebmann, H. 10, 13, 16, 25
Liebs, N. 84
Lohenstein, Daniel Caspar von 6, 41
Lopez, R. S. 12, 93
Lorrain, Claude (Claude Gelée) 119
Ludwig XIV., Kg. v. Frankreich 28
Ludz, P. C. 67
Luther, Martin 46, 57, 73
Luttenberger, A. P. 37
Lutz, H. 46, 54, 82

Mainzer, U. 11, 47
Mandrou, R. 79
Mannheims, H. 91
Manuel, Niklas gen. Deutsch 39
Manutius, Aldus 59
Marigny, Marquis de 90
Marlowe, Christopher 41
Martens, W. 64, 112
Maurer, M. 66
Maurer-Schmoock, S. 42
Maurice, K. 22
Maurice, S. 22
Maximilian I., röm.-dt. Kaiser 38, 44, 56
Mayr, O. 79
Medici, florentinische Familie 84
Meiners, U. 16, 18–19, 25, 26, 90, 92
Melanchthon, Philipp 57, 58
Mendelssohn, M. 112
Merian, Maria Sibylla 101
Merian, Matthäus 6
Miller, N. 119
Mirandola, Pico della 56
Mitterauer, M. 98
Mittig, H.-E. 85

Moeller, B. 57
Möller, H. 9, 21, 31, 42, 60, 61, 63, 66, 67, 69, 78, 79, 81, 98, 112, 119
Mohr, A. R. 42
Mohrmann, R.-E. 18, 91
Molière, Jean Baptiste 41
Moller, Meta 34
Montaigne, Michel Eyquem de 13
Moritz, Karl Philipp 120
Mozart, Wolfgang Amadeus 43, 50
Muchembled, R. 117
Mühlpfordt, G. 68
Müller, H. 27
Müller, M. J. 6
Müller, S. 110
Münch, P. 23, 33, 65, 95, 98, 99
Murner, Thomas 57
Mumford, L. 22

Nagel, B. 37
Nahrstedt, W. 23, 35, 36
Naogeorg, Thomas 40
Naumann, H. 95
Nef, J. U. 43
Nering, Johann Arnold 9
Neubauer, E. 110
Neuber, Karoline 42
Neuer, J. 27
Neumann, Balthasar 50
Neumann, H. 112
Nicolai, F. 110, 112
Nilson, Johann Esaias 51
Nipperdey, T. 3, 81, 96
Nitschke, A. 86
Nixdorf, H. 27

Opitz, Martin 6, 41, 62
Ottenjann, H. 90

Pallach, U. C. 26, 92
Panofsky, E. 83, 86
Panzer, M. 37, 38
Pauli, Johann 39
Paulsen, Carl Andreas 41
Permoser, Balthasar 51
Pest, M. 52
Peutinger, Conrad 54
Piccolomini, Enea Silvio 10, 12, 54
Pinder, W. 72
Pirckheimer, Willibald 54
Platter, Thomas 31
Pompadour, Jeanne Antoinette Poisson 90
Pontan, Jakob 59
Poulssen, G. 84
Popp, H. 14
Potthoff, O. D. 14, 76
Praz, M. 20
Praun, Nürnberger Sammler 49
Press, V. 109
Preussner, E. 42
Prüsener, M. 65, 111
Pufendorf, Samuel 61
Purschke, H. R. 38

Ranke, Leopold von 71, 74
Rapp, A. 77
Rausch, W. 86, 110
Read, H. 84, 93
Reinalter, H. 68
Reinhard, W. 58, 61
Reuchlin, Johannes 40, 54
Rhenanus, Beatus 56
Ribbe, W. 110
Ridinger, Johann Elias 51
Riecken, G. 6
Riedel, M. 3
Riegl, A. 87
Riehl, W. H. 73, 96, 115
Ring, Ludger tom 45
Roeck, B. 8, 14, 35, 48, 77, 83, 86, 88, 98, 116
Rödel, W. G. 34, 96–98
Röntgen, Abraham 19, 51
Ropertz, H. P. 12
Rosenplüt, Hans 7, 37
Rosenstrauch, H. 78, 112
Roth, F. O. 110
Roth, K. 91, 114
Rott, H. 48
Rublack, H.-C. 86
Rupprich, H. 39, 44, 56, 61

Sachs, Hans 17, 37, 39, 40, 80
Salmen, W. 38
Sandgruber, R. 17
Sandrart, J. von 44, 45, 49
Saran, B. 45, 56
Sastrow, Bartholomäus 33
Saxl, F. 83

Schadow, Gottfried 51
SCHÄFER, D. 74
Schedel, Hartmann 54
SCHERR, J. 72
Scheuchzer, Johann Jacob 50
Schickardt, Heinrich 9
SCHIEDLAUSKY, G. 26
SCHILDHAUER, J. 5
Schiller, Friedrich 112, 120
SCHILLING, H. 79
SCHILLING, M. 78
SCHINDLER, N. 66
SCHINDLING, A. 31, 58
SCHIVELBUSCH, W. 25
Schlegel,Caroline 66
Schlüter, Andreas 51
SCHMELZEISEN, G. K. 33
SCHNABEL, F. 52
Schnabel, Johann Gottfried 118
SCHNELBÖGL, F. 37
Schönfeld, Johann Heinrich 51
Schopenhauer, Johanna 66
SCHORMANN, G. 116
SCHRAMM, P. E. 85, 96
SCHRÖTTER, G. 44
Schubart, Christian Friedrich Daniel 69
SCHULTZ, A. 19, 23, 76
SCHULZE, H.-K. 113
SCHULZE, W. 117
SCHUSTER, K.-P. 45
SCHWAB, H. W. 37
SCHWARZ, D. 87
SCHWERHOFF, G. 117
SEEBASS, F. 34
SELING, H. 51
SENN, W. 110
Seume, Johann Gottfried 120
Shakespeare, William 41, 66
SIEDER, R. 98, 101
SIMMEL, G. 14
SIMONS, P. 84
SKOPNIK, G. 40
SOMBART, W. 75, 94
SPECKER, H.-E. 86, 106
Speckle, Daniel 9
SPENLE, M. 40
Spinoza, Baruch de 61
Spitzweg, Carl 74
SRBIK, H. v. 72
STEINHAGEN, H. 61
STEINHAUSEN, G. 12, 26, 34, 75–77
STEINMETZ, M. 80
STEPHAN, G. 30
STEPHAN, I. 42
Sterne, Laurence 66
Stimmer, Tobias 15
STOLL, C. 61
STONE, L. 97
STOOB, H. 4, 9
STÜRMER, M. 20, 90
STUPPERICH, R. 57
Sturm, Johannes 40
SYDOW, J. 6, 60, 88, 107
Syrlin, Jörg 55

Telemann, Georg Philipp 42
TENFELDE, K. 36, 81
TEUTEBERG, H. J. 24, 26
Thomasius, Christian 63, 64
Thucydides 82
TIEMANN, F. 34
TIEMANN, H. 34
Tiepolo, Domenico 51
TINTELNOT, H. 59
Tizian (Tiziano Vecellio) 11
TREITSCHKE, H. v. 71

ULLMANN, E. 80

VALENTIN, J.-M. 40–41
VALJAVEC, F. 69
Varnhagen von Ense, Rahel 66
Vasari, Giorgio 44
Velten, Johannes 41
VIERHAUS, R. 65, 66, 79
VIGARELLO, G. 30, 105
Viollet-le-Duc 47
Vivien, Joseph 51
Vries, Adriaen de 47
VOVELLE, M. 106

WACKERNAGEL, M. 84
WALBERG, H. 88
WARBURG, A. 82, 83, 106, 113
WARNKE, M. 86
WEBER, M. 93
WEBER-KELLERMANN, I. 14
WEDLER, K. 80
Weinsberg, Hermann 31, 36

Weis, E. 78
Weise, Christian 41
Weishaupt, Adam 67
Wekhrlin, Wilhelm Ludwig 10
Welser, Carl 49
Welser, Marcus 58
Wensky, M. 100
Wesoly, K. 100
Weyrauch, E. 86
Wickram, Jörg 39
Wiedenau, A. 11, 47
Wiegelmann, G. 24, 26, 59, 90, 95, 114, 115
Wieland, Christoph Martin 50, 112
Winckelmann, Johann Joachim 119, 120
Wind, E. 83
Winter, H. G. 42
Wissell, R. 14, 76
Wittkower, R. 44, 84
Woensam, Anton 7
Wohlfeil, R. 46, 85
Wohlfeil, T. 85
Wolff, Christian 64
Wuttke, D. 54

Žak, S. 37
Zeeden, E. W. 13, 23, 30–32, 35, 36, 73, 117
Zeller, K. 40
Zimmermann, B. 111
Zimmermann, Dominikus 50
Zimmermann, Johann Baptist 51
Zinsli, P. 39
Zoepfl, F. 77
Zorn, W. 55
Zschunke, P. 110

Ergänzungen zur Bibliographie

(im Text nicht mehr berücksichtigt)

Zu B.0:
E. Bruckmüller/U. Döcker u.a., Bürgertum in der Habsburgermonarchie. Wien/Köln 1990.
R. v. Dülmen, Kultur und Alltag in der frühen Neuzeit. 3 Bde., München 1990 (bereits erschienen Bd. 1: Das Haus und seine Menschen).
H. P. Duerr, Der Mythos vom Zivilisationsprozeß. Bd. 2: Intimität. Frankfurt a.M. 1990.
E. G. Eder, ‚Sich nackend zu baden erkünnen'. Geschichte renitenter Körperlichkeit im Raum Wien, in: GWU 42 (1991), 92–104.
H. Korte (Hrsg.), Gesellschaftliche Prozesse und individuelle Praxis. Bochumer Vorlesungen zu Norbert Elias' Zivilisationstheorie. Frankfurt a.M. 1990.
Zu B.2:
T. Spohn, ‚Sollen recht ordentlich bauen sonder Resoniren. F(riedrich) W(ilhelm)'. Hausbau und Stadtplanung unter preußischem Einfluß, dargelegt am Wiederaufbau der märkischen Städte und Flecken im 18.Jh. T.1: Der Märker 39 (1990), S. 191–206.
Zu B.4:
H. Wunder/C. Vanja (Hrsg.), Wandel der Geschlechterbeziehungen zu Beginn der Neuzeit. Frankfurt a.M. 1991.
B. Braun-Bucher, Der Berner Schultheiss Samuel Frisching 1605–1683. Schrifttum, Bildung, Verfassung und Politik des 17. Jh.s aufgrund einer Biographie. Bern 1991.
Zu B.6:
M. Patterson, The First German Theatre. Schiller, Goethe, Kleist and Buchner in Performance. London 1990.
Zu B.7:
(Ausstellungskatalog) Sammeln in der Renaissance. Das Amerbach-Kabinett. 5 Bde. (Bd. 5 im Erscheinen). Basel 1991.
Zu B.9:
W. Adam, Privatbibliotheken im 17. und 18. Jahrhundert, in: IASL 15 (1990), 123–173.

Enzyklopädie deutscher Geschichte

Themen und Autoren

Mittelalter

Agrarwirtschaft, Agrarverfassung und ländliche Gesellschaft im Mittelalter (Werner Rösener) 1992. EdG 13 — Gesellschaft
Adel, Rittertum und Ministerialität im Mittelalter (Werner Hechberger) 2. Aufl. 2010. EdG 72
Die Stadt im Mittelalter (Frank Hirschmann) 2009. EdG 84
Die Armen im Mittelalter (Otto Gerhard Oexle)
Frauen- und Geschlechtergeschichte des Mittelalters (N. N.)
Die Juden im mittelalterlichen Reich (Michael Toch) 2. Aufl. 2003. EdG 44

Wirtschaftlicher Wandel und Wirtschaftspolitik im Mittelalter (Michael Rothmann) — Wirtschaft

Wissen als soziales System im Frühen und Hochmittelalter (Johannes Fried) — Kultur, Alltag, Mentalitäten
Die geistige Kultur im späteren Mittelalter (Johannes Helmrath)
Die ritterlich-höfische Kultur des Mittelalters (Werner Paravicini) 2. Aufl. 1999. EdG 32

Die mittelalterliche Kirche (Michael Borgolte) 2. Aufl. 2004. EdG 17 — Religion und Kirche
Grundformen der Frömmigkeit im Mittelalter (Arnold Angenendt) 2. Aufl. 2004. EdG 68

Die Germanen (Walter Pohl) 2. Aufl. 2004. EdG 57 — Politik, Staat, Verfassung
Das römische Erbe und das Merowingerreich (Reinhold Kaiser) 3., überarb. u. erw. Aufl. 2004. EdG 26
Das Karolingerreich (Jörg W. Busch)
Die Entstehung des Deutschen Reiches (Joachim Ehlers) 3., um einen Nachtrag erw. Aufl. 2010. EdG 31
Königtum und Königsherrschaft im 10. und 11. Jahrhundert (Egon Boshof) 3., aktual. und um einen Nachtrag erw. Aufl. 2010. EdG 27
Der Investiturstreit (Wilfried Hartmann) 3., überarb. u. erw. Aufl. 2007. EdG 21
König und Fürsten, Kaiser und Papst nach dem Wormser Konkordat (Bernhard Schimmelpfennig) 2. Aufl. 2010. EdG 37
Deutschland und seine Nachbarn 1200–1500 (Dieter Berg) 1996. EdG 40
Die kirchliche Krise des Spätmittelalters (Heribert Müller)
König, Reich und Reichsreform im Spätmittelalter (Karl-Friedrich Krieger) 2., durchges. Aufl. 2005. EdG 14
Fürstliche Herrschaft und Territorien im späten Mittelalter (Ernst Schubert) 2. Aufl. 2006. EdG 35

Frühe Neuzeit

Bevölkerungsgeschichte und historische Demographie 1500–1800 (Christian Pfister) 2. Aufl. 2007. EdG 28 — Gesellschaft
Umweltgeschichte der Frühen Neuzeit (Reinhold Reith)

Bauern zwischen Bauernkrieg und Dreißigjährigem Krieg (André Holenstein) 1996. EdG 38
Bauern 1648–1806 (Werner Troßbach) 1992. EdG 19
Adel in der Frühen Neuzeit (Rudolf Endres) 1993. EdG 18
Der Fürstenhof in der Frühen Neuzeit (Rainer A. Müller) 2. Aufl. 2004. EdG 33
Die Stadt in der Frühen Neuzeit (Heinz Schilling) 2. Aufl. 2004. EdG 24
Armut, Unterschichten, Randgruppen in der Frühen Neuzeit (Wolfgang von Hippel) 1995. EdG 34
Unruhen in der ständischen Gesellschaft 1300–1800 (Peter Blickle) 2., erw. Aufl. 2010. EdG 1
Frauen- und Geschlechtergeschichte 1500–1800 (N. N.)
Die deutschen Juden vom 16. bis zum Ende des 18. Jahrhunderts (J. Friedrich Battenberg) 2001. EdG 60

Wirtschaft

Die deutsche Wirtschaft im 16. Jahrhundert (Franz Mathis) 1992. EdG 11
Die Entwicklung der Wirtschaft im Zeitalter des Merkantilismus 1620–1800 (Rainer Gömmel) 1998. EdG 46
Landwirtschaft in der Frühen Neuzeit (Walter Achilles) 1991. EdG 10
Gewerbe in der Frühen Neuzeit (Wilfried Reininghaus) 1990. EdG 3
Kommunikation, Handel, Geld und Banken in der Frühen Neuzeit (Michael North) 2000. EdG 59

Kultur, Alltag, Mentalitäten

Renaissance und Humanismus (Ulrich Muhlack)
Medien in der Frühen Neuzeit (Andreas Würgler) 2009. EdG 85
Bildung und Wissenschaft vom 15. bis zum 17. Jahrhundert (Notker Hammerstein) 2003. EdG 64
Bildung und Wissenschaft in der Frühen Neuzeit 1650–1800 (Anton Schindling) 2. Aufl. 1999. EdG 30
Die Aufklärung (Winfried Müller) 2002. EdG 61
Lebenswelt und Kultur des Bürgertums in der Frühen Neuzeit (Bernd Roeck) 2., um einen Nachtrag erw. Aufl. 2011. EdG 9
Lebenswelt und Kultur der unterständischen Schichten in der Frühen Neuzeit (Robert von Friedeburg) 2002. EdG 62

Religion und Kirche

Die Reformation. Voraussetzungen und Durchsetzung (Olaf Mörke) 2., aktualisierte Aufl. 2011. EdG 74
Konfessionalisierung im 16. Jahrhundert (Heinrich Richard Schmidt) 1992. EdG 12
Kirche, Staat und Gesellschaft im 17. und 18. Jahrhundert (Michael Maurer) 1999. EdG 51
Religiöse Bewegungen in der Frühen Neuzeit (Hans-Jürgen Goertz) 1993. EdG 20

Politik, Staat, Verfassung

Das Reich in der Frühen Neuzeit (Helmut Neuhaus) 2. Aufl. 2003. EdG 42
Landesherrschaft, Territorien und Staat in der Frühen Neuzeit (Joachim Bahlcke)
Die Landständische Verfassung (Kersten Krüger) 2003. EdG 67
Vom aufgeklärten Reformstaat zum bürokratischen Staatsabsolutismus (Walter Demel) 1993. EdG 23
Militärgeschichte des späten Mittelalters und der Frühen Neuzeit (Bernhard R. Kroener)

Das Reich im Kampf um die Hegemonie in Europa 1521–1648 (Alfred Kohler) 1990. EdG 6
Altes Reich und europäische Staatenwelt 1648–1806 (Heinz Duchhardt) 1990. EdG 4

Staatensystem, internationale Beziehungen

19. und 20. Jahrhundert

Gesellschaft

Bevölkerungsgeschichte und Historische Demographie 1800–2000 (Josef Ehmer) 2004. EdG 71
Migrationen im 19. und 20. Jahrhundert (Jochen Oltmer) 2010. EdG 86
Umweltgeschichte im 19. und 20. Jahrhundert (Frank Uekötter) 2007. EdG 81
Adel im 19. und 20. Jahrhundert (Heinz Reif) 1999. EdG 55
Geschichte der Familie im 19. und 20. Jahrhundert (Andreas Gestrich) 2. Aufl. 2010. EdG 50
Urbanisierung im 19. und 20. Jahrhundert (Klaus Tenfelde)
Von der ständischen zur bürgerlichen Gesellschaft (Lothar Gall) 1993. EdG 25
Die Angestellten seit dem 19. Jahrhundert (Günter Schulz) 2000. EdG 54
Die Arbeiterschaft im 19. und 20. Jahrhundert (Gerhard Schildt) 1996. EdG 36
Frauen- und Geschlechtergeschichte im 19. und 20. Jahrhundert (Gisela Mettele)
Die Juden in Deutschland 1780–1918 (Shulamit Volkov) 2. Aufl. 2000. EdG 16
Die deutschen Juden 1914–1945 (Moshe Zimmermann) 1997. EdG 43
Pazifismus im 19. und 20. Jahrhundert (Benjamin Ziemann)

Wirtschaft

Die Industrielle Revolution in Deutschland (Hans-Werner Hahn) 3., um einen Nachtrag erw. Aufl. 2011. EdG 49
Die deutsche Wirtschaft im 20. Jahrhundert (Wilfried Feldenkirchen) 1998. EdG 47
Agrarwirtschaft und ländliche Gesellschaft im 19. Jahrhundert (N.N.)
Agrarwirtschaft und ländliche Gesellschaft im 20. Jahrhundert (Ulrich Kluge) 2005. EdG 73
Gewerbe und Industrie im 19. und 20. Jahrhundert (Toni Pierenkemper) 2., um einen Nachtrag erw. Auflage 2007. EdG 29
Handel und Verkehr im 19. Jahrhundert (Karl Heinrich Kaufhold)
Handel und Verkehr im 20. Jahrhundert (Christopher Kopper) 2002. EdG 63
Banken und Versicherungen im 19. und 20. Jahrhundert (Eckhard Wandel) 1998. EdG 45
Technik und Wirtschaft im 19. und 20. Jahrhundert (Christian Kleinschmidt) 2007. EdG 79
Unternehmensgeschichte im 19. und 20. Jahrhundert (Werner Plumpe)
Staat und Wirtschaft im 19. Jahrhundert (Rudolf Boch) 2004. EdG 70
Staat und Wirtschaft im 20. Jahrhundert (Gerold Ambrosius) 1990. EdG 7

Kultur, Alltag und Mentalitäten

Kultur, Bildung und Wissenschaft im 19. Jahrhundert (Hans-Christof Kraus) 2008. EdG 82
Kultur, Bildung und Wissenschaft im 20. Jahrhundert (Frank-Lothar Kroll) 2003. EdG 65

Lebenswelt und Kultur des Bürgertums im 19. und 20. Jahrhundert (Andreas Schulz) 2005. EdG 75
Lebenswelt und Kultur der unterbürgerlichen Schichten im 19. und 20. Jahrhundert (Wolfgang Kaschuba) 1990. EdG 5

Religion und Kirche

Kirche, Politik und Gesellschaft im 19. Jahrhundert (Gerhard Besier) 1998. EdG 48
Kirche, Politik und Gesellschaft im 20. Jahrhundert (Gerhard Besier) 2000. EdG 56

Politik, Staat, Verfassung

Der Deutsche Bund 1815–1866 (Jürgen Müller) 2006. EdG 78
Verfassungsstaat und Nationsbildung 1815–1871 (Elisabeth Fehrenbach) 2., um einen Nachtrag erw. Aufl. 2007. EdG 22
Politik im deutschen Kaiserreich (Hans-Peter Ullmann) 2., durchges. Aufl. 2005. EdG 52
Die Weimarer Republik. Politik und Gesellschaft (Andreas Wirsching) 2., um einen Nachtrag erw. Aufl. 2008. EdG 58
Nationalsozialistische Herrschaft (Ulrich von Hehl) 2. Aufl. 2001. EdG 39
Die Bundesrepublik Deutschland. Verfassung, Parlament und Parteien (Adolf M. Birke) 2. Aufl. mit Ergänzungen von Udo Wengst 2010. EdG 41
Militär, Staat und Gesellschaft im 19. Jahrhundert (Ralf Pröve) 2006. EdG 77
Militär, Staat und Gesellschaft im 20. Jahrhundert (Bernhard R. Kroener) 2011. EdG 87
Die Sozialgeschichte der Bundesrepublik Deutschland bis 1989/90 (Axel Schildt) 2007. EdG 80
Die Sozialgeschichte der DDR (Arnd Bauerkämper) 2005. EdG 76
Die Innenpolitik der DDR (Günther Heydemann) 2003. EdG 66

Staatensystem, internationale Beziehungen

Die deutsche Frage und das europäische Staatensystem 1815–1871 (Anselm Doering-Manteuffel) 3., um einen Nachtrag erw. Aufl. 2010. EdG 15
Deutsche Außenpolitik 1871–1918 (Klaus Hildebrand) 2. Aufl. 1994. EdG 2
Die Außenpolitik der Weimarer Republik (Gottfried Niedhart) 2., aktualisierte Aufl. 2006. EdG 53
Die Außenpolitik des Dritten Reiches (Marie-Luise Recker) 2., um einen Nachtrag erw. Aufl. 2010. EdG 8
Die Außenpolitik der Bundesrepublik Deutschland 1949 bis 1990 (Ulrich Lappenküper) 2008. EdG 83
Die Außenpolitik der DDR (Joachim Scholtyseck) 2003. EDG 69

Hervorgehobene Titel sind bereits erschienen.

Stand: (Februar 2011)